新 伊藤塾 試験対策問題集

ITO JUKU
SHIKENTAISAKU
MONDAISHU

論文 6

伊藤 真[監修] 伊藤塾[著]

憲法

弘文堂

はしがき

1 はじめに

『伊藤塾試験対策問題集 論文』シリーズの刊行が始まったのが2009年12月であったが、2012年12月までに行政法までの全7巻が揃い、以後10年もの間、大変多くの受験生に活用していただけたのは嬉しいかぎりである。

債権法の大改正を機に開始したこの新シリーズも、徐々に受験生に活用していただき、民事系以外の科目の刊行が待たれていると耳にしている。そこで、論述形式の答案を、どのように書けばよいのか、どのように文章構成すればよいのか悩んでいる受験生に向けて、最新の試験傾向に沿った内容で前作を全面的に刷新して本書を刊行することにした。

新版とするにあたり、前版を構成し直し、基本的な部分を重視し、更に答案の書き方がわかるようにした。たとえば、論述形式の答案を書いたことがない受験生であれば、本書の答案例のような答案を書けるようになるまでに時間を要するだろうから、第1段階では最低限どこまでが書ければよいのかわかるように太い色線でくくることとした。

また、シリーズに『伊藤塾試験対策問題集 予備試験論文』が2018年までに9巻を刊行したことから、これとの差別化を図り、より汎用性の高い問題を登載することとした。これによって、テキストや基本書等で得た知識を、どのように答案に表現すればよいのかが更にわかりやすくなったことだろう。論文式試験において、なかなか点数があがらない受験生に、また、法学部の定期試験対策に効果を発揮するのは間違いない。

今後も、本シリーズを利用して、めざす試験が突破できることを願っている。

【1】合格答案作成のテキスト

本シリーズは、論述形式で答案を作成しなければならない試験対策用のテキストである。一見、単なる問題集のようにみえるが、実は合格答案を書くノウ・ハウが詰まった基本テキストである。司法試験・予備試験、法科大学院入学試験、公務員試験、学年末試験など記述対策を必要とするすべての試験に役立つように作成した。いわば、『伊藤真試験対策講座』（弘文堂）の実践篇である。

法律の学習は、理解──記憶──表現という過程をたどる。理解を伴わなければいくら知識を丸暗記しても使い物にならない。また、いかに理解できていても記憶しておかなければ、問題は解けない。そして、どんなに知識をもっていてもそれをわかりやすく表現できなければ、結局、勉強は自己満足に終わり、試験でも合格後にもまったく役に立たない。理解と記憶と表現はそれぞれ別個の対策と努力が必要だからである。本書は、法律学習の最終仕上げの部分である、どう書くかという表現方法を訓練するためのテキストとなっている。

答案を書く際には、エッセイと違って、問題文というものがある。思いつきで書いたのでは答案にならない。問いに答えて、何を、どのような順番で、どの程度深く書くかを考えながら書く必要がある。しかも、時間と字数の制限のなかで、最大の効果をあげなければならない。

そのためには、試験時間を有効に活用する必要がある。与えられた制限時間のなかで、その場でしかできないことに精一杯の時間を掛け、事前に準備できるものは徹底的に準備しておくという発

想が必要なのである。これが、伊藤塾で行っているゴールからの発想という勉強方法の基本である。そして、その事前の準備として論証をあらかじめ十分に考え、書き方まで練って用意しておく。伊藤塾でよぶところの「論証パターン」を用意しておくのである。それが結果的に人と同じような論証になったからといって、気にする必要はない。自分が納得したものであれば、堂々と自分の論証として答案に書いてくればいい。要は、自分で理解し納得して書くことである。意味もわからず丸暗記で書いていたのでは合格できるはずもない。

　本書では、どの部分を事前に準備すればいいのか、どの部分を試験会場で考えて書かなければならないのかを示している。自分の頭でしっかりと考えた答案を作成する技術を学びとってほしい。

【2】答案作成のノウ・ハウ公開

　本書では、答案作成のノウ・ハウを公開している。初版から変わらないが、情報はだし惜しみせずに共有するというのが私の考えである。これは『伊藤真試験対策講座』を上梓したときから変わらない。もちろん、講義に比べて文章であるがために言葉が足りず、うまく伝えきれなかったところもあれば、ノウ・ハウの一部しか盛り込めなかったところもある。

　もっとも、伊藤塾の塾生であれば、初学者の段階から本書を利用することによって講義の効果が倍増するであろう。他校で勉強していたり、独学者であっても、本来は伊藤塾で私たちの講義を聴いてほしいところだが、本書を参考に自分の頭で考える訓練を続けていけば、必ず合格答案を書く力がついてくるはずである。重要なことは、一問一問、実際に手を動かして書いてみること、そして、自分でその結果を検証して考えてみることである。こうした地道な努力の積み重ねによって、合格者のだれもが書く力をつけてきたのである。ぜひ頑張ってほしい。

2 本書の特色

【1】本書の構成

　各問題は、問題文、解答へのヒント、答案例、そして、解説にあたる出題趣旨、論点、答案作成上の注意点、参考文献の7つのパートによって構成している。

　本書に掲載されている問題は、多くの試験で実際に出題されうる応用的な論点について、比較的短めの問題とその答案例を中心に収録している。問題文から論点を抽出し、規範を定立し、事実をあてはめるという答案作成の全般的な練習により、司法試験、公務員試験、大学の定期試験など記述対策を必要とするすべての試験に対応することができる。

　そして、本書の特色のひとつとして、重要部分が読者に一目でわかるように黒文字と色文字の2色刷りを採用した点がある。

　答案例においては、論証部分を色枠で囲い、規範部分を色文字にしてあるので、伊藤塾でいう「論証パターン」にあたる部分が一目でわかるようになっている。そのため、『伊藤真試験対策講座』内の「論証カード」に掲載されている論証パターンの論述と比較して、答案においてはどのように実践的に用いられているかを確認するのも答案学習には効果があるだろう。

　また、2色刷り部分を活用する方法としては、たとえば、試験直前の最終チェックとして、色文字の規範部分や要件事実の部分だけをまとめて読み返したり、記憶用のカードに抜きだして整理したりする方法も有効であろう。これらばかりでなく、各自の工夫によって、学習効果を更に高める

使い方をしてほしい。

【2】問題について

(1) 伊藤塾オリジナル問題、旧司法試験の問題および現在の司法試験の問題の一部を改題したものを使用

伊藤塾では、創設当初から実施している全国公開論文答練から始まり、現在実施中のペースメーカー論文答練、コンプリート論文答練など、これまでに多くの答練を実施してきた。これらで出題した伊藤塾オリジナル問題のうち、学習に適切な問題を厳選して使用している。

次に、旧司法試験の問題は、現在の司法試験とは形式が異なるものの、司法試験を解くうえで必要な論点を学習するのに最適の教材である。そこで、旧司法試験の問題をアレンジし、かつ、伊藤塾オリジナル問題および現在の司法試験問題と合わせて憲法の論点を網羅できるように厳選して使用した。

なお、すべての問題について、2022年12月までに成立した法改正に対応させた内容としている。

(2) 重要度ランクを示した

法律の学習において、メリハリづけはきわめて重要である。各自の学習レベルに応じてマスターしておいたほうがよい問題が異なる。以下のめやすに従ってほしい。

ア　必ずおさえるべき問題　特A（A⁺と表記）ランク

法律の学習開始後、最初に取り組むべき問題であり、初学者、上級者を問わず、必ずしっかりと書けるようにしておかなければならない。

イ　基本的な問題　Aランク

法律の学習を始めて1年目であっても学習効果がある問題である。また、上級者は、基本であることを意識して書けるようにしておかなければならない問題である。公務員試験の記述対策としてはこのレベルで足りるであろう。

ウ　一歩進んだ応用問題　Bランク

司法試験の論文式試験などある程度のレベルの試験対策を念頭に、一歩進んで考えることを目的にしている問題である。このレベルの問題がマスターできれば、最低限合格の力はついてきている。

【3】答案例について

(1) 答案例の内容を全面的に見直し、加筆・訂正することにより、更なる内容の充実を図った

このため、過去に本書掲載の問題を解いたことがある人にとっても有意義な学習が可能となった。

(2) 流れのある答案となるように心掛けた

答案の善し悪しは流れで決まる。そこで、本書では接続詞を多用して、論理的な文章を心掛けている。合格答案のイメージづくりの参考にしてほしい。なお、接続詞の重要性は、野矢茂樹（著）『論理トレーニング』（産業図書）、苅谷剛彦（著）『知的複眼思考法』（講談社）などでも指摘されているところである。

特に初学者は、初期にしっかりした答案のモデルに触れることが短期合格の秘訣である。おおいに参考にしてほしい。

また、答案の論理の流れも、できるだけ単純なロジックを心掛けた。単純明快でわかりやすい答案ほどレベルが高いと考えているからである。シンプルで読みやすい答案ほど評価が高い。そこで、論理の流れは(4)以下のように単純化している。これにより、理解が容易になり、さらに、理解した

後の記憶の負担が劇的に減少する。ワンパターンとの批判もありうるであろうが、むしろパターン化したほうが、自分の考えを正確に伝えることができるし、問いに答えた答案を作りやすい。判決文のパターンをまねるべきである。

⑶ 積極的に改行して余白部分を作り、視覚的に読みやすい答案をめざした

答案は読んでもらうものである。採点者は1通にそれほど時間をかけられず、しかも、かなりの数の答案を読まなければならない。読み手の負担を軽減する方策をとることは、読み手に対する礼儀である。視覚的に読みやすい印象を与えることはきわめて重要なことだと考えている。

なお、問題によっては、模範答案として書くべき内容が盛りだくさんのものもある。そのような場合は、紙面との関係で、改行せずに1段落が長くなっている答案例もあるが、ご容赦願いたい。実際の試験において、決められた枚数の答案用紙に、答案例と同様の完成度が高い答案を書くのであれば、文字の大きさに十分配慮する必要がある。訓練して試験にのぞんでほしい。

⑷ 法的三段論法を意識したナンバリングにした

法律文書の基本は、法的三段論法であるといわれる。法的三段論法とは、論理学における三段論法を法律学に応用したものである。三段論法とは、大前提に小前提となる事実をあてはめて、結論を導く方法である。よくもちだされる例であるが、

　　　　大前提：人間はいずれ死ぬ
　　　　小前提：ソクラテスは人間である
　　　　結　論：ソクラテスはいずれ死ぬ

というものである。一方、これが法的三段論法では、大前提が法規（条文や条文解釈から導き出される規範）、小前提が具体的な事実、結論が法適用の結果となる。

たとえば、

　　　　大前提：人を殺した者は、死刑または無期もしくは5年以上の懲役に処する（刑法199条）
　　　　小前提：AはBを殺した
　　　　結　論：Aは、死刑または無期もしくは5年以上の懲役に処せられる

というかたちになる。ここまでが法的三段論法であるが、答案の流れをよくする便宜上、これから何を論ずるかを示してから法的三段論法に入ることが望ましい。この部分を問題提起という。

まとめると、答案は、問題提起──規範定立──あてはめ──（問題提起に対する）結論といったブロックがいくつも積み重なり、最終的に問いに答えるという構造になっていなければならない。

そこで、これらを意識していただくために、問題提起の部分、大前提として規範を立てる部分、小前提としてあてはめをする部分および結論部分とを意識的に改行して項目立てを分けている。特に初学者は、このナンバリングを参考に法的三段論法の書き方をマスターしてほしい。

⑸ 右欄のコメント

法的三段論法を意識していただくため、問題提起、規範定立、あてはめ、結論の部分について右欄にコメントで記した。

　ア　問題提起

法的三段論法の最初となる問題提起は、本来はどの論述をする際にも書かなければならないものである。しかし、本書では紙面のスペースの関係上、メインの論点でないところでは省略したところもあるため、ご容赦いただきたい。もっとも、本番の試験では時間の余裕があればきちんと記述することが望ましい。

イ　規範

　　法的三段論法の論証において、あてはめの前提となるものである。いわゆる論証パターンのなかで、記憶しておくことが望ましい部分ではある。しかし、この部分を機械的に記憶するのは、本番で忘れたとき、未知の論点に遭遇したときに対応できなくなるためお勧めできない。規範は、本来は条文の文言や趣旨から導き出すべき法解釈の部分にあたるものであるから、どのようにこれらから導き出されるのかをしっかりと理解しておく必要がある。そして、この導出過程を理解しておけば、本番で忘れてしまったり、未知の論点に遭遇した時にも対処が可能となるであろう。

ウ　あてはめ

　　伊藤塾では創立当初から、あてはめの重要性を訴えてきた。具体的な問題を解決するために法律を使いこなすのだから、このあてはめ部分の重要性は明らかである。また、本試験では、問題文を見なければこの部分は書けないのだから、具体的に考えることができるかという本人の実力がそのまま反映される部分でもある。

　　まず、問題文の事実に評価を加えて認定するのが理想である（事実評価認定）。法的三段論法の特長は、このように小前提たる事実認定にも評価が入る点である。事実を自分がどうみるのかを指摘できればアピールできる。ただ、スペースの関係で評価を加えながら事実を認定した答案例もある。なお、事実を付け加えるのは厳禁である。

　　そして、あてはめを規範に対応させるべきである。規範を定立したのに、それに対応させないのはあまりにもお粗末である。自分の定立した規範に従ってきちんとあてはめをすることが重要である。これは自分の書いた文章に責任をもつということでもある。規範とは道具であって、あてはめがしっかりできることによって道具を使いこなしたことをアピールできるのである。

エ　結論

　　あてはめの後、問題提起に対応させて、三段論法の帰結を書くのが理想である。ただし、本書ではスペースの関係でできなかったものが多い点はご容赦いただきたい。

オ　形式的に問題文の問い掛けに答える

　　問題文の問い掛けに形式的に答えることは答案の基本であるが、意外にできていない人が多い。この点は各自の答案ですぐに検証できる部分なので、早い時期から気を遣い、問いに答えられるようにしたい。

　　問題文：「……は適法か。」

　　書き方：「以上より、……は適法である。」「違法である。」

　　悪い例：「以上より、……は許される。」「……は認められない。」など、問いに答えていないもの

(6)　条文、定義、趣旨など基本事項の重要性を指摘した

　基本が大切だとはだれもいうが、何についてどの程度気を遣うべきかは意外にはっきりした指針がない。本書では、何が基本かを意識して答案を作成しているので、基本の重要性を認識している人にはおおいに役立つはずである。

ア　条文

　　あたり前のこととして軽視されがちなのであるが、すべての出発点は条文である。条文を正確に示すことも実力のうちということを認識してほしい。条数だけでなく、項や前段・後段・

本文・ただし書まで正確に引用する方法を参考にしてほしい。

たとえば、憲法でいうと、平等原則（14条）、信教の自由（20条1項）などの引用は不正解である。それぞれ、平等原則（14条1項）、信教の自由（20条1項前段）と正確に引用する必要がある。不正確な条文引用は減点事由となることを認識しておくべきであろう。

　イ　定義

定義が不正確だと、採点者に対して、致命的な印象を与えてしまう。いわば不合格推定がはたらくといってもよいだろう。ただ、むやみに丸暗記するのではなく、定義のなかのどの言葉が本質的で重要なのかを意識して記憶するようにしてほしい。

　ウ　趣旨

定義とならんで、あるいはそれ以上に重要である。法律の解釈は趣旨に始まり趣旨に終わるといってもよいほどよく使うので、理解して正確に表現しなければいけない要素である。

論点を論述する際には、趣旨から論証できると説得的になり、高い評価が得られるであろう。

(7)　**判例（あるいは裁判例）は年月日を摘示することで、読者各自が検索しやすいようにした**

実務家登用試験において判例が重要なのはいうまでもない。試験までに時間があるときには、ぜひ判例集にあたってみてほしい。

(8)　**答案例左側に、その問題で最低限書いてほしい部分を太い色線でくくった**

答案例のように、すべての解答が書けるようになるのが理想ではあるが、最初からすべてを解答するのは難しいだろう。そこで、答案例のなかでも最低限書いてほしい部分を明示した。

【4】解答へのヒント・出題趣旨・答案作成上の注意点

(1)　解答へのヒント

本書は初学者であっても十分取り組むことのできるものであるが、それでも問題によってはまったく解答の見当もつかないものがあるかもしれない。そこで、問題文の下に解答へのヒントを示した。この部分は、解答にいたるまでの思考過程の端緒ともいえる部分であり、答案を書く際の参考としてほしい。

(2)　出題趣旨

本問を出題した趣旨およびその重要性について記述した。これまでの司法試験での出題状況にも触れてあるので、参考にしてほしい。

(3)　答案作成上の注意点

答案を書くにいたるまでの思考過程、答案を書くにあたって必要な知識などを記述している。法律の勉強は特に抽象論が多くなりがちであるため、具体例を示す、図表を多く用いるなど、具体的なイメージをつかめるように工夫した。

また、本書の読者の多くが受験する試験が実務家登用試験であることをふまえ、判例、通説からの記述となるように心掛けた。判例はすべてに掲載書籍（『伊藤真の判例シリーズ』〔弘文堂〕、『判例百選』〔有斐閣〕がある場合は事件の番号）を記した。実務家登用試験である以上、判例の原文にあたることは大変有意義であるから、時間のあるときにぜひ一度目をとおしてほしい。

なお、今後の勉強の便宜のために、問題毎の末尾に参考文献として、拙著『伊藤真試験対策講座』、『伊藤真の判例シリーズ』『伊藤真の条文シリーズ』（いずれも弘文堂）の該当箇所を示した。

【5】論点および論点一覧
　①出題趣旨の下に、論点を付した。
　②上記論点の一覧を巻頭に示した。
　③答案例内に①の各論点を示した。

3 本書の使い方

【1】初学者（まだ答案を書いたことがない、あるいは書き方がわからない人）

　まずは、②に記載した答案のノウ・ハウを熟読し、しっかりと理解・記憶してほしい。

　そのうえで、Aランクの問題、なかでも、特Aランクの問題を先に解いてみてほしい。

　その際、いきなり答案構成をしたり、答案を書いたりすることは、非能率的で、およそ不可能である。まず、問題文と答案例を対照させて、どのように書いたらよいのかを分析してみる。

　また、条文、定義、趣旨などの基本事項がいかに重要であるかを認識してほしい。もちろん重要性を認識したら、カードを作るなどして繰り返し覚える努力を惜しまないこと。

　特AおよびAランクの問題を理解したら、次にBランクも学習していく。

　答案作成の方法がわかったら、実際に答案構成をしてみるか、答案を書いてみるとよい。わかったつもりでいたところが、いざ書いてみようとすると記憶が曖昧で書けないなど、自分の弱点が見えてくるはずである。弱点を突きつけられたとしてもそれに負けずに、一歩一歩確実にしていくことが今後の力となる。

　答案構成の見当もつかないような問題は、解答へのヒントを参考にするとよい。答案を書くうえで最初にどのような点に着目すればよいかを把握することができるはずである。

　そして、一度答案構成をした問題および答案を書いた問題でも、何度か繰り返してやってみてほしい。それによって他の問題にも応用できる知識や答案の書き方が身についてくる。問題文の右上にCHECK欄を作ったのは、何回勉強したかを自分で記録するためのものである。

【2】中級者以上（いちおう、答案を書いたことがあるが、本試験や答練でよい評価を得られない人など）

　まずは、問題を見て、答案を作成してほしい。少なくとも答案構成をしてほしい。その際に解答へのヒントを参照してもかまわない。実際に書いてみることによって、答案例などのコメントが現実的なものとして印象に強く残るからである。

　次に、答案例と見比べて、どこが違っているかを確認する。

　たとえば、事実を引用せずに、いきなり「それでは、……であろうか。」などと問題提起をしていないか（「それでは」は、前の文章を受けないので、論理が飛躍する危険性が高い。「まず、前提として」も同じ）。もちろん、これらを使ってはいけないということではない。本当に「それでは」でつながるのか、本当に「まず、前提」なのかを自分でチェックしてみることである。

　また、抽象的な問題提起をしている、趣旨から論証できたのにできがよくなかった、あてはめと規範が対応していない、問いに答えていないなど、自分の欠点を見つけ、改善すべきところを探る。こうして自分の書いた答案を添削するつもりで比較検討するのである。欠点のない人はいないのだから、それを謙虚に認めることができるかどうかで成長が決まる。

　そして、答案例や答案作成上の注意点から基本事項の大切さを読み取ってほしい。この点の再認

識だけでもおおいに意味があると思う。答案作成にあたって、特別なことを書く必要はないということが具体的に実感できるであろう。ぜひ、基本事項の大切さを知ってほしい。人と違うことを書くと、大成功することもあるが、大失敗する危険もある。そのリスクに配慮して書かない勇気というものもある。また、たとえ加点事由でもあっても、基本事項を抜きにして突然書いてみてもほとんど意味がない。基礎点のないところに加えるべき点数などないことを知るべきである。

最後に、自分の答案の表現の不適切さなどは、自分自身では気づかない場合が多い。できれば合格者に答案を見てもらう機会がもてるとよい。伊藤塾では、スクーリングを実施していて、講師やゼミ長が全国へ行くため、機会があったら参加してみてもよいだろう。なお、受験生同士で答案の読み回しをしても一定の効果があるので、ゼミを組んで議論するのもひとつの手であろう。ほかの人に答案を読んでもらうことによって、独りよがりの部分に気がつくこともしばしばある。ただし、ゼミの目的と終わりの時間をしっかりと決めて参加者で共有しておかないと、中途半端なものとなり、時間の無駄に終わることがあるので注意すること。

【3】論点・論点一覧の使い方

学習上の観点から、本文とは別に論点一覧を巻頭においた。

各問題の出題趣旨の下に示されている「論点」の一覧である。勉強が進んだ段階で、自分が知らない論点はないか、理解が不十分な論点はないか、書き方がわからない論点はないかなど、チェックをする材料として利用してほしい。

また、答案例の右欄にある [論] は、各問題において論ずる必要がある論点のうち、いずれの論点が答案のどの部分をさしているかを示した。初学者であれば、これもめやすに答案の構成を学んでほしい。

4 おわりに

本書は、冒頭でも述べたが論述式試験における合格答案を書くためのノウ・ハウが詰まっている基本テキストである。

試験において合格に要求される能力とは、問題点を把握し、条文を出発点として、趣旨から規範を導き、問題文から必要な具体的事実を抽出し、これを評価してあてはめることによりその解決を図ることである。

これは、法科大学院入学試験、公務員試験、大学および法科大学院における期末試験、予備試験でもまったく変わらないはずである。

考える力は各自の学び舎を介し、または独自で身につけてもらうほかはないが、合格答案が書ける力を養成するものとして、本書を利用してほしい。

そして、その力を備え、各々の目標を達成されることを切に望んでいる。

最後に、本書の制作にあたっては、多くの方のご助力を得た。特に2021年司法試験の合格後も引き続き制作に取り組んでくれた安藤大貴さん、岡祐輔さん、佐藤良祐さんをはじめ、2022年司法試験に合格された安部紘可さん、香西佑樹さん、曽根僚人さん、山内真実さん、渡辺開さんには、優秀な成績で合格した力をもって、彼らのノウ・ハウを惜しみなく注いでいただいた。また、伊藤塾

の書籍出版において従前から貢献していただいている近藤俊之氏（54期）および永野達也氏（新65期）には、実務家としての視点をもって内容をチェックしていただいた。そして、伊藤塾の誇る優秀なスタッフと弘文堂の皆さんの協力を得て、はじめて刊行することができた。ここに改めて感謝する。

2022年12月

伊藤　真

★参考文献一覧

　本書をまとめるにあたり多くの文献を参照させていただきました。そのすべてを記すことはできませんが主なものを下に掲げておきます。なお，本書はいわゆる学術書ではなく，学習用の教材ですので，その性質上，学習において必要な部分以外は引用した文献名を逐一明記することはしませんでした。ここに記して感謝申し上げる次第です。

芦部信喜（高橋和之補訂）・憲法［第7版］（岩波書店・2019）

芦部信喜・憲法学Ⅰ・Ⅱ・Ⅲ［増補版］（有斐閣・1992・1994・2000）

芦部信喜・演習憲法［新版］（有斐閣・1988）

安西文雄＝巻美矢紀＝宍戸常寿・憲法学読本［第3版］（有斐閣・2018）

内野正幸・憲法解釈の論点［第4版］（日本評論社・2005）

浦部法穂・憲法学教室［第3版］（日本評論社・2016）

大石眞＝石川健治編・憲法の争点（有斐閣・2008）

大島義則・憲法ガール Remake Edition・Ⅱ（法律文化社・2018）

大島義則・憲法の地図──条文と判例から学ぶ（法律文化社・2016）

木下智史＝伊藤建・基本憲法Ⅰ（日本評論社・2017）

木下智史＝村田尚紀＝渡辺康行編・事例研究　憲法［第2版］（日本評論社・2013）

木村草太・憲法の急所──権利論を組み立てる［第2版］（羽鳥書店・2017）

駒村圭吾・憲法訴訟の現代的転回──憲法の論証を求めて（日本評論社・2013）

小山剛＝畑尻剛＝土屋武編・判例から考える憲法（法学書院・2014）

小山　剛・「憲法上の権利」の作法［第3版］（尚学社・2016）

佐藤幸治・日本国憲法論［第2版］（成文堂・2020）

宍戸常寿・憲法　解釈論の応用と展開［第2版］（日本評論社・2014）

曽我部真裕＝赤坂幸一＝新井誠＝尾形健編・憲法論点教室［第2版］（日本評論社・2020）

辻村みよ子・憲法［第7版］（日本評論社・2021）

野中俊彦＝中村睦男＝高橋和之＝高見勝利・憲法1・2［第5版］（有斐閣・2012）

木下昌彦編集代表・精読憲法判例［人権編］（弘文堂・2018）

【その他】

原田尚彦・行政法要論［全訂第7版補訂2版］（学陽書房・2012）

塩野　宏・行政法Ⅱ［第6版］（有斐閣・2019）

憲法判例百選Ⅰ・Ⅱ［第7版］（有斐閣・2019）

重要判例解説（有斐閣）

法学教室（有斐閣）

ジュリスト（有斐閣）

法学セミナー（日本評論社）

判例時報（判例時報社）

判例タイムズ（判例タイムズ社）

最高裁判所判例解説民事篇・刑事篇（法曹会）

目　次

論点一覧

　Xは、甲国籍の外国人であり、特別永住者として日本に在住しており、平成23年4月、Y県に保健師として採用された。

　Xは、Y県の管理職選考試験の選考種別Aの選考区分医化学を受験したいと考え、令和3年3月、所属していたY県P保健所の副所長に申し込んだ。Y県人事委員会の平成7年度管理職選考実施要綱（以下「本件要綱」という）は、課長級の職への第1次選考について受験資格を定めており、日本国籍を有することが受験資格であるとされていた。Xは、国籍の点以外は本件要綱が定める受験資格を備えていたが、日本国籍を有していなかった。そのため、Y県はXの令和3年度管理職選考試験の受験を認めなかった（以下「本件処分」という）。

　Y県の管理職選考には、A、BおよびCの選考種別があった。管理職選考に合格した者は、その後、最終的な任用選考を経て管理職に任用される。令和3年度の管理職選考が実施された当時、Y県における管理職としては、Y県知事の権限に属する事務にかかる事案の決定権限を有する職員のほか、直接には事案の決定権限を有しないが、事案の決定過程に関与する職員がおり、さらに、企画や専門分野の研究を行うなどの職務を行い、事案の決定権限を有せず、事案の決定過程に関わる蓋然性の少ない管理職も若干存在していた。Y県においては、管理職に昇任した職員に終始特定の職種の職務内容だけを担当させるという任用管理は行われておらず、たとえば、医化学の分野で管理職選考に合格した職員でも、管理職に任用されると、昇任により従来の医化学の分野にだけでなくその他の分野に従事する可能性があり、いずれの分野においても管理的な職務に就くことがあるとされていた。

　本件処分の憲法上の問題点を論じなさい。

【解答へのヒント】

1　外国人の公務就任権の保障について

　Xは本件処分により、Y県の管理職に採用されることができなくなっています。本件処分はXのY県の管理職に就任する権利を侵害するのではないでしょうか。

2　平等原則について

　本件処分はXが日本国籍を有しないことを理由として管理職選考試験を受けさせないものですから、国籍を理由とした区別といえます。そのため、14条1項に違反しないかも検討する必要があります。

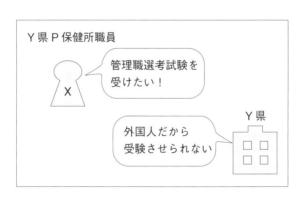

1　Ｘの管理職選考受験を認めなかった本件処分は、Ｘの管理職に就任する権利（以下「本件自由」という）を侵害し、違憲ではないか。 → 問題提起

⑴　まず、Ｘは甲国籍を有する外国人であるところ、外国人には本件自由が憲法上保障されるか。　　　　　　　　　　　　5 論 外国人の人権享有主体性

　ア　人権の前国家的性格（憲法11条、97条。以下法名省略）や、憲法が国際協調主義（前文３項、98条２項）をとることから、基本的人権の保障は、権利の性質上日本国民のみを対象としているものを除き、わが国に在留する外国人に対しても等しく及ぶと解される。　　10 → 規範

　イ　この点、公務就任権は職業選択の自由（22条１項）として保障されうる。 ⇨ 東京都管理職試験事件（判例シリーズ４事件）

　　　もっとも、地方公務員における管理職には、住民の権利義務を直接形成し、その範囲を確定するなどの公権力の行使にあたる行為を行い、もしくは普通地方公共団体　15の重要な施策に関する決定を行い、またはこれらに参画することを職務とするもの（以下「公権力行使等地方公務員」という）については、その職務の執行は住民の生活に重大な影響を及ぼすから、統治作用の実質を有し、これを受容するには国民主権の原理に基づく正当性が要　20求される。

　　　そして、これらの職務に外国人が就任した場合、その外国の国民としての義務との間で衝突が生じ、また、この者は日本国民として公権力の行使の結果につき最終的な責任を負うものではないから、このような者が公権力　25行使等地方公務員に就任することは憲法の想定するところではない。

　　　そうだとすれば、公権力行使等地方公務員に就任する権利は、権利の性質上日本国民のみをその対象としているといえ、外国人には保障されない。　　　　　　　30

　ウ　これを本問についてみると、まず、Ｙ県の管理職にはＹ県知事の権限に属する事務にかかる本問の事案の決定権限を有する職員のほか、直接には事案の決定権限を有しないが、事案の決定過程に関与する職員がいる。これらの職務の執行は、住民の生活に重大な影響を及ぼすこ　35とから、統治作用の実質を有するといえる。そうすると、これらの管理職の職員は、公権力行使等地方公務員にあたる。 → あてはめ

　　　さらに、Ｙ県では管理職に昇任した職員に終始特定の職種の職務内容だけを担当させるという任用管理は行わ　40れておらず、管理職に昇任すれば公権力行使等地方公務員に就任する可能性もある。

　　　したがって、外国人であるＸには、管理職に就任する権利としての公務就任権が保障されていない。

(2) よって、Xの本件自由は憲法上保障されていないから、　45　➡️結論
　本件処分は22条1項に違反しない。

2　もっとも、本件処分はXを国籍によって区別するものであ　➡️問題提起
　るから、14条1項に反し違憲ではないか。

(1)　この点、法適用の平等のみならず、法内容も平等でなけ　論 平等原則
　れば個人の尊厳（13条前段）が無に帰するおそれがある。　50
　そこで、「法の下」とは法内容の平等をも意味する。
　　また、各人には実質的差異があるから、「平等」とは相
　対的な平等を意味すると解する。
　　そこで、合理的な区別なら14条1項に反しないと解する。

(2)　次に、合理的な区別とはいかなる場合をいうかの判断基　55
　準が問題となる。
　ア　たしかに、国籍は、原則として区別が許されないとさ
　　れている14条1項の後段列挙事由にはあげられていない。
　　　しかし、日本国籍は、日本において基本的人権の保障、
　　公的資格の付与、公的給付等を受けるうえで意味をもつ　60
　　重要な法的地位でもあるし、外国人にとって日本国籍の
　　取得はみずからの意思や努力のみにより取得することに
　　限界がある。そうすると、後段列挙事由でないからとい
　　って安易にゆるやかに判断するべきではない。
　　　もっとも、外国人が管理職に就任する権利は憲法上の　65
　　権利ではないから、重要性は低い。また、どのような範
　　囲の職員をどのような制度で管理するか否かは地方公共
　　団体の裁量に委ねられている。
　イ　そこで、ゆるやかな審査基準をとり、目的が正当で、　➡️規範
　　手段が合理的であれば、合理的な区別として許容される　70
　　と解する。

(3)　これを本問についてみると、国籍を理由にXを管理職に　➡️あてはめ
　昇任させなかったことの目的は、国民主権の原理に基づき、
　国民自身が国民を統治して自治事務を処理・執行すること、
　および円滑な人事管理政策を実現することにあり、国民主　75
　権に資する点で正当な目的といえる。
　　また、管理職に昇任すれば公権力行使等地方公務員に就
　任する可能性もあるという関係にある以上、日本国民にか
　ぎって管理職に昇任することができるとする措置をとるこ
　とも、合理性があるものといえる。　80
　　したがって、手段が合理的であるといえる。

(4)　よって、本件処分は合理的な区別といえるから、14条1　➡️結論
　項には反せず、違憲ではない。

以上

85

本問は、東京都管理職試験事件（最大判平成17年１月26日民集59巻１号128頁〔判例シリーズ４事件〕）をモデルとしたものである。外国人の人権については司法試験2017（平成29）年、予備試験2019（令和元）年で出題されており、今後も出題が予想される分野である。本問を通じて理解を深めてほしい。

論点

1 外国人の公務就任権
2 平等原則

答案作成上の注意点

1 はじめに

本問は、Xが日本国籍を有しないことを理由として管理職選考試験を受けさせなかったY県の処分の合憲性についての問題です。答案例で憲法上の論点としてあげたのは、次の２つです。

1つ目は、本件処分がXのY県の管理職に就任する権利を侵害しないかという点についてです。本件処分がXの管理職への昇任を認めないものである以上、この点が問題となります。

2つ目は、本件処分が、Xが日本国籍を有しないことを理由として管理職への登用を認めないものであるため、国籍を理由とした区別として14条１項に反しないかという点についてです。

この２つは、違憲審査基準が類似したものになりやすいとはいえ、まったく別の論点であるため、別々に検討してください。

2 Xの公務就任権を侵害するのではないかという点について

1 問題の所在

本問において、本件処分がXのY県の管理職に就任する権利を侵害しないかが問題となります。憲法上の権利侵害の有無について検討する場合には、前述の憲法人権マニュアルのとおり、保障──制約──正当化の流れで検討します。本問においてもこの流れで検討しましょう。最初に保障の有無について検討する必要があります。Y県の管理職に就任する権利は、Y県の管理職としての就労の開始を妨げられない自由を意味しますから、職業の開始について干渉を受けない自由といえ、職業選択の自由（22条１項）として保障されうるでしょう。

そのうえで、本問において問題となりうるのはXの人権享有主体性です。憲法上の権利として保障されているといえるためには、人権享有主体性が認められる必要があります。人権享有主体性は、想定されている権利の享有主体が通常の自然人であれば問題とする必要はありません。問題とすべきとされているのは、①法人（団体）、②外国人、③未成年者、④天皇です。Xは日本国籍を有しない外国人であるため、②外国人として人権享有主体性が問題となります。

2 外国人の人権享有主体性

なぜ、外国人の人権享有主体性が問題となるのでしょうか。人権保障を定めた規定がおかれている憲法第３章の表題は「国民の権利及び義務」となっています。また、基本的人権の総則規定である11条および12条はそれぞれ、「国民は、すべての基本的人権の享有を妨げられない」、「この憲法が国民に保障する自由及び権利は、国民の不断の努力によつて、これを保持しなければならない」と規定されており、あたかも国民にのみ基本的人権が保障されているかのようにも読めます。このように条文上の文言が、日本国民が人権享有主体であると書いているようにも思えるため、外国人の人権享有主体性が問題となるのです。

もっとも、現在は外国人であっても基本的人権は保障されうるとする見解が通説です。その理

由としては、人権が前国家的な性格を有している点（11条、97条）、および憲法が国際協調主義（前文3項、98条2項）を掲げていることをあげられるでしょう。

　では、どの範囲の人権ならば外国人に保障されるのでしょうか。たとえば、選挙権（15条1項）について外国人に認めてしまうと、外国からの政治的干渉を受けることにつながりかねません。そのため、全面的に肯定すべきではないといえます。

　この点について、マクリーン事件（最大判昭和53年10月4日民集32巻7号1223頁〔判例シリーズ1事件〕）は「憲法第3章の諸規定による基本的人権の保障は、権利の性質上日本国民のみをその対象としていると解されるものを除き、わが国に在留する外国人に対しても等しく及ぶものと解すべき」としており、権利の性質に応じて外国人の人権享有主体性を判断するというこの見解は通説ともなっています。この判例は、アメリカ人のマクリーンが在留期間を1年とする上陸許可を得て日本に入国した1年後に、在留期間延長について1年間の更新を不許可とされたことについて取消しを求めた事案です。1年間の更新の不許可の理由のひとつに在留期間中の国内での政治活動があげられていたため、更新の不許可が政治活動の自由を侵害すると主張しました。そのため、外国人に政治活動の自由が認められるかが問題となりましたが、判例は前述の見解を前提としたうえで「政治活動の自由についても、わが国の政治的意思決定又はその実施に影響を及ぼす活動等外国人の地位にかんがみこれを認めることが相当でないと解されるものを除き、その保障が及ぶものと解するのが、相当である」としています。

　実際に論述するうえでのポイントについてですが、外国人の人権享有主体性については性質説が通説となっており、あまり争いはありません。そのため、性質説にいたるまでの論証は簡潔に行えば足りるでしょう。答案例では、人権の前国家的性格と国際協調主義の点を簡潔に述べたうえで、判例の規範を書くのみにとどめています。実際の試験でもこの程度の文量で十分でしょう。

3　外国人の公務就任権

(1)　概要

　外国人の人権享有主体性について性質説を論述したうえで、本問のXの権利についてその性質上外国人にも保障されるものであるのかという点について検討する必要があります。

　Y県の管理職に就任する権利は、前述のとおり職業選択の自由の権利として保障されうるものです。そのため、単に職業を開始する自由と捉えれば外国人に認めても問題はないと考えられます。しかし、前述の権利は公務員として就労する権利すなわち公務就任権であるところ、公務員の活動には住民の生活に重大な影響を及ぼすものもあります。そのため、国民主権（前文1項、1条）の点から一定の公務についてはその性質上、外国人に認めるべきでないものもあるといえます。そこで、どの範囲の公務について外国人に人権享有主体性を認めるべきかを考える必要があります。

(2)　判例・判断基準

　上記の点について検討するうえで参考になる判例として、東京都管理職試験事件があげられます。この判例は、特別永住者である原告が保健師として地方公共団体たる被告に採用されていたものの、管理職選考試験の受験を日本国籍でないことを理由に拒否されたため、被告に対して損害賠償請求を行った事案です。原告は管理職選考試験の受験を拒否されたことが22条1項、14条1項に違反すると主張しました。

　東京都管理職試験事件は、最終的には22条1項違反については触れず、14条1項違反についてのみ判断しました。しかし、本問において22条1項違反を検討するうえで重要なことについて述べています。判例は、「住民の権利義務を直接形成し、その範囲を確定するなどの公権力の行使に当たる行為を行い、若しくは普通地方公共団体の重要な施策に関する決定を行い、又はこれらに参画することを職務とするもの」である、「公権力行使等地方公務員」については、「住民の生活に直接間接に重大なかかわりを有する」ため、「原則として日本の国籍を有する者が……就任することが想定されている」としています。すなわち、判例にいう公権力行使等地方公務員に就任する権利についてはその性質上外国人に認めるべきではないとしているのです。

　判例は22条1項違反を直接の問題としているわけではないものの、本問でもこの考え方は応

用できるといえます。すなわち、公権力行使等地方公務員としての職務に就く場合には、その性質上外国人には人権享有主体性が認められず、公権力行使等地方公務員以外の職務に就く場合には、その性質上人権享有主体性が認められるとする基準を定立することができるのです。答案例でもそのような規範を立てて、論述を行いました。

(3) あてはめ

　上記の基準を定立した後は、Xが就くことが想定される管理職が公権力行使等地方公務員としての職務にあたるかを検討する必要があります。Y県の管理職のなかには、①Y県知事の権限に属する事務にかかる事案の決定権限を有する職員、②直接には事案の決定権限を有しないが、事案の決定過程に関与する職員、③事案の決定権限を有せず、事案の決定過程に関わる蓋然性も少ない管理職の3種類があります。このうち、①、②は事案の決定権限を有するか決定過程に関与するため、重要な施策に関する決定を行い、またはこれらに参画する職務といえ、公権力行使等地方公務員にあたります。他方、③に関しては関与の度合いは低いことから公権力行使等地方公務員にあたらず、したがって、③の職務に就く権利は憲法上保障されており、本件処分は22条1項違反となる可能性があるとも思えます。

　もっとも、Y県の管理職として採用された場合、担当がその他の仕事の分野の仕事に及ぶことがあり、③の職務に就いたとしても①、②の職務を行う可能性があります。そのため、Y県の管理職として採用されれば①、②、③を問わず公権力行使等地方公務員としての職務を行う可能性があります。したがって、外国人たるXにY県の管理職に就任する権利について人権享有主体性は認められないといえます。よって、本問では、上記の権利は憲法上保障されず、22条1項違反にはあたらないという結論になります。

③　平等原則違反ではないかという点について

1　問題の所在

　22条1項違反がないとしても、14条1項違反について別で検討する必要があります。14条1項は人々について異なる取扱いをしてはならないという平等原則について規定するものです。詳しくは、直接扱った第10問、第11問を参照してください。Xが日本国籍を有しないことを理由に管理職選考試験の受験をY県が認めなかったので、本件処分は国籍を理由とした区別にあたるといえます。そのため、14条1項違反について検討することが必要です。

2　判断基準

　14条1項はいかなる区別をも許容しない趣旨ではなく、合理的な区別ならば許容されます。そして、合理的な区別にあたるかの判断基準についてですが、区別事由、権利の性質などから厳格審査基準、厳格な合理性の基準、合理的根拠の基準のいずれかを採用するとよいでしょう。本問の区別事由である国籍は14条1項の後段列挙事由にあたりませんが、国籍は自分ではどうすることもできないことから一定の配慮が必要との見解が有力です。もっとも、Xの管理職に就任する権利は憲法上保障されているものではありませんし、地方公共団体の裁量も認められます。そのため、合理的根拠の基準を用いるのが望ましいでしょう。

3　あてはめ

　合理的根拠の基準は、目的の正当性と手段の合理性の2つの点から判断するものですから、あてはめでもこの両面から検討しましょう。本件処分の目的は、国民主権の原理に基づく正当性の確保にあり、これには正当性が認められます。また、Y県の管理職に採用されれば公権力行使等地方公務員の職務に就く可能性がある以上、外国人を一律に管理職に採用しないとしても、手段の合理性は認められます。したがって、本件処分は合理的な区別といえるでしょう。

【参考文献】
試験対策講座5章4節④、7章2節。判例シリーズ1事件、4事件。条文シリーズ3章序節④3(2)・(3)。

第2問 A　未成年者の選挙運動を禁止する公職選挙法

　未成年者の選挙運動を禁止する公職選挙法第137条の2第1項および第239条第1項第1号の憲法上の問題点を論ぜよ。

　解答にあたっては、未成年者の憲法上の権利および選挙運動を行う自由に言及して、論じなさい。

【参考条文】
○公職選挙法（昭和25年法律第100号）（抜粋）
第137条の2　年齢満18年未満の者は、選挙運動をすることができない。
2　何人も、年齢満18年未満の者を使用して選挙運動をすることができない。ただし、選挙運動のための労務に使用する場合は、この限りでない。
第239条　次の各号のいずれかに該当する者は、1年以下の拘禁刑又は30万円以下の罰金に処する。
　一　……第137条の2……の規定に違反して選挙運動をした者
　二～四　（略）

【解答へのヒント】
1　未成年者の人権について、成人の人権以上に制約を加えることが許されるのか、検討してみましょう。
2　選挙運動の自由は憲法上どの条文によって保障されるか、検討してみましょう。

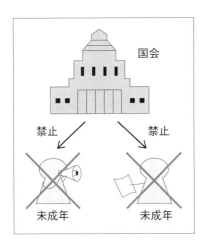

1　公職選挙法は、「選挙運動のための労務」（137条の2第2
　項ただし書）を除き、18歳未満の者の「選挙運動」をいっさ
　い禁止し（137条の2第1項）、その禁止に違反した場合には
　重い刑罰を科している（239条1項1号）。
　　そこで、18歳未満の選挙運動を禁止する公職選挙法137条　　5　→問題提起
　の2第1項および239条1項1号の合憲性が問題となる。
⑴　まず、憲法は成年者の選挙権を保障しており、未成年者
　　の選挙権は保障していない（憲法15条3項。以下法名省
　　略）ところ、成年者とは18歳以上の者をさすから（民法4
　　条）、18歳未満の未成年者には選挙権が保障されていない。　10
　　そして、選挙権と選挙運動とは不可分一体のものであって、
　　選挙権のない者は選挙運動をなしえないともいえそうであ
　　る。
　　　そこで、選挙権が保障されない18歳未満の未成年者に選　　　　　論　未成年者の人権
　　挙運動の自由が憲法上保障されるかが問題となる。　　　　　15
　　　まず、未成年者は「国民」（11条、12条、13条）である
　　から、憲法の人権享有主体である。
　　　そして、選挙運動の自由は、自己の政治的意見を表明す　　　　　論　選挙運動の自由
　　るものであるから、「表現の自由」（21条1項）の一環と
　　して保障されると解する。　　　　　　　　　　　　　　　20
　　　表現の自由の保障は人権享有主体である未成年者にも及
　　ぶので、選挙運動の自由は保障されると解する。
⑵　そして、公職選挙法137条の2第1項および239条1項1
　　号は罰則をもって未成年者の選挙運動をいっさい禁止して
　　おり、上記自由を制約している。　　　　　　　　　　　　25
⑶　では、このような制約は「公共の福祉」（12条後段、13
　　条後段）による制約として正当化されるか。違憲審査基準
　　が問題となる。
　ア　この点について、公職選挙法137条の2第1項および
　　　239条1項1号の目的は、成年者が事情をよく知らない　30
　　　未成年者を利用あるいは組織的に動員することを防止し、
　　　もって未成年者自身を保護することにある。
　　　　このような制約はパターナリズムによる制約であると
　　　いえるところ、国家による私人への介入を必要最小限に
　　　とどめておくべきだという憲法の考え方からすれば、パ　35
　　　ターナリズムによる制約は原則として許されない。また、
　　　選挙運動の自由は自己統治の価値を支えるものであり、
　　　立憲民主制の政治過程にとって不可欠な権利である。さ
　　　らに、公職選挙法第137条の2は、未成年者の選挙運動
　　　をその成長過程にかかわらずいっさい禁止しており、制　40
　　　約の態様は強度である。
　イ　そこで、本問の公職選挙法の未成年者に対する選挙運　　　　　→規範
　　　動の規制は厳格に審査すべきであり、具体的には、目的
　　　が必要不可欠で、手段が必要最小限度であるといえる場

合にかぎって許されると解する。   45

⑷ これを現行制度上の制約について検討する。 ➡あてはめ

 ア たしかに、前述のとおり政治的運動の自由は立憲民主
  制の国家において、もっとも重要なもののひとつではあ
  るが、選挙運動は激しい政治的抗争の側面も有しており、
  判断能力の乏しい未成年者の発達に与える影響は大きい。 50
  そのため、未成年者自身の保護の必要性がとても高く、
  未成年者自身の保護という目的は必要不可欠といえる。

 イ しかし、選挙運動を行った未成年者を処罰するという
  手段は、未成年者を保護するという目的との関係でむし
  ろ逆効果であり、手段が効果的であるとはいえない。ま 55
  た、未成年者を選挙運動に使用した成年者を処罰すれば
  未成年者の選挙運動への動員を防ぐことが可能であり、
  かりに効果的であるとしても、心身が未発達の未成年者
  自身の処罰を規定することは、最小限度の手段とはいえ
  ない。さらに、未成年者といっても成年者に近い者から 60
  年少者までさまざまな者がいるところ、成年者に近い者
  を規制対象とすることは過度に広範な規制といえる。

 ウ そうすると、より制限的でない方法により目的は達成
  でき、現行制度上の制約は、規制の手段が必要最小限度
  とはいえない。   65

2 よって、未成年者の選挙運動を禁止する公職選挙法137条 ➡結論
 の2第1項および239条1項1号は憲法21条1項に反し、違
 憲である。

            以上

              70

              75

              80

              85

出題趣旨

　未成年者の人権については、児童の権利条約が1989年11月20日第44回国連総会で採択され、1994年4月22日に日本が当該条約を批准したことを契機に、議論が活発にされるようになってきた。そこで、本問では未成年者の選挙運動の自由という典型的な問題を通じて、未成年者の人権についての理解を確認してほしいという趣旨で出題した。

論点

1　未成年者の人権
2　選挙運動の自由

答案作成上の注意点

1　権利の保障

1　問題の所在

　本問では、公職選挙法137条の2第1項、239条1項1号の規制（以下「規制」という）により、未成年者の選挙運動の自由が制約されています。ここでは、①そもそも未成年者に人権が保障されるか、②未成年者に選挙運動の自由が憲法上保障されているかということが問題となります。

　①について、未成年者も日本国民である以上、当然に人権享有の主体となります。もっとも、未成年者に対しては、保障される人権の性質に従って、心身の健全な発達を図るための必要最小限度の制約が憲法上許されると解されています。この点については、②の制約のところで改めて説明します。

　②について、憲法15条3項は、「公務員の選挙については、成年者による普通選挙を保障する」として、未成年者の選挙権を制限しています。そこで、選挙権が保障されない未成年者に選挙運動の自由が保障されるかが問題となりますが、選挙運動の自由は、後述のとおり、表現の自由（21条1項）の一環として保障されます。そして、未成年者は憲法上選挙権を制限されているにすぎず、表現の自由については制限されないため、未成年者にも選挙運動の自由は保障されると解されます。

2　選挙運動の自由

　本問に関連して、ここで選挙運動の自由についても解説をします。

　選挙運動の自由は、21条1項の表現の自由として保障されます。というのも、代表民主制のもとでは、多様な国民意思が選挙を通じて国家に反映されなければなりません。そのため、各政党・候補者が言論・出版活動によって国民に政策を自由に訴え、主権者たる国民が意見もしくは要望を自由に表明し政治過程に参画する選挙運動の自由が、確保されていることを不可欠としているからです。

　以上のように、選挙運動の自由は、代表民主制政治を行ううえで必要不可欠な要素ですが、このような自由を制限する法律として公職選挙法が定められています。

　公職選挙法は、選挙の公正という立場から、事前運動の禁止（公職選挙法）、戸別訪問の禁止、文書図画規制、および選挙における報道・論評のなどの規制等の規定を設けて選挙運動の自由を制限しています。

　これらの制限の合憲性については、判例がいくつかあります。

(1)　法定外文書活動禁止規定事件（最大判昭和30年3月30日刑集9巻3号635頁〔百選Ⅱ156事件〕）

　　この事案では、公職選挙法146条（選挙運動期間中の文書図画の頒布または掲示につき禁止を免れる行為の制限規定）の合憲性が争われました。判例は、「公職選挙法146条は、公職の選挙につき文書図画の無制限の頒布、掲示を認めるときは、選挙運動に不当の競争を招き、これ

が為却って選挙の自由公正を害し、その公明を保持し難い結果を来たすおそれがあると認めて、かかる弊害を防止する為、選挙運動期間中を限り、文書図画の頒布、掲示につき一定の規制をしたのであって、この程度の規制は、公共の福祉のため、憲法上許された必要且つ合理的の制限と解することができる」とし、このような制限は憲法21条1項に反しないとしました。

(2)　戸別訪問禁止規定事件（最判昭和56年7月21日刑集35巻5号568頁〔百選II158事件〕）

　　　この事案では、戸別訪問を禁止している公職選挙法138条1項の合憲性が争われました。判例は、このような規定は憲法21条〔1項〕に反しないとしました。そして、伊藤正己裁判官の補足意見では、「選挙運動においては各候補者のもつ政治的意見が選挙人に対して自由に提示されなければならないのではあるが、それは、あらゆる言論が必要最少限度の制約のもとに自由に競いあう場ではなく、各候補者は選挙の公正を確保するために定められたルールに従って運動するものと考えるべきである。法の定めたルールを各候補者が守ることによって公正な選挙が行なわれるのであり、そこでは合理的なルールの設けられることが予定されている。このルールの内容をどのようなものとするかについては立法政策に委ねられている範囲が広く、それに対しては必要最少限度の制約のみが許容されるという合憲のための厳格な基準は適用されないと考える。憲法47条は、国会議員の選挙に関する事項は法律で定めることとしているが、これは、選挙運動のルールについて国会の立法の裁量の余地の広いという趣旨を含んでいる。国会は、選挙区の定め方、投票の方法、わが国における選挙の実態など諸般の事情を考慮して選挙運動のルールを定めうるのであり、これが合理的とは考えられないような特段の事情のない限り、国会の定めるルールは各候補者の守るべきものとして尊重されなければならない。この立場にたつと、戸別訪問には前記のような諸弊害を伴うことをもって表現の自由の制限を合憲とするために必要とされる厳格な基準に合致するとはいえないとしても、それらは、戸別訪問が合理的な理由に基づいて禁止されていることを示すものといえる。したがつて、その禁止が立法の裁量権の範囲を逸脱し憲法に違反すると判断すべきものとは考えられない」としています。

　　　選挙運動の規制についての合憲性について、判例は当初、弊害の生ずるおそれを想定する観念的形式的な論理によって判断していました。しかし、(2)の判例以降は、猿払事件と同様の合理的関連性の基準を用いて、選挙の公正さを確保するための立法政策の問題として判断をしています。

　　　もっとも、学説上、選挙に関するルールの一環として立法府に広範な裁量があるとする見解もありますが、選挙運動は表現の自由の問題でもあるため、安易に立法裁量論を用いて論ずることはできないという立場もあります。これについては、判例を基本として答案を作成しつつ、上記批判を反論というかたちで織り込むと説得的な論述をすることができるため、理解をしておきましょう。

② 制約

　　　もっとも、選挙運動の自由も絶対無制約ではなく、「公共の福祉」（12条後段、13条後段）による制約を受けます。また、本問では特に未成年者の選挙運動が問題となっていますが、未成年者の人権を制約するにあたっては、パターナリズムという成年者の場合とは異なる考慮を要します。

　　　パターナリズムによる制約とは、本人自身の保護のために本人の自由に干渉するという考え方です。たとえば、子どもたちに飲酒を認めてしまうと、その子どもがまだ未成熟ゆえに適切な判断をすることができずに、酒に溺れてしまうことになりかねません。これは、他人に迷惑をかけるから（他者加害）というよりも、その子ども自身にとって好ましくないから（自己加害）規制しようというものです。

　　　そして、このパターナリズムと「公共の福祉」との関係について、かつては、「公共の福祉」を人権相互の矛盾・衝突を調整するための実質的公平の原理と理解したうえで、パターナリズムは「公共の福祉」とはまったく別の人権制約根拠であるとする考えが有力でした。「公共の福祉」が人権相互の矛盾・衝突を調整するための原理とすると、人権同士が対立関係にあることが必要ですが（他者加害）、未成年者を保護するために未成年者自身の人権を制約するという場面（自己加

害）では、人権同士の対立が考えられないからです（佐藤幸治『日本国憲法論［第2版］』154頁）。

しかし、最近では、パターナリズムによる制約も、「公共の福祉」による制約の一類型と捉える考え方も有力です。「公共の福祉」の類型として、他者加害のみならず自己加害も含まれると理解するのです。

いずれの立場で論じてもかまいませんが、答案例では、後者の見解に従っています。

③ 正当化

このような制約は正当化されるでしょうか。違憲審査基準が問題となります。

まず、選挙運動の自由は表現の自由として保障されるところ、政治的な表現の自由は自己の人格形成に役立つため、自己実現の価値が妥当するうえ、国民が政治的意思決定に参画するという自己統治の価値も認められます。そのため、選挙運動の自由はきわめて重要であると評価できます。

また、公職選挙法137条の2第1項は、未成年者の選挙運動をいっさい禁止しており、制約の態様として強度であると考えられます。

したがって、違憲審査基準としては厳格な審査基準が妥当し、目的が必要不可欠で、手段が必要最小限度であるといえる場合にかぎり、137条の2第1項および239条1項1号による規制が許されると解するべきでしょう。

④ あてはめ

公職選挙法の立法目的は未成年者自身の保護にあるところ、選挙運動の自由は立憲民主制の国家においてはもっとも重要なもののひとつではありますが、選挙運動は激しい政治的抗争の側面も有しており、未成年者が巻き込まれることでその発達に与える影響は大きいといえます。そのため、未成年者自身の保護という目的自体は必要不可欠といえるでしょう。

他方、手段について、選挙運動をした未成年者を処罰する手段は、未成年者保護という目的との関係でむしろ逆効果であり、効果的ではありません。また、かりに効果的であるとしても、未成年者を選挙運動に使用した成年者を処罰すれば、未成年者の選挙運動への動員を防ぐことが可能であり、心身が未発達の未成年者自身の処罰を規定することは、最小限度の手段とはいえません。さらに、未成年者といっても幼年者から成年に近い者までさまざまな年齢の者が考えられますが、成年者に近い者を規制対象とすることは過度に広範な規制にあたるでしょう。

したがって、本問の規制は必要最小限度の手段であるとはいえず、違憲であると考えられます（佐藤幸治『日本国憲法論［第2版］』156頁参照）。

【参考文献】
試験対策講座5章4節⑤、6章1節②、9章3節②【4】(3)。条文シリーズ3章13条②2。

第3問 B　公務員の人権（政治活動の自由）

　社会保険庁職員であったXは、休日を利用して職務とは無関係に政党機関紙を配布した（以下「本件配布行為」という）ところ、国家公務員の政治的行為を禁じた国家公務員法（以下「国公法」という）第102条第1項および人事院規則14-7（以下「規則」という）第6項第7号等違反に問われ、国公法第110条第1項第19号（平成19年改正前）を適用されて起訴された。

　Xは、政治的行為を禁止した国公法第102条第1項および第110条第1項第19号は、処罰範囲が広く、違憲であるし、かりに合憲でも、本件配布行為には適用されないので違憲であると主張していた。

　Xを処罰することは、憲法第21条第1項に反しないか。なお、政治的行為を行った場合でも、懲戒処分で対応することもあり、常に刑罰が科されるわけではない。また、Xは管理職的地位にはなく、その職務の内容や権限も事務的なものであり、裁量の余地はないし、本件配布行為は、私服で行っており、公務員であることを明らかにもしていない。

【参考条文】

○国家公務員法（昭和22年法律第120号）（抜粋）

第102条　職員は、……人事院規則で定める政治的行為をしてはならない。

2・3　（略）

第110条　次の各号の一に該当する者は、3年以下の拘禁刑又は100万円以下の罰金に処する。

　一～十七　（略）

　十八（平成19年改正前）　第102条第1項に規定する政治的行為の制限に違反した者

　十九　（略）

○人事院規則14-7

5　法及び規則中政治的目的とは、次に掲げるものをいう。政治的目的をもってなされる行為であっても、第6項に定める政治的行為に含まれない限り、法第102条第1項の規定に違反するものではない。

　一・二　（略）

　三　特定の政党その他の政治的団体を支持し又はこれに反対すること。

　四～八　（略）

6　法第102条第1項の規定する政治的行為とは、次に掲げるものをいう。

　一～六　（略）

　七　政党その他の政治的団体の機関紙たる新聞その他の刊行物を発行し、編集し、配布し又はこれらの行為を援助すること。

　八～十二　（略）

　十三　政治目的を有する署名又は無署名の文書、図画、音盤又は形象を発行し、回覧に供し、掲示し若しくは配布し又は多数の人に対して朗読し若しくは聴取させ、あるいはこれらの用に供するために著作し又は編集すること。

　十四～十七　（略）

【解答へのヒント】

1　そもそもXを処罰するための根拠法令が合憲といえるか。検討してみましょう。

2　法令が合憲だとしても、本件配布行為は国公法102条1項の「政治的行為」に該当するか。検討してみましょう。

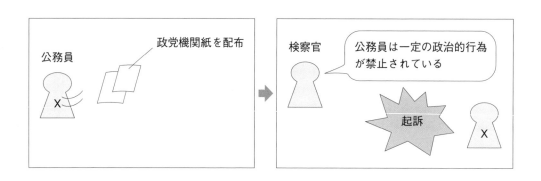

答案構成用紙

1　国公法102条１項および規則６項７号は、公務員が政治的　　　　　　**➡問題提起**
　行為を行う自由（以下「本件自由」という）を侵害し、違憲
　ではないか。
　⑴　まず、政治的行為を行うことは、自己の政治的意見を外
　　部に表明する側面を有するので、「表現」にあたる。　　　5
　　　したがって、政治的行為を行う自由は、表現の自由（憲
　　法21条１項。以下法名省略）として保障される。
　⑵　そして、国公法102条１項は、規則６項７号が定める公
　　務員の「政治的行為」を罰則をもって（国公法110条19
　　号）禁止しており、公務員が政治的行為を行うことが法律　10
　　上も事実上もできなくなっているから、本件自由を制約し
　　ている。
　⑶　もっとも、憲法が公務員関係の存在と自律性を憲法秩序
　　の構成要素として認めていること（15条、73条４号等）か
　　ら、本件自由も一定の制約を受ける。では、上記制約は正　15
　　当化されるか。違憲審査基準が問題となる。
　　ア　政治的行為は、政治的意見を外部へ表明する行為なの
　　　で民主制の過程に参与するうえに、人格を発展させるこ
　　　とが可能なので、自己統治および自己実現の価値を有す
　　　る重要な権利といえる。また、政治的内容という特定の　20
　　　表現を規制する内容規制といえ、恣意的な運用により、
　　　思想の自由市場が侵害されるおそれがある。そうすると、
　　　厳格に審査すべきとも思える。
　　　　もっとも、公務員は全体の奉仕者であり、国民の信頼
　　　を確保するために政治的中立性が求められるので、公務　25
　　　員の政治活動を制限する必要性がある。
　　イ　そこで、目的が重要で、手段が効果的かつ過度でない　　　　　　**➡規範**
　　　場合に、上記制約が正当化されると解する。
　⑷　これを本問についてみると、目的は、公務員の政治的中　　　　　　**➡あてはめ**
　　立性の確保である。前述のように公務員には政治的中立性　30
　　が求められるので目的は重要であるといえる。
　　　次に、手段については、公務員の政治的行為を罰則（国
　　公法110条１項19号）をもって禁止すれば、公務員が特定
　　の政治的行為を行うことを防止し、政治的中立性を確保で
　　きるので効果的といえる。　　　　　　　　　　　　　　　35
　　　また、国公法102条１項は、違反者に罰則を設けており、　　　　　**論公務員の政治活動の自由**
　　規制態様は強度といえるし、「政治的行為」のすべてが処
　　罰の対象となるとすれば、過度であるとも思える。
　　　しかし、前述したように本件自由は重要な権利であり、　　　　　　**⇨堀越事件（百選Ⅰ13事件）**
　　刑罰の対象であることからすれば、「政治的行為」とは、　40
　　政治的中立性を損なうことが、観念的なものにとどまらず、
　　現実的に起こりうるものとして実質的に認められるものを
　　いうと解される。また、規則も各号が定める文言に該当す
　　る行為であって、上記おそれが実質的に認められる行為を

禁止しているといえる。そのため、上記おそれのない政治 45
的行為は許されるし、不当に処罰範囲が広がりすぎるおそ
れは小さいといえる。しかも、懲戒処分などを設けている
ので常に刑罰が科されるわけではない。

　　したがって、過度な制約とはいえない。

(5)　以上より、国公法および規則は、合憲である。 50　➡結論

2　次に、本問では、Xは本件配布行為について、国公法102
条1項および規則6項7号等違反に問われ、国公法110条1
項19号を適用されて起訴されている。政党機関紙の配布は、
自己の政治的意見を外部に表明するものなので、「表現」に
該当し、本件配布行為を行う自由は21条1項で保障される。 55
したがって、本件配布行為が「政治的行為」に該当しなけれ　　　　➡問題提起
ば、これを適用し処罰することは、Xの本件配布行為を行う
自由を侵害し、違憲となる。

(1)　政党機関紙の配布は、形式的には「政治的行為」に該当
　　しうる（国公法102条1項、規則6項7号）。しかし、「政 60　➡規範
　　治的行為」に該当するかは、当該公務員の地位、その職務
　　の内容や権限等、当該公務員がした行為の性質、態様、目
　　的、内容等の諸般の事情を総合して、政治的中立性を損な
　　うおそれが実質的に認められるかどうかを判断するのが相
　　当である。 65

(2)　これを本問についてみると、政党機関紙の配布は一定の　　　　➡あてはめ
　　政治的意見を述べるものといえ、政治との関連性は否定で
　　きない。

　　　しかし、Xは管理職的地位にはなく、その職務の内容や
　　権限も事務的なものであり、裁量の余地はないので、他の 70
　　公務員の職務遂行や組織の運営に影響を及ぼすおそれは小
　　さく、Xの職務遂行に政治的偏向が現れるおそれは小さい。
　　また、本件配布行為は、勤務時間外である休日に私服で行
　　われたものであり、職務とまったく無関係に行われ、公務
　　員であることを明らかにしていないので、公務員による行 75
　　為と直接認識しうる態様ではなかった。しかも、演説を積
　　極的に行う等、対外的に目立つ行為ともいえない。そうだ
　　とすると、本件配布行為は政治的中立性を損なうおそれが
　　実質的に認められる行為とはいえない。

　　　よって、本件行為は「政治的行為」にあたらない。 80

3　以上より、Xを処罰することは21条1項に反し、違憲であ　　　　➡結論
る。

　　　　　　　　　　　　　　　　　　　　　　　　　以上

85

　本問は堀越事件（最判平成24年12月7日刑集66巻12号1337頁〔百選Ⅰ13事件〕）を題材とした、公務員の政治活動の自由に関する問題である。一般人の人権を制約する場合との違いについて理解してもらうために出題した。公務員の人権に関する判例はいくつかあるのでこの機会に学習してほしい。
　なお、国家公務員法102条1項を合憲とした場合には、適用違憲についても論じることとなるため、注意が必要である。立法事実と司法事実を明確に区別することが求められる。

論点

公務員の政治活動の自由

答案作成上の注意点

1　国家公務員法102条1項は合憲か

1　問題提起について
　本問では、まずいかなる人権が問題となるのでしょうか。国家公務員法102条1項は、公務員が政治的行為を行うことを禁止しています。そこで、公務員が政治的行為を行う自由（以下「本件自由①」という）が問題となります。
2　保障について
　政治的行為は、政治的意見の表明としての側面を有しており「表現」にあたります。したがって、憲法21条1項で保障されます。
3　制約について
　国家公務員法102条1項および110条1項19号は、公務員が政治的行為を行うことを罰則をもって禁止しているので、本件自由①を制約していることは明らかです。
4　審査基準について
　公務員が制約を受ける根拠はどこに求められるのでしょうか。
　この点、初期の判例（最大判昭和33年3月12日刑集12巻3号501頁）は、憲法15条2項が定める全体の奉仕者や、12条後段、13条後段が定める公共の福祉を根拠としていました。
　しかし、公務員一般の指導理念である全体の奉仕者という規定を人権制約の法的根拠とすべきではないとの批判がありました。現在では、憲法が公務員関係の存在と自律性を憲法秩序の構成要素として認めていること（15条、73条4号参照）が公務員の人権の制約根拠とする学説が有力となっています。そこで、これを根拠に本件自由①に対する一定の制約が正当化されると解します。
　そのうえで、いかなる場合に制約が許されるかが問題となります。
　政治的行為は、政治的意見を外部へ表明する行為なので民主制の過程に寄与する行為ですし、自己の意見を外部に表明し、批判等を受けることで自己の人格を発展させることが可能です。したがって、本件自由①は、自己統治および自己実現の価値を有する重要な権利といえます。
　また、政治的内容の表現を規制しており、内容に着目した内容規制といえ、恣意的な運用により思想の自由市場が侵害されるおそれがあります。これらは厳格に審査すべき事情となるでしょう。
　しかし、公務員は、「全体の奉仕者」（15条2項）であり、行政の中立的運営の確保とそれに対する国民の信頼が重要となることから、政治的中立性が求められます。したがって、一定の制約を被ることは仕方がないといえます。これは審査基準をゆるやかにする事情となります。
　そこで、答案例では、目的が重要で、手段が効果的かつ過度でない場合に、上記制約が正当化されると考えました。

5 あてはめについて

　目的は、公務員の政治的中立性の確保です。前述のように公務員には政治的中立性が求められるので、目的は重要です。

　次に、手段については、公務員の政治的行為を、罰則をもって禁止すれば、公務員が政治的行為を行うことを防止でき、政治的中立性を確保できるので効果的といえます。

　もっとも、拘禁刑なども定めており、また、法律の文言からして、「政治的行為」のすべてが制約の対象となりえますが、それでは制約の範囲が広く、過度とも考えられます。

　しかし、前述のように本件自由は重要な権利ですし、刑罰の対象であることからも適用は限定的であるべきです。そこで、国家公務員法102条1項は公務員の政治的中立性を確保することを目的としているので、「政治的行為」とは、政治的中立性を損なうことが、観念的なものにとどまらず、現実的に起こりうるものとして実質的に認められるものをいうと解します。そのため、不当に処罰範囲が広がるおそれは小さいと考えられます。また、懲戒処分などを設けているので常に刑罰が科されるわけではありません。そうだとすると、過度な制約とはいえないとも考えることができます。さらに、後述する行動制限に伴う間接的付随的な制約として政治的行為を禁止しているにすぎないという理論は本問でも妥当しえますから、これを否定事情とするのもよいでしょう。

　なお、この点に関して、堀越事件も、禁止の対象となるのは「公務員の職務の遂行の政治的中立性を損なうおそれが実質的に認められる政治的行為に限られ」るので「その制限は必要やむを得ない限度にとどま」っているとし、「本件罰則規定は、不明確なものとも、過度に広汎な規制であるともいえない」と述べています。これは、一見合憲限定解釈を述べているように思えますが、単純に法令の解釈をしただけともいわれています。また、法令の不明確性に触れているので、形式的審査も問題となりえます。

② 本件配布行為は「政治的行為」に該当するか

　国家公務員法が合憲だとしても、本件配布行為が「政治的行為」に該当しなければ、国家公務員法102条1項および規則6項7号等違反とし、国家公務員法110条1項19号を適用することは、Xの本件配布行為を行う自由（以下「本件自由②」という）を侵害し、違憲となります。

　政党機関紙の配布は、自己の政治的意見を外部に表明するものなので、「表現」に該当し、本件自由②は憲法21条1項で保障されます。政治的中立性を損なうおそれが実質的に認められるか否かについて、堀越事件判決は、「当該公務員の地位、その職務の内容や権限等、当該公務員がした行為の性質、態様、目的、内容等の諸般の事情を総合して判断するのが相当である」としています。そこで、本問においても上記規範を用いて判断します。

　たしかに、政党機関紙の配布は一定の政治的意見を述べるものといえ、政治との関連性は否定できません。一方で、Xは管理職的地位にはなく、その職務の内容や権限も事務的なものであり、裁量の余地はないので、他の公務員の職務遂行や組織の運営に影響を及ぼすおそれや、Xの職務遂行に政治的傾向が現れるおそれは小さいといえます。また、本件配布行為は、休日に私服で行われたものであり、職務とまったく無関係に行われ、公務員であることを明らかにもしておらず、公務員による行為と認識しうる態様ではないと評価できます。しかも、演説のような対外的に目立つような行為とは異なります。そうだとすると、本件配布行為は政治的中立性を損なうおそれが実質的に認められる行為とはいえないと考えるのが妥当です。

　この点、職種が管理的地位にあると、他の職員に影響を与えうるだけでなく、一般人から組織としての行動と認識されやすく、これらことは政治的中立性を損なうおそれが実質的に認められる行為を肯定する事情になります。

③ 判例

　ここで公務員の政治活動の自由が問題となった猿払事件上告審（最大判昭和49年11月6日刑集28巻9号393頁〔百選Ⅰ12事件〕）を紹介します。事案は郵便局に勤務する事務官が、選挙に際して、ある

党を支持する目的をもって、当該党公認候補者の選挙用ポスターを公営掲示場に掲示したり、他者にこのポスターの掲示を依頼して配布したりしたことで、起訴されました。この判決の判旨には3つの特徴があります。

1つ目は、猿払基準といわれる審査基準を示した点です。具体的には、「合理的で必要やむをえない限度にとどまるものである限り、憲法の許容するところであるといわなければならない」とし、「合理的で必要やむをえない限度にとどまるものか否かを判断するにあたっては、禁止の目的、この目的と禁止される政治的行為との関連性、政治的行為を禁止することにより得られる利益と禁止することにより失われる利益との均衡の3点から検討することが必要である」としました。

そのうえで、あてはめでは「行政の中立的運営とこれに対する国民の信頼を確保するため、公務員の政治的中立性を損うおそれのある政治的行為を禁止することは、まさしく憲法の要請に応え、公務員を含む国民全体の共同利益を擁護するための措置にほかならないのであって、その目的は正当なものというべきである。また、右のような弊害の発生を防止するため、公務員の政治的中立性を損うおそれがあると認められる政治的行為を禁止することは、禁止目的との間に合理的な関連性があるものと認められるのであって、たとえその禁止が、公務員の職種・職務権限、勤務時間の内外、国の施設の利用の有無等を区別することなく、あるいは行政の中立的運営を直接、具体的に損う行為のみに限定されていないとしても、右の合理的な関連性が失われるものではない」としました。

これに対して、堀越事件は、猿払上告審について、「特定の地区の労働組合協議会事務局長である郵便局職員が、同労働組合協議会の決定に従って選挙用ポスターの掲示や配布をした」ことから、「公務員により組織される団体の活動としての性格を有する……公務員が特定の政党の候補者を国政選挙において積極的に支援する行為であることが一般人に容易に認識され得るようなもので……政治的中立性を損なうおそれが実質的に認められる」とし、「事案を異にする判例」としています。

2つ目は、意見表明の自由への直接的な制約を認めなかった点です。具体的には、「公務員の政治的中立性を損うおそれのある行動類型に属する政治的行為を、これに内包される意見表明そのものの制約をねらいとしてではなく、その行動のもたらす弊害の防止をねらいとして禁止するときは、同時にそれにより意見表明の自由が制約されることにはなるが、それは、単に行動の禁止に伴う限度での間接的、付随的な制約に過ぎ」ないとしました。

3つ目は、懲戒処分と刑罰の関係に言及した点です。具体的には、「懲戒処分と刑罰とは、その目的、性質、効果を異にする別個の制裁なのであるから、前者と後者を同列に置いて比較し、司法判断によって前者をもってより制限的でない他の選びうる手段であると軽々に断定することは、相当ではない」としました。

【参考文献】
試験対策講座6章2節②、9章3節。判例シリーズ8－1事件、8－2事件。条文シリーズ3章序節⑤2・3。

国家公務員による争議行為等の禁止を定めた、国家公務員法（以下「国公法」という）第98条第2項の規定の合憲性を論じなさい。

　なお、政府は国公法第98条第2項について、「公務員の給与、勤務時間その他勤務条件は、原則として国会の制定した国公法や他の法律によって定められている（国公法第28条第1項前段、第63条）ので、そもそも政府に対して争議行為を行うべきではないし、民間企業とも異なる。また、人事院による勧告（国公法第28条第1項後段、第2項）や、人事院に対する行政措置要求（国公法第86条）があるので、そちらを利用してほしい」と主張しているものとする。

【参照条文】
○国家公務員法（昭和22年法律第120号）（抜粋）
（この法律の目的及び効力）
第1条　この法律は、国家公務員たる職員について適用すべき各般の根本基準……を確立し、職員がその職務の遂行に当り、最大の能率を発揮し得るように、民主的な方法で、選択され、且つ、指導さるべきことを定め、以て国民に対し、公務の民主的且つ能率的な運営を保障することを目的とする。
2～5　（略）
（情勢適応の原則）
第28条　この法律及び他の法律に基づいて定められる職員の給与、勤務時間その他勤務条件に関する基礎事項は、国会により社会一般の情勢に適応するように、随時これを変更することができる。その変更に関しては、人事院においてこれを勧告することを怠つてはならない。
2　人事院は、毎年、少くとも1回、俸給表が適当であるかどうかについて国会及び内閣に同時に報告しなければならない。給与を決定する諸条件の変化により、俸給表に定める給与を100分の5以上増減する必要が生じたと認められるときは、人事院は、その報告にあわせて、国会及び内閣に適当な勧告をしなければならない。
（法律による給与の支給）
第63条　職員の給与は、別に定める法律に基づいてなされ、これに基づかずには、いかなる金銭又は有価物も支給することはできない。
（懲戒の場合）
第82条　職員が、次の各号のいずれかに該当する場合においては、これに対し懲戒処分として、免職、停職、減給又は戒告の処分をすることができる。
　一　この法律……に違反した場合
　二・三　（以下略）
2　（略）
（勤務条件に関する行政措置の要求）
第86条　職員は、俸給、給料その他あらゆる勤務条件に関し、人事院に対して、……適当な行政上の措置が行われることを要求することができる。
（法令及び上司の命令に従う義務並びに争議行為等の禁止）
第98条　（略）
2　職員は、政府が代表する使用者としての公衆に対して同盟罷業、怠業その他の争議行為をなし、又は政府の活動能率を低下させる怠業的行為をしてはならない。又、何人も、このような違法な行為を企て、又はその遂行を共謀し、そそのかし、若しくはあおつてはならない。

3 （略）

【解答へのヒント】
　公務員の労働基本権を制約することが正当化されるかが問題となります。憲法上の規定や、公務員の職務が有する性質から、制約の根拠およびその必要性を考えてみましょう。

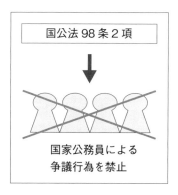

答案構成用紙

答案例

1　争議行為等の禁止を定める、国公法98条2項の規定は、公
　　務員の団体行動をする権利を侵害し、違憲ではないか。
➡問題提起

　(1)　「団体行動をする権利」は、憲法28条（以下法名省略）
　　　で明文上定められた権利である。公務員も「勤労者」にあ
　　　たるから、公務員の上記権利も憲法上保障される。　　　5
論公務員の労働基本権

　(2)　そして、国公法98条2項は、国家公務員の「同盟罷業、
　　　怠業その他の争議行為」を禁止し、公務員の団体行動をす
　　　る権利を制約している。

　(3)　もっとも、憲法が公務員関係の存在と自律性を憲法秩序
　　　の構成要素として認めていること（15条、73条4号等）か　　10
　　　ら、公務員の人権も一定の制約を受ける。
　　　　では、上記制約は正当化されるか。違憲審査基準が問題
　　　となる。
　　ア　団体行動をする権利は、労働者の生きる権利として保
　　　　障された労働基本権のひとつであり、重要である。それ　　15
　　　　にもかかわらず、国公法98条2項は争議行為を一律に禁
　　　　止しており、規制態様は強度といえる。
　　　　　他方で、公務員の職務が公共性を有するところから、
　　　　その職務の停滞は国民生活に重大な影響を及ぼすため、
　　　　上記権利の制約の必要性が高度にある。　　　　　　　　20
　　イ　そこで、目的が重要で、手段が効果的かつ過度でない
　　　　場合に、上記制約が正当化されると解する。
➡規範

　(4)ア　これを本問についてみると、国公法98条2項の目的は、
　　　　公務の能率的な運営の確保（国公法1条1項参照）であ
　　　　る。公務員の職務の公共性にかんがみれば、その停滞が　　25
　　　　国民生活に及ぼす影響は重大であるため、上記目的は重
　　　　要である。
➡あてはめ

　　イ　そして、争議行為の禁止により行政の運営の停滞が避
　　　　けられるので、目的との関連で手段は効果的である。
　　ウ　また、公務員の給与、勤務時間その他勤務条件は、原　　30
　　　　則として国会の制定した国公法や他の法律によって定め
　　　　られる（国公法28条1項前段、63条）ところ、公務員が
　　　　政府に対し争議行為を行うことは、使用者である政府に
　　　　よっては解決できない立法問題に直面させることとなる
　　　　ため的外れであり、議会制民主主義（41条、83条等参　　35
　　　　照）に反するおそれがある。
　　　　　そして、私企業の場合には、労働者の過大な要求を容
　　　　れると、企業の経営を悪化させ、ひいては労働者の失業
　　　　を招く結果となるという点や、市場からの圧力の存在が、
　　　　争議行為に対する抑制力としてはたらく一方で、公務員　　40
　　　　の場合には、私企業と異なり、このような市場の機能が
　　　　作用する余地がないことから、争議行為を一律禁止する
　　　　必要性がある。さらに、給料、勤務条件に関する、人事
　　　　院による勧告（国公法28条1項後段、2項）や、人事院
⇨全農林警職法事件（判例シリ
ーズ71事件）

に対する行政措置要求（国公法86条）といった、労働基本権に代わる措置の存在を考慮すれば、違反者に対して懲戒処分が科されうるとしても、公務員の争議行為の一律禁止も過度な手段とはいえない。

2　以上より、国公法98条2項は、28条に反せず、違憲ではない。

以上

➡結論

45
50
55
60
65
70
75
80
85

本問では、国家公務員法98条2項による国家公務員の争議行為の一律禁止が、労働基本権を侵害するかを検討することが求められる。公務員の労働基本権に関しては、重要な判例が複数存在しており、実際に予備試験2022（令和4）年では判例の理解を前提とした出題がされている。本問を通じて、それらの判例の内容、変遷を学習してもらいたい。

論点

公務員の労働基本権

答案作成上の注意点

1 公務員の労働基本権

1 保障と制約について

憲法28条は「勤労者の団結する権利及び団体交渉その他の団体行動をする権利は、これを保障する」と規定し、勤労者に対して団結権、団体交渉権および団体行動権（争議権）という労働基本権を保障しています。

まず、団結権とは、労働者の団体を組織する権利であり、労働者を団結させて使用者の地位と対等に立たせるための権利をいいます。ここにいう団体とは、主として労働組合を意味します。

次に、団体交渉権とは、労働者の団体がその代表者を通じて、労働条件について使用者と交渉する権利をいいます（労働組合法6条参照）。

最後に、団体行動権とは、労働者の団体が労働条件の実現を図るために団体行動を行う権利をいい、その中心は争議行為です。

公務員も「勤労者」にあたりますから、これらの労働基本権が保障されるのが原則です。

2 制約の許容性について

「同盟罷業、怠業その他の争議行為」を禁止する国家公務員法98条2項により、公務員の労働基本権は制約されることになります。

では、公務員の労働基本権の制約ができるとするならば、その根拠はどこにあるのでしょうか。この点について、有力な学説（芦部説）は、人権の制限は憲法で積極的に規定されているか、または、少なくとも前提とされている場合にかぎり可能であるという原則的立場から、憲法が公務員関係の存在と自律性を憲法秩序の構成要素として認めていること（憲法15条、73条4号等）に制約の根拠を求めています。

3 審査基準について

国家公務員法98条2項は、一律かつ全面的に争議行為を禁止しており、懲戒処分の存在によりその実効性も担保されるので、公務員の労働基本権に対する強力な制限であるといえます。一方で、公務員の職務が公共性を有するところから、その職務の停滞は国民生活に重大な影響を及ぼします。そこで、公務員の労働基本権を制約する高度の必要性が認められるのです。

これらの事実から、答案例では目的が重要で、手段が効果的かつ過度でない場合に、上記制約が正当化されるとしました。

4 あてはめについて

国家公務員法98条2項の目的は、目的規定である1条から読み取れるように、公務の能率的な運営の確保にあり、公務員の職務の公共性を考慮すれば重要なものといえそうです。また、争議行為を一律に禁止すれば、公務員の職務が完全に停滞するといったことがなくなるため、上記目的との関連で効果的な手段にあたるでしょう。

そして、手段が過度ではないかを検討するにあたり、答案例では全農林警職法事件（最大判昭

和48年4月25日刑集27巻4号547頁〔判例シリーズ71事件〕）であげられた考慮要素に即して検討しています。①公務員の勤務条件の決定は、国会の制定する法律と予算によりなされるのだから、政府に対してする争議行為は、議会制民主主義（憲法41条、83条等）に反し、国会の議決権を侵すおそれがあること（財政民主主義論）、②私企業の場合、労働者の過大な要求は市場における企業の存続を危うくし、労働者自身の失業を招くおそれがあるという市場抑制力がはたらくが、公務員の場合にはその抑制がなく、争議行為の歯止めがないこと（市場抑制理論）、③給与、勤務時間その他勤務条件に関して、人事院が報告または勧告を義務づけられていることをはじめ、整備された代償措置が設けられていること（代償措置論）を考慮すれば、手段は過度なものとはいえないとの結論を導くことが可能でしょう。

② 判例

公務員の労働基本権に関する判例には変遷がみられ、次のように大きく3つの時期に分けることができます。

1 第1期

第1期の判例は、政令201号事件判決（最大判昭和28年4月8日刑集7巻4号775頁）において、憲法13条後段の「公共の福祉」と15条2項の「全体の奉仕者」を根拠に、公務員の労働基本権の一律禁止を合憲であるとしました。

2 第2期

第2期の判例は、全逓東京中郵事件（最大判昭和41年10月26日刑集20巻8号901頁〔判例シリーズ69事件〕）において、「労働基本権は……国家公務員や地方公務員も……原則的には、その保障を受けるべきもの」とし、その制約については「国民生活全体の利益の保障という見地からの制約を当然の内在的制約として内包している」にとどまると示したうえで、労働基本権の制限は職務の性質が公共性の強いものについて必要最小限度のものにとどめなければならないとしました。

また、都教組事件（最大判昭和44年4月2日刑集23巻5号305頁〔判例シリーズ70事件〕）では、全逓東京中郵事件の判決の趣旨を踏襲したうえで、争議行為およびそのあおり行為の禁止規程は文字どおりに解釈すれば違憲の疑いがあるので、合憲限定解釈（法文の意味を憲法に適合するように限定して解釈すること）が必要であるとし、処罰の対象となる行為は争議行為・あおり行為とも違法性の強いものにかぎられるという、いわゆる「二重のしぼり」の限定が示されました。

3 第3期

しかし、第3期の判例は、全農林警職法事件において、公務員の労働基本権に関する基本的立場を再び変更して、合憲限定解釈を否定し、公務員の争議行為の一律禁止を合憲であるとしました。この判決は、「公務員の地位の特殊性と職務の公共性」を根拠に、「公務員の労働基本権に対し必要やむをえない限度の制限を加えることは、十分合理的な理由がある」としたうえで、前述した財政民主主義論、市場抑制理論、代償措置論を合憲の理由として示しました。

第1期	第2期	第3期
政令201号事件判決（最大判昭和28年4月8日） 抽象的な「公共の福祉」論、「全体の奉仕者」論に基づいて、広く労働基本権の制約を認める	○全逓東京中郵事件（最大判昭和41年10月26日） ○都教組事件（最大判昭和44年4月2日） ○全司法仙台事件（最大判昭和44年4月2日刑集23巻5号685頁） 労働基本権の制約規定を限定的に解釈しようとする	○全農林警職法事件（最大判昭和48年4月25日） ○岩手教組学テ事件（最大判昭和51年5月21日刑集30巻5号1178頁〔百選Ⅱ143事件〕） ○全逓名古屋中郵事件（最大判昭和52年5月4日刑集31巻3号182頁〔百選Ⅱ142事件〕） 「公務員の地位の特殊性と職務の公共性」に着目し、再び、広く労働基本権の制約を認めようとする

この判例の変遷は重要ですので、しっかりとおさえておきましょう。

【参考文献】
試験対策講座6章2節②【1】(1)(c)・【2】。判例シリーズ69事件、70事件、71事件。条文シリーズ3章
序節⑤3(2)。

第5問 B　私人間効力

　Xは、令和元年以来、Y（税理士会）の会員である税理士である。

　Yは、税理士法第49条に基づき設立された税理士法人である。

　Yは、令和4年4月に開催された第100回定期総会において、下記の内容の決議（以下「本件決議」という）を賛成多数で可決した。

　議案：税理士法改正運動に要する特別資金の拠出の件

　税理士法改正運動に要する特別資金とするため、A政治団体に、500万円を寄付する。そのための特別会費として、各会員から500円を徴収する。

　Xは、税理士法改正に反対の立場であり、特別会費を納入しなかった。Yの役員選任規則には、役員の選挙権および被選挙権の欠格事由として「選挙の年の3月31日現在において本部の会費を滞納している者」との規定がある。

　Yは、この規定に基づき、本件決議に基づく特別会費の滞納を理由として、令和4年度から、令和○×年まで2年ごとにあった各役員選挙において、Xを選挙人名簿に登載しないまま役員選挙を実施した。そこでXは、選挙権を有することの確認を求める訴えを提起した。Xは訴えにおいて、A政治団体への寄付のために、反対の立場である自分に対しても会費の拠出を強いる本件決議の内容は、Yの目的の範囲外のものであって、決議は無効であると主張しようとしている。Xの主張における、憲法上の問題点について論じなさい。

【参照条文】

○税理士法（昭和26年法律第237号）（抜粋）

（税理士会）

第49条　税理士は、国税局の管轄区域ごとに、一の税理士会を設立しなければならない。

2～8　（略）

（入会及び退会等）

第49条の6　税理士は、登録を受けた時に、当然、その登録を受けた税理士事務所又は税理士法人の事務所の所在地を含む区域に設立されている税理士会の会員となる。

2～9　（略）

【参照資料】

○Y税理士会会則（抄録）

（目的）

第1条　Y税理士会は、税理士の使命及び職責にかんがみ、税理士の業務の遵守及び税理士業務の改善進捗に資するため、会員の指導、連絡及び監督に関する事務を行うことを目的とする。

【解答へのヒント】

1　本問においては、Xの思想・良心の自由に対する配慮が必要です。その際には、憲法上の人権規定が私人間にどのように適用されるかにも留意しましょう。

2　法人の目的の範囲について、まずは会社についての判例を思い出してみましょう。そのうえで、税理士会と会社とで団体の性質につきどのような違いがあるかを参照条文から考え、その違いが目的の範囲内か否かの判断にどう影響するかを検討しましょう。

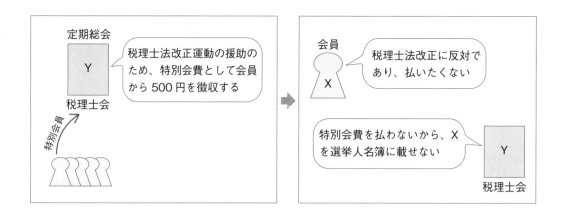

答案構成用紙

1　本件決議は、Xの税理士法改正に反対するという政治的信
　条を有する自由を侵害するものであって、無効とならないか。　　　　■問題提起

⑴　まず、Xの上記自由は、個人の人生観・世界観に関わる
　　内面的な精神作用であり、思想・良心の自由（憲法19条。
　　以下法名省略）の一内容として保障される。　　　　　　　　　　5

⑵　また、本件決議は、A政治団体への寄付のための特別会
　　費を会員から徴収することを内容としている。そして、会
　　費を納入しない場合、役員の選挙権および被選挙権を失う
　　という不利益があるため、特別会費の徴収につき会員に協
　　力義務が課されているとみることができる。この協力義務　　10
　　は、Xの信条に基づく行為とは異なる行為を要求するもの
　　であり、Xの上記自由を制約している。

⑶　Yは、税理士会という私人であるところ、憲法の人権規
　　定は、伝統的には、公権力との関係で国民の権利・自由を
　　保護するものと捉えられてきた。　　　　　　　　　　　　15
　　　そこで、憲法の人権規定が私人間にどのように適用され　　　　　■私人間効力
　　るかが問題となる。

　　ア　この点について、現代社会においては、社会的権力に
　　　よる人権侵害から人権を保護する必要があり、かつ、憲
　　　法は公法・私法を包括した全法秩序の基本原則である。　　20
　　　そうだとすれば、憲法の人権規定は私人間にもなんらか
　　　のかたちで適用されるべきである。
　　　　もっとも、人権規定の直接適用を認めると、市民社会
　　　の原則である私的自治が広く害されるおそれがある。
　　　　そこで、私法の一般条項を媒介にして、憲法の人権規　　25
　　　定は間接的に適用されると考える。

　　イ　そして、税理士会を含む民法上の法人は、定款等で定　　　　　⇨南九州税理士会事件（判例シ
　　　められた目的の範囲内において権利を有し、義務を負う　　　　　　リーズ19事件）
　　　（民法34条）。そうすると、本問においては、憲法上の
　　　権利の規定をふまえて、Yの行為が「目的」の範囲外か　　30
　　　否かを検討するべきである。

⑷　では、Yの行為はXの上記自由を侵害するもので、「目
　　的」の範囲外の行為であるといえるか、その判断基準が問
　　題となる。

　　ア　まず、会社における目的の範囲内の行為とは、目的遂　　35
　　　行のうえで直接または間接に必要な行為をいい、それに
　　　該当するか否かは客観的に判断されるところ、税理士会
　　　の場合についても同様に判断すべきとも思える。

　　イ　もっとも、税理士法49条の6第1項によれば、税理士　　　　　■法人と構成員の関係
　　　は、登録を受けた時に、当然、所定の区域に設立されて　　40
　　　いる税理士会の会員となるとされている。このように、
　　　税理士会であるYは強制加入団体であり、その会員には
　　　実質的には脱退の自由が保障されていない。そうすると、
　　　税理士会は会社とは法的性格を異にする法人であり、

「目的」の範囲内といえるかについては、会社における 45
それよりも厳格に判断されるべきである。
ウ　たしかに、多数決原理に基づく団体活動の実効性確保
のためには、団体の構成員に団体への一定の協力義務が
認められるべきである。しかし、信条は、人間の人格的
生存にとって不可欠であり、私人間においても法的に保 50
護される利益というべきである。

そこで、団体の行為が構成員の思想・良心の自由を侵 ➡規範
害し、「目的」の範囲外のものと認められるか否かは、
比較衡量によって決すべきである。具体的には、団体の
性質、問題とされている具体的な団体活動の内容・性質、 55
および構成員に要請される協力義務の内容・程度・態様
等を総合的に考慮して判断すべきと解する。

(5)　これを本問について検討する。 ➡あてはめ

ア　税理士会であるＹは強制加入団体であるところ、その
会員には、さまざまの思想・信条および主義・主張を有 60
する者が存在することが当然に予定されており、会員に
要請される協力義務にも、おのずから限界があるといえ
る。

そして、政党など政治団体に対して寄付をするかどう
かは、選挙における投票の自由（15条1項）と表裏をな 65
すものとして、会員各人が自主的に決定すべき事柄であ
るというべきである。なぜなら、政治団体に寄付をする
ことは、選挙においてどの政党またはどの候補者を支持
するかに密接につながる問題だからである。

そうだとするならば、Ａ政治団体へ寄付をするかどう 70
かは、Ｙの構成員たるＸがその信条に基づき自主的に決
定すべき事柄である。

それにもかかわらず、政治資金寄付のための特別会費
の徴収に対する協力義務を課すことは、Ｘにみずからの
信条とは異なる立場に基づく決定を強制する性質をもつ 75
といえる。

イ　以上を総合的に考慮して判断すると、Ｙの行為はＸの
上記自由を侵害するもので、「目的」の範囲外の行為と
いえる。

2　よって、本件決議は無効である。 80 ➡結論

以上

85

本問は、南九州税理士会事件（最判平成8年3月19日民集50巻3号615頁〔判例シリーズ19事件〕）を題材としたものである。政治献金という行為が税理士会の目的の範囲内のものといえるかについて、税理士会という団体の性質を捉えたうえで、その構成員たる会員の自由に配慮した検討を行ってもらうべく出題した。

■ 論点 ■

1　私人間効力
2　法人と構成員の関係

■ 答案作成上の注意点 ■

1 私人間効力

本問においてYは、A政治団体に資金を寄付し、そのための特別会費を各会員から徴収する旨の決議をしています。そして、会費を納入しない場合、役員の選挙権および被選挙権を失うという不利益があるため、特別会費の徴収につき会員に協力義務が課されているといえるでしょう。しかし、Xは、本件決議に反対の立場であり、このような者に対して会費徴収への協力義務を課すことは、Xの思想・良心の自由（19条）を制約するものといえます。

もっとも、憲法の人権規定は、公権力との関係で国民の権利・自由を保護するものと考えられてきました。そこで、思想・良心の自由についての規定が、私人であるYとXの間にも適用されるかが問題となります。

1　学説

憲法の人権規定の私人間適用について、学説は大きく3つに分かれます。

（1）無適用説（無効力説）

無適用説は、憲法は国家対国民の関係を規律する法であるから、憲法の人権規定は特段の定めのある場合を除いて私人間には適用されないと解する説です。

（2）直接適用説（直接効力説）

直接適用説は、憲法の人権規定が私法関係においても直接適用されると解する説です。この説に対しては、①私的自治の原則の否定にならないか、②国家権力に対抗する人権の本質を変質ないし希薄化するおそれがあるのではないか、という批判がなされています。

（3）間接適用説（間接効力説）

間接適用説は、規定の趣旨・目的または法文から直接的な私法的効力をもつ人権規定（15条4項、18条、28条等）を除き、その他の人権（自由権ないし平等権）について、各条項がもつ趣旨をとり込んで、法律の概括的条項、特に公序良俗に反する法律行為は無効であると定める民法90条のような私法の一般条項を、解釈・適用することによって、間接的に私人間の行為を規律しようとする見解です。

2　判例

間接適用説の表れと解される判例を紹介します。

企業と労働者の雇用契約において思想に関連する事項を尋ね、特定の思想を有することを理由に本採用を拒否したことが19条、14条1項との関連で問題となった三菱樹脂事件（最大判昭和48年12月12日民集27巻11号1536頁〔判例シリーズ6事件〕）では、社会的に許容しうる限度を超える人権の侵害があった場合には、民法1条、90条や不法行為に関する諸規定等の適切な運用によって解決できるとしています。

また、企業における男女別定年制が法の下の平等に反しないかどうかが問題となった日産自動

車事件（最判昭和56年3月24日民集35巻2号300頁〔百選Ⅰ11事件〕）では、このような定年制は「性別のみによる不合理な差別を定めたものとして民法90条の規定により無効であると解するのが相当である」と述べ、その際に憲法14条1項を参照しています。

3　間接適用説の問題点

　　間接適用説を採ったとしても、憲法の人権規定の間接適用には幅があり、人権の無条件の遵守が社会の公序であるとすれば、直接適用説と実際上変わらないこととなり、逆に、人身売買や強制労働のように、私人による極端な人権侵害のみを公序良俗違反として私法上の効力を否認するのであれば、実際上の効果は無適用説と同じことになることに注意しなければなりません。よって、緻密な利益衡量が必要となります。

　　本問で間接適用説に立つ場合、目的の範囲内か否かについて、憲法上の権利の規定をふまえて解釈することになりますが、その際には後述する要素をふまえた利益衡量をすることとなるでしょう。

② 法人と構成員の関係

1　法人の権利能力

　　民法34条は、「法人は、法令の規定に従い、定款その他の基本約款で定められた目的の範囲内において、権利を有し、義務を負う」と規定しています。では、いかなる行為が「目的の範囲内」の行為といえるでしょうか。この点につき八幡製鉄政治献金事件（最大判昭和45年6月24日民集24巻6号625頁〔判例シリーズ5事件〕）は、会社の行為について、「目的を遂行するうえに直接または間接に必要な行為であれば」目的の範囲内の行為に含まれるとし、その必要性については、「行為の客観的な性質に即し、抽象的に判断」すると判示しました。そのうえで、会社による政治資金の寄付について、「客観的、抽象的に観察して、会社の社会的役割を果たすためになされたものと認められるかぎり」、目的の範囲内の行為にあたると述べています。

2　強制加入団体

　　当該加入団体が、組織強制・強制加入団体である場合には、目的の範囲内の行為にあたるかについては、より厳格に判断されます。

　　判例は、労働組合の政治的活動と組合員の政治的信条との関係が問題となった国労広島地本事件（最判昭和50年11月28日民集29巻10号1698頁〔判例シリーズ73事件〕）において、労働組合からの脱退の自由が事実上大きな制約を受けていることを前提に、「具体的な組合活動の内容・性質、これについて組合員に求められる協力の内容・程度・態様等を比較考量し、多数決原理に基づく組合活動の実効性と組合員個人の基本的利益の調和という観点から」、「組合員の協力義務の範囲に合理的な限定を加えることが必要である」としました。もっとも、この判例において、労働組合の政治的活動が目的の範囲内であること自体は肯定されています。そのうえで、安保反対闘争のような政治活動のための臨時組合費の徴収につき、「本来、各人が国民の1人としての立場において自己の個人的かつ自主的な思想、見解、判断等に基づいて決定すべきことである」と判断基準を示して、組合員の協力義務を否定しました。

　　また、本問の題材となった南九州税理士会事件においても、判例は、実質的に脱退の自由が保障されていない税理士会は「会社とはその法的性格を異にする法人」であり、その目的の範囲は「会社のように広範なものと解する」ことはできないとしたうえで、強制加入団体である税理士会の会員には、「様々の思想・信条及び主義・主張を有する者が存在することが当然に予定」されており、団体の活動と会員の協力義務には限界があるとしました。そして、政党などの政治団体に「金員の寄付をすることは、選挙においてどの政党又はどの候補者を支持するかに密接につながる問題」であるから、「寄付をするかどうかは、選挙における投票の自由と表裏を成すものとして」、会員各人が「自主的に決定すべき事柄」であって、このような事柄に会員の協力義務は認められず、税理士会の目的の範囲外の行為にあたるとしています。

　　他方で、群馬司法書士会事件（最判平成14年4月25日判時1785号31頁〔判例シリーズ20事件〕）において、強制加入団体である群馬司法書士会が、阪神・淡路大震災により被害を受けた兵庫県司

法書士会に対して、3000万円の復興支援拠出金を寄付することは、大災害に対する「早急な支援を行う必要があったことなどの事情を考慮すると」、司法書士会の目的の範囲を逸脱するものではなく、会員の協力義務も肯定できるとしています。

　本問においては、南九州税理士会事件での判旨をふまえつつ、団体の性質、問題とされている具体的な団体活動の内容・性質、および構成員に要請される協力の内容・程度・態様等の比較衡量によって、Yの決議内容が目的の範囲内といえるかについて検討することになります。

【参考文献】
試験対策講座5章4節③【2】(2)、6章3節②。判例シリーズ5事件、6事件、19事件、20事件、73事件。条文シリーズ3章序節④2(2)、⑥2。

第6問A 新しい人権 (プライバシー権)

　私立大学であるA大学は、令和元年8月、日本と緊密な外交関係にあるB国の大統領が初来日する際、同大学へ招いて、講演会 (以下「本件講演会」という) を開催することとした。

　本件講演会にはA大学の学生および関係者以外の一般の者も参加することが可能であり、本件講演会の申込みに際しては、氏名、住所、生年月日および電話番号 (以下4情報をまとめて「個人識別情報」という) を申込み用のウェブサイトを通じて、記入させた。この際、警備上の理由からY県警等公的機関に提供されることがある旨を表示し、これに同意しなければ、申込みを完了することができないようになっていた。

　情報提供に同意を求めた背景には、B国大統領の来日が報道された後、日本国内の各地で反対運動が起こり、一部破壊活動を伴った暴動行為が行われたことがあったため、B国大統領が参加する講演会には、会場内外での反対運動が予想され、適切な警備を行うことが求められた。A大学はこのような状況から、講演会の案内や警備に携わる大学職員の安全確保のために暴動行為や破壊活動を行ったことのある者を把握し、警戒する必要があると考え、申込者の個人識別情報を警察に提供したうえで、全員の前科の有無およびその内容を照会した。Y県警は、A大学と同様に考え、A大学に申込者の前科情報を提供したものの、提供された情報は、器物損壊・暴行・傷害行為に関するものだけでなく、詐欺・横領・過失の交通事故を含めたすべての前科情報であった。

　申込みを行い、本件講演会に参加した参加者Xらは、Y県警がA大学に対して参加者の前科情報を提供したことを知った。

　そこで、XらはY県警を管理するY県に対し、A大学の照会に応じXらの前科情報を提供したことは、Xらのプライバシー権を侵害したとして、国家賠償法に基づく損害賠償を求めた。

　あなたがXらの訴訟代理人として訴訟を提起するとした場合、訴訟においてどのような憲法上の主張を行うか。被告側の反論をふまえつつ、その主張内容を書きなさい。ただし、個人情報保護の取扱いに関する法律およびA大学が個人識別情報をY県警に提供したことに関する憲法上の問題点について言及する必要はない。

【解答へのヒント】
1　Xらが主張するプライバシー権は、憲法の明文で規定されている権利ではありません。それでもプライバシー権は憲法上保障されるのでしょうか。
2　Xら参加者は、氏名等の個人を識別するための情報 (個人識別情報) が公的機関へ提供されることに同意して申込みをしているものの、その情報をもとにA大学が前科情報を得ることまでは同意していません。前科情報がプライバシーの内容として憲法上保護に値するかを検討しましょう。

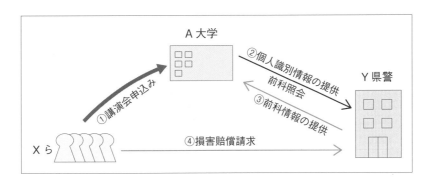

1　Y県警が参加者Xらの前科情報を参加者に無断でA大学に
提供したことは、Xらの前科をみだりに開示されない自由を
侵害し違憲であると主張する。　　　　　　　　　　　　　　　　➡️問題提起

(1)　前科をみだりに開示されない自由は憲法上明文の規定が
ないところ、憲法13条後段（以下法名省略）の幸福追求権　　5　論プライバシー権が憲法上保
の一環として憲法上保障されないか。まず、幸福追求権と　　　　　　障されるか
して保障される人権の範囲が問題となる。

　ア　この点、幸福追求権の範囲を一般的自由と解すると、
　　　人権の希釈化を招くおそれがあり、また本来保護すべき
　　　でない人権までその範囲に包含されてしまうおそれがあ　10
　　　る。
　　　　そこで、13条後段により保障されるのは、人格的生存
　　　に不可欠な権利にかぎられると解する。

　イ　情報化社会である現代社会においては、みずからのコ　　15
　　　ントロールが及ばないところで自己の情報が濫用されれ
　　　ば、人格的自律が害されるといえる。そうであれば、自
　　　己の情報をコントロールする権利であるプライバシー権
　　　は、人格的生存に不可欠といえる。
　　　　そして、犯罪の前科はその者の過去の経歴の一内容で　　　　論前科のプライバシー性と侵
　　　あり、自己の情報といえるので、上記自由はプライバシ　20　　　害の程度
　　　ー権として13条後段により憲法上保障される。

(2)　そして、A大学が、Y県警に対して、参加者の前科を開
示するように求めたところ、Y県警は、これに応じ、無断
で参加者のすべての前科を提供しているため、上記自由を
制約している。　　　　　　　　　　　　　　　　　　　　25

(3)　もっとも、上記自由も絶対的に制約が許されない自由で
はなく、「公共の福祉」（12条後段、13条後段）による制約
を受ける。では、上記制約は正当化されるか。その判断基
準が問題となる。

　ア　まず、上記自由はプライバシー権としての性質を有す　30
　　　るところ、上述のとおりプライバシー権は人格的生存に
　　　不可欠であり、個人の尊厳に直結する重要な意義をもつ
　　　ものであるから、重要といえる。また、一度情報が伝わ
　　　れば、その事後的な回復は不可能であるから、上記自由
　　　は回復困難な性質も有する。　　　　　　　　　　　　35
　　　　もっとも、前科情報は訴訟記録としていったんは公開
　　　されるため、秘匿性が低く、上記自由が憲法上保障され
　　　る程度は低いとの反論がありうる。
　　　　しかし、前科情報は個人の名誉・信用に直接関わる事
　　　項であり、もっとも他人に知られたくない情報のひとつ　40
　　　といえることから、なお秘匿性は高く、13条後段による
　　　上記自由の保障の程度は高い。
　　　　また、制約態様について、無断で情報を第三者である
　　　A大学に開示しており、制約態様は強い。

イ　そこで、上記制約は、必要不可欠な目的で、手段が必　45　➡規範
　　　要最小限度の場合に許されると解する。

⑷　まず、前科情報提供の目的は、講演会の案内や警備に携　　➡あてはめ
　　わる職員の安全確保のためであり、これらの職員を雇用し、
　　使用するA大学としては、A大学職員の安全を確保する安
　　全配慮義務の履行を行わなければならない。そして、この　50
　　目的は暴力行為から職員の生命身体の重大な利益を守るも
　　のであるため、必要不可欠なものといえる。

　　　次に、B国大統領の来日が報道された後、日本国内の各
　　地で反対運動が起こり、そのなかには、破壊活動を伴った
　　暴動行為も含まれていたことから、講演会の会場内外での　55
　　反対運動も予想され、適切な警備を行う必要があった。そ
　　こで、A大学としては、前科のある者を特に注視すること
　　で暴動行為等を未然に防ぐため、前科のある個人を特定す
　　る必要性があったといえる。

　　　しかし、Y県警が提供した情報は、器物損壊・暴行・傷　60
　　害行為に関するものだけでなく、詐欺・横領・過失の交通
　　事故を含む情報であるところ、反対運動等の警備上、詐
　　欺・横領・過失の交通事故の前科の情報は不要である。そ
　　うすると、職員の安全確保という目的との関係で、すべて
　　の前科を提供したことは必要最小限度とはいえない。　　　65

⑸　以上より、目的は必要不可欠であるが、手段が必要最小
　　限度とはいえないため、Y県警の前科の提供は許されない。

2　よって、Y県警が無断でXらの前科をA大学に公開したこ　　➡結論
　とは、Xらの前科をみだりに公開されない自由を侵害し、違
　憲である。
　　　　　　　　　　　　　　　　　　　　　　　　　以上　　70

75

80

85

本問は、早稲田大学江沢民講演会名簿提出事件（最判平成15年9月12日民集57巻8号973頁〔百選I18事件〕）と前科照会事件（最判昭和56年4月14日民集35巻3号620頁〔判例シリーズ11事件〕）を題材にしている。

本問においては同意を得て開示された氏名等の個人識別情報ではなく、同意を得ないで開示された前科のプライバシー性が問題とされており、個人識別情報とは違って開示することが予定されていないという点を考慮し、解答することが求められる。

また、表現の自由等とは異なり、Xらが主張するプライバシー権は明文では規定されていない。憲法制定時には権利の存在が予定されていなかった新しい権利が、憲法のどの部分で保障されるのかという点も重要論点であり、具体的なプライバシー権の憲法上の問題点を述べる前に検討することが求められる。このような新たな人権の処理方法についても、本問でしっかり学んでほしい。

論点

1 プライバシー権が憲法上保障されるか
2 前科のプライバシー性と侵害の程度

答案作成上の注意点

1 問題提起について

問題提起は、原告のいかなる自由・権利が制約されているかを特定して行うところ、本問では、Xらの前科情報がA大学に開示されていますから、前科をみだりに開示されない自由が侵害されたか否かが問題となります。

問題文で、講演会開催の際に個人情報を提出し、それらの情報が警察等公的機関に提供されているという事情があるため、本問の問題点が個人識別情報の提供にあり、早稲田大学江沢民講演会名簿提出事件を参考にすると考えた人も多いのではないでしょうか。

憲法の問題は、その多くが判例を基にして解くことが求められますが、問題にあげられる事実が判例と同一であることは多くありません。本問は、一見、早稲田大学江沢民講演会名簿提出事件と同様に思えるものの、参加者が公的機関への情報提供に同意しているため、プライバシーとしての個人識別情報が公的機関に提供されることへの憲法上の問題は発生しません。その点については、問題文をよく読み、誘導に従って考えていきましょう。

2 保障について

前科は有罪判決で刑の言渡しを受けた事実であり、通常、人が他者に知られたくないと考える情報ですから、それをみだりに公開されない自由は、プライバシー権のひとつである自己に関する情報をコントロールする権利（自己情報コントロール権）として保障されうると考えられます。

しかし、プライバシー権は基本的人権を列挙する憲法第3章に明文で示されているわけではありません。このような新しい人権については、13条後段の幸福追求権として憲法上保障されるかという点が論点となります。

13条後段により保障される新しい人権の範囲については、主に人格的生存に不可欠な利益を内容とする権利の総称であると考える人格的利益説と、広く一般的行為の自由を保障すると考える一般的行為自由説があります。両者のうち、一般的行為自由説に対しては、人権の範囲を過度に広範に解することは人権の希釈化を招き、憲法上の保護にふさわしくない権利までも包含してしまうおそれがあるとの批判があります。一方、人格的利益説に対しても、人権の範囲を限定しすぎており、救済が困難になることや、人格的生存に不可欠との定義が曖昧であるとの批判がありますが、こち

らが通説ですので、答案例では人格的利益説を採用しました。

そのうえで、現代の情報化社会において、自己の情報が濫用されれば人格的自律が害されることを念頭におくと、自己に関する情報をコントロールする権利であるプライバシー権は、個人の人格的生存に不可欠な利益といえ、13条後段を根拠として保障されると考えられます。

もっとも、前科は公開の裁判で行われた有罪判決での刑の言い渡しであり、いったん公開されていることから、秘匿性が低く、保護の重要性も低いのではないかという議論も考えられます。

前科情報の性質および重要性について、判例（前科照会事件）は、前科および犯罪経歴は「人の名誉、信用に直接にかかわる事項であり、前科等のある者もこれをみだりに公開されないという法律上の保護に値する利益を有する」としたうえで、「みだりに漏えいしてはならないことはいうまでもない」と述べています。また、伊藤正己裁判官の補足意見は、「前科等は、個人のプライバシーのうちでも最も他人に知られたくないものの一つであり……公開が許されるためには……プライバシーに優越する利益が存在するのでなければならず、その場合でも必要最小限の範囲に限って公開しうるにとどまる」として、前科のプライバシーとしての重要性を高く考えています。そして、前科照会事件の事案において、判例は弁護士会照会において照会を必要とする事由が不明瞭にもかかわらず市区町村長が漫然と応じたことにつき違法であると述べており、判例が前科情報を重く受け止めていることがうかがえます。

こうした考え方に従うと、前科は秘匿性が高く保護の重要性が高い情報であり、前科をみだりに開示されない自由の13条後段による保障の程度も高いといえるでしょう。

③ 制約について

本問では、Y県警はXらの同意なく前科情報を開示しているのですから、前科をみだりに開示されない自由に対する制約が認められます。端的に認定しましょう。

④ 判断基準について

プライバシー権は絶対的に制約が許されないものではなく、「公共の福祉」（12条後段、13条後段）による制約を受けます。そこで、いかなる場合に制約が正当化されるかの判断基準を定立することとなります。

まず、Xらの主張する自由はプライバシー権の一環であるところ、プライバシー権は保障段階で示したとおり、人格的生存に不可欠な重要な権利です。加えて、一度侵害されれば、情報が公開される前の状態に戻すことは不可能となりますので、回復の困難性が認められます。

さらに、本問で開示を受けた情報は、直接的に個人の名誉・信用に直接関わる事項であり、13条後段で保護する必要性が強く、重要であると考えられます。

また、制約態様について、無断で情報を第三者であるA大学に開示しており、制約態様は強いと考えられます。

公開された前科情報は個人識別情報と比較して、みだりに公開を欲しない情報であり、プライバシー権としての保護の必要性が高いうえ、本問における制約の態様は強いので、本問の開示が憲法上許されるものであったのかどうかの審査基準は、必要不可欠な目的で、手段が必要最小限度な場合に正当化されるとする厳格審査基準を採用します。なお、A大学に対してのみ情報が提供されることから、制約の態様が弱いとして、中間審査基準での判断を行うとすることも考えられます。いずれにしても、説得的な審査基準であれば、問題ありません。

⑤ あてはめについて

目的について検討すると、A大学が参加者の前科情報を照会し、Y県警が前科情報を提供したのは、職員の安全を確保するためとされています。A大学にとってその目的がどのような意味をもつのかを考え、目的を評価したうえで必要不可欠かどうか認定する必要があります。

次に、手段が目的との関係で必要最小限度かを検討します。まず、必要性について、反対運動や暴動行為は全国各地で行われており、会場外での暴動行為が行われる可能性は否定できず、参加者

の前科情報を照会し、暴動行為を行いうる者を特定しただけでは、職員の安全を確保することはできないように思われます。一方で、会場内にいる者のほうがB国大統領に対する攻撃や暴動行為を行う蓋然性が高いので、破壊活動や職員等の生命・身体の安全を脅かす行為を行う可能性の高い者を特定することで、警備の実効性を高めることができるため、必要性は認められると考えます。

　もっとも、最小限度かどうかについては、警察は詐欺・横領・過失による交通事故など、暴力行為以外を含むすべての前科情報を提供しており、暴動行為から職員を守るという目的との関係では不必要な情報です。したがって、本問における前科の照会・開示は職員の安全を守るという点では、必要最小限度とは認められないと思われます。

⑥　早稲田大学江沢民講演会名簿提出事件について

　本問の事例は、この判例を基に作成していますが、この判例の結論を左右した事実について変更を加えています。

　早稲田大学江沢民講演会名簿提出事件は、学籍番号、氏名、住所および電話番号を警察等の公的機関に提出した事案であり、「個人識別等を行うための単純な情報であって、……秘匿されるべき必要性が必ずしも高いものではない」としつつも、これらの「個人情報についても、本人が、自己が欲しない他者にはみだりにこれを開示されたくないと考えることは自然なことであり、そのことへの期待は保護されるべきものであるから……プライバシーに係る情報として法的保護の対象となる」としており、個人の名誉に関わらない個人識別情報であっても、プライバシーとして保護されるとしています。

　しかし、この事案は、大学側が参加者の同意を得ずに情報を提供したものですが、あらかじめ情報提供について参加者に開示について承諾を求めることが容易な事例でした。本問では公的機関に情報提供することについてあらかじめ同意を得ており、参加者がみずからプライバシーを放棄しているので、憲法上の問題点はないと考えられます。

⑦　前科照会事件について

　本問の答案は、目的手段審査でY県警の行った前科情報の提供について、その憲法適合性を判断していますが、前科照会事件はそのような基準を用いていません。司法試験の答案としては目的手段審査で問題ないと思われますが、判例とは異なることを意識してください。前科照会事件は、前科等が「人の名誉、信用に直接にかかわる事項であり、前科等のある者もこれをみだりに公開されないという法律上の保護に値する利益を有」し、「その取扱いには格別の慎重さが要求される」として、「漫然と弁護士会の照会に応じ、犯罪の種類、軽重を問わず、前科等のすべてを報告することは、公権力の違法な行使にあたると解する」と判示しています。

⑧　最後に

　プライバシー権に関する重要な判例は複数存在します。特に、表現の自由とプライバシー権の衝突について判示された最近の重要判例として、プライバシー権に基づく検索結果削除請求（最決平成29年1月31日民集71巻1号63頁〔百選Ⅰ63事件〕）があります。本書第8問は、この判例を題材としています。今後、出題される可能性もあるので、よく確認しておきましょう。

【参考文献】
試験対策講座7章1節①・②【4】。判例シリーズ11事件。条文シリーズ13条②4(1)・(2)・(3)、5(1)・(4)。

第7問 A　自己決定権

CHECK □□□

　　Xは、Y県立A高等学校（以下「本件高校」という）に通う高校生である。

　　本件高校が配布している生徒手帳には、「頭髪は清潔な印象を与えるよう心がけること。ジェル等の使用やツーブロック等特異な髪型やパーマ・染髪・脱色・エクステは禁止する。また、アイロンやドライヤー等による変色も禁止する。」と記載されており、これに従わないときには、厳重注意を行い、更に面接指導を行っていた。そして、それでもなお改善されない場合には、出席停止処分がなされていた（以下「本件校則」という）。本件校則が制定された経緯としては、本件校則の制定前に問題行動に走る生徒が後をたたず、頭髪の乱れが生徒の問題行動に発展する可能性があることから、学習や運動等に注力させるため頭髪に対する指導を厳しくしてきたというものがある。

　　Xは、地毛が黒色であったが、入学直後に茶色に染めたところ、本件高校の教員らは、本件校則に基づき、Xに対し、厳重注意、面接指導を行った。しかし、Xに改善がみられなかったため、本件高校はXに対し出席停止処分を行った。Xは、教員らによる指導、出席停止処分について国家賠償請求を行うことを検討しており、そのなかで、本件校則が違憲であることを主張しようと考えている。この点について、あなたの見解を論じなさい。

【解答へのヒント】

　本問は、公立高校における髪型に一定の規制を課す校則が自己決定権を侵害しないかを検討する問題です。校則制定の経緯や出席停止処分までの手続についても考慮しましょう。

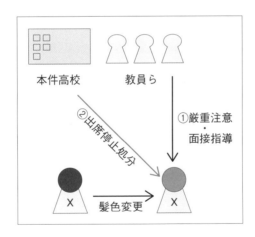

答案例

1 本件校則は、特異な髪型・パーマ・染髪などを禁止してい
るため、本件高校の生徒の自己の髪型を決定する自由（以下
「本件自由」という）を侵害し、違憲ではないか。

➡️問題提起
論自己決定権

(1) 髪型を決定する自由は憲法上明文の規定がないところ、
本件自由は憲法13条後段（以下法名省略）の幸福追求権の 5
一環として保障されないか。幸福追求権として保障される
権利の範囲が問題となる。

論髪型の自由

> ア　この点、幸福追求権の範囲を一般的自由と解すると、
> 人権の希釈化を招くおそれがあり、また、本来保護すべ
> きでない人権までその範囲に包含されてしまうおそれが 10
> ある。
> 　そこで、13条後段により保障されるのは、個人の人格
> 的生存に不可欠な権利にかぎられると解する。

　　イ　これを本問についてみると、髪型は個人の印象を決め
る重要な要素のひとつであり、髪型の身仕舞を通じて自 15
己の個性を実現させ、人格を形成することは、個人の人
格的生存に必要不可欠であるといえる。
　　　したがって、本件自由は13条後段により保障される。

⇨ 大阪高判令和3年10月28日
（判時2524・2525号合併号328
頁）

(2) 次に、本件校則は、本件高校の生徒が一定の髪型にする
ことを禁止している点で本件自由を制約している（以下 20
「本件制約」という）。

(3) では、本件制約は正当化されるか。
　　　この点、髪型はライフ・スタイルとしては重要な意味を
もつものの、自己の生命・身体に関わる決定やリプロダク
ションに関わる決定に比べれば、個人の人格形成に寄与す 25
る度合いは一般的に低い。
　　　また、高等学校は、自身の教育目的の実現のため、必要
な事項を校則等によって一方的に制定し、これによって生
徒を規律する包括的権能を有しており、生徒においても、
当該学校において教育を受けるかぎり、当該学校の規律に 30
服することを義務づけられるものと認められる。
　　　そこで、高等学校には、包括的権能に基づく裁量が認め
られ、校則等が学校教育にかかる正当な目的のために定め
られたものであって、その内容が社会通念に照らして合理
的なものである場合には、裁量の範囲内のものとして違法 35
とはいえないと考える。

➡️規範

(4) これを本問について検討する。

➡️あてはめ

　　ア　本件校則の目的は、華美な頭髪・服装等を制限するこ
とで生徒に対して学習や運動等に注力させ、問題行動を
防止するというものである（以下「本件目的」という）。40
本件高校では、本件校則の制定前に問題行動に走る生徒
が後をたたず、頭髪の乱れが生徒の問題行動に発展する
可能性があることから、頭髪に対する指導を厳しくして
きた。そのため、本件目的は、生徒の問題行動を抑制し

て健全な教育環境を確保することにつながるという点で　正当な目的である。

　イ　次に、一定の規範を定めてその枠内において生徒とし　ての活動を推進させることにより、学習や運動等に注力　させるという手法は一定の合理性を有するといえる。

　　　また、本件制約は、一定の特異な頭髪を禁止するにと　どまり、制約の度合いは小さい。

　　　さらに、高等学校は中学校以下の教育機関とは異なり、　みずから高等学校の定める規律に服することを前提とし　て受験する学校を選択するのであるから、当該学校に在　籍する期間にかぎって本件制約を課すとしても過度な負　担とはいえない。

　　　加えて、本件校則によれば、違反が見付かった後に、　即座に重い出席停止処分になるのではなく、厳重注意処　分、面接指導などを経て、自主的な改善を促した後、な　お改善されない場合に出席停止処分となる。そうであれ　ば、手続的にも合理的である。

　　　したがって、本件制約は社会通念に照らして合理的で　ある。

２　よって、本件校則は13条後段に反せず合憲である。

以上

⇒結論

本問は、大阪高判令和3年10月28日（判時2524・2525号合併号328頁）を題材とした問題である。自己決定権については2017（平成29）年司法試験において1度出題されているものの、再度出題される可能性も十分考えられる。予備試験に関してはまだ出題がなく、出題可能性の高いテーマのひとつといえるだろう。本問をとおして自己決定権に関する問題の処理方法を身につけよう。

論点

1　自己決定権
2　髪型の自由

答案作成上の注意点

1　自己決定権の保障

1　問題の所在

　　本件校則によれば、本件高校の生徒は一定の髪型にすることができなくなっています。したがって、本件校則は本件高校の生徒の髪型を決定する自由を侵害している可能性があるといえます。

　　もっとも、髪型を決定する自由は憲法上明文の規定はありません。このような場合には、13条後段の幸福追求権の一環として保障されないかを検討しましょう。

2　13条で保障される人権の範囲

　　第6問で解説したとおり、13条後段の幸福追求権として保障される権利の範囲について、争いはありますが、現在の通説は、人格的利益説です。人格的利益説は、当該権利が個人の人格的生存に不可欠である場合に保障を認めるとする説です。答案例では人格的利益説に従った検討をしています。

3　自己決定権

　　髪型を決定する自由のような、個人が一定の私的事項について、公権力による干渉を受けずにみずから決定する権利を自己決定権といいます。自己決定権の範囲としては、①自己の生命・身体の処分に関わる治療拒否、安楽死、自殺など、②子どもを産む・産まない自由、避妊、堕胎などリプロダクションの自由、③結婚、離婚などの家族の形成・維持の自由、④服装、身なり、外観、性的自由、喫煙、飲酒、スポーツなどのライフ・スタイルの自由があげられます。本件自由は、④にあたります。

　　①、②については個人の人格的生存に必要不可欠であるため、人格的利益説からも13条後段による保障が認められると考えられています。また、③は24条の保障に含めるべきであるとされています。④に関しては、その内容によって見解が分かれています。

　　以下の表に自己決定権全体についてまとめました。参考にしてください。

自己決定権の内容	結論（人格的利益説に立つ場合）	具体例
①自己の生命・身体の処分に関わる治療拒否、安楽死、自殺など	13条後段により保障される	
②リプロダクションの自由	13条後段により保障される	○子どもを産む・産まない自由 ○避妊・堕胎の自由
③結婚、離婚などの家族の形成・維持の自由	24条により保障される	

自己決定権の内容	結論（人格的利益説に立つ場合）	具体例
④ライフ・スタイルの自由	13条後段により保障されるかは、その内容により分かれる	○服装、身なりの自由 ○髪型の自由 ○喫煙の自由 ○飲酒の自由

4 髪型の自由（裁判例）

　髪型を決定する自由は個人の人格的生存に必要不可欠といえるでしょうか。これに関する判例を紹介します。

(1) 修徳高校パーマ事件（最判平成8年7月18日判時1599頁53頁）

　　判例は、パーマをかけることを禁止する校則に違反するなどした私立高等学校の生徒に対する自主退学の勧告の違法性が争われた事案において、校則に関し、社会通念上、不合理とはいえないとしました。もっとも、髪型の自由が13条後段で保障されるか否かについては判断していません。

(2) 前掲大阪高判令和3年

　　本問の題材となった前掲大阪高判令和3年の第一審である大阪地判令和3年2月16日判時2494号51頁は、公立高等学校において染色を禁止した校則に違反したため、生徒が染め戻しをするよう指導を受け、出席停止処分を受けた事案において、「本件高校は、学校教育法上の高等学校として設立されたものであり法律上格別の規定がない場合であっても、その設置目的を達成するために必要な事項を校則等によって一方的に制定し、これによって生徒を規律する包括的権能を有しており、生徒においても、当該学校において教育を受ける限り、かかる規律に服することを義務付けられるものと認められる。そうすると、生徒が頭髪の色を含む髪型をどのようなものにするかを決定する自由についても、上記規律との関係で一定の制約を受けることになる」と述べており、髪型を決定する自由が憲法上認められることを前提としていると考えられる判断をしています。この判断は控訴審でも維持され、上告は棄却されました（令和4年6月15日）。

5 答案例について

　答案例では、髪型の自由について13条後段の幸福追求権の一環として保障されるとしました。もっとも、髪型の自由の重要性は、自己の生命、身体、リプロダクションに関わる権利に比べれば低いと解されているため、個人の人格的生存に必要不可欠とはいえず、13条後段で保障されないとする見解もありうるでしょう。しかし、答案例では、髪型の自由の重要性が比較的低いという点については、審査基準の段階で考慮するという方法にしました。

② 権利の制約の有無

　本件校則によれば、ジェル等の使用、ツーブロック等特異な髪型にすることやパーマ・染髪・脱色・エクステ・変色が禁止されていますから、本件高校の生徒は髪型を自由に決めることができなくなっています。したがって、本件高校の生徒の髪型を決定する自由に対する制約が認められるでしょう。

③ 審査基準

　同じく13条後段で保障されるプライバシー権の侵害の有無の判断基準について、第6問では、目的手段審査を用いました。本問においても、目的手段審査を用いることは可能でしょう。

　しかし、答案例では目的手段審査を用いるのではなく、本件高校の裁量の範囲内かで判断する審査基準を用いました。この基準は、前掲大阪地判令和3年が判示したもので、ゆるやかな方向にはたらきやすい特徴を有するといえます。答案例では、審査基準を導くうえで、髪型を決定する自由の重要性が低いこと、学校には包括的裁量が認められることをあげました。このように、ゆるやか

な方向になぜはたらくのかをしっかりと論証する必要があります。

　答案例で用いた審査基準は、大きく分けると目的の正当性と内容が合理的といえるかによって判断するものです。内容が合理的といえるかについては、より具体的な考慮要素などには言及しませんでした。もっとも、答案を書くうえでは、どういった要素に着目するかについては意識しておいてください。

4　あてはめ

1　目的の正当性

　本件校則の目的は、問題文から読みとれるように、華美な頭髪、服装等を制限することで生徒に対して学習や運動等に注力させ、問題行動を防止するという点にあります。この正当性を基礎づける事情としては、本件校則制定前に生徒の問題行動が目立ったという事実をあげることができるでしょう。

2　内容の合理性

　内容の合理性の段階では、どういったことを検討すればよいのでしょうか。前掲大阪地判令和3年では、合理性を基礎づける事情として、一定の頭髪を禁止するにとどまるということ、高等学校は中学校以下の教育機関と異なり、みずから高等学校の定める規律に服することを前提として受験する学校を選択するということなどがあげられています。これらの事情は本問でも共通しているでしょう。これに加えて手続面などについて合理性を基礎づける事情がありますから、これらもあげられるようにしましょう。

【参考文献】
試験対策講座7章1節2【5】。条文シリーズ13条2 5(5)。

第8問 B プライバシー権と表現の自由

　　Xは、過去に児童買春の罪で逮捕された者であるが、罰金刑に処せられた後は、犯罪をすることなく一定期間民間企業で働いており、現在は妻子とともに生活している。

　　ところが、検索事業者であるYがインターネット上で提供する検索サービスにおいて、Xが、自分の住所の県名と氏名を検索欄に入力したところ、検索結果として、Xの児童買春の罪での逮捕歴に関する記事（以下検索結果であるURLと当該ウェブサイトの表題、抜粋をあわせて「URL等情報」という）が表示された。

　　Xは、URL等情報が検索結果として表示されてしまうと、日常生活に支障をきたすと考え、URL等情報の削除を求める仮処分命令申立てを行った。審理のなかでXは、YがURL等情報を検索結果として提供した行為は、Xのプライバシーに属する事実をみだりに公表されない利益を侵害するから、URL等情報の削除請求は認められるべきと主張（以下「本件主張」という）した。

　　本件主張の正当性について、憲法上の観点から論じなさい。

【解答へのヒント】

1　Xのプライバシーに属する事実をみだりに公表されない利益が、憲法上保障されているといえるかを考えてみましょう。

2　YがURL等情報を検索結果の一部として提供する行為が、「表現」（憲法21条1項）にあたるかを考えてみましょう。

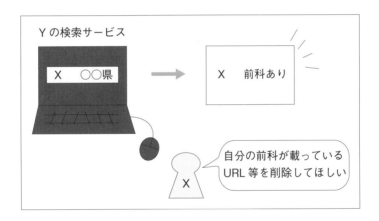

1　Yの URL等情報の提供は、Xの個人のプライバシーに属す
る事実をみだりに公表されない利益（以下「本件利益」とい
う）を侵害し、Xの削除請求は認められるのではないか。

➡️問題提起

(1)　本件利益は憲法上明文の規定がないところ、憲法13条後
段（以下法名省略）の幸福追求権の一環として憲法上保障
されないか。13条後段により保障される人権の範囲が問題
となる。　　　　　　　　　　　　　　　　　　　　　5

論プライバシー権が憲法上保
障されるか

ア　この点、幸福追求権の範囲を一般的自由と解すると、
人権の希釈化を招くおそれがあり、また本来保護すべき
でない人権までその範囲に包含されてしまうおそれがあ　10
る。そこで、13条後段により保障されるのは、人格的生
存に不可欠な権利にかぎられると解する。

イ　情報化社会である現代社会においては、みずからのコ
ントロールが及ばないところで自己の情報が濫用されれ
ば、人格的自律が害されるといえる。そうであれば、自　15
己の情報をコントロールする権利であるプライバシー権
は、人格的生存に不可欠といえる。

ウ　個人のプライバシーに属する事実をみだりに公表され
ない利益は、自己に関する情報をコントロールする権利
として捉えることができる。したがって、本件利益は13　20
条後段により保障される。

(2)　そして、Yの提供行為は、本件利益を制約している。

(3)ア　他方、Yの提供行為は、インターネット上のウェブサ
イトに掲載されている情報を収集、整理したうえで検索
結果としてこれらの情報を提供するものであり、情報の　25
収集、整理、提供はプログラムにより自動的に行われる。

このプログラムは、検索結果の提供に関する検索事業
者の方針に沿った結果を得ることができるように作成さ
れたものであるから、検索結果の提供は検索事業者自身
による表現行為という側面を有する。したがって、Yの　30
検索結果の提供行為は「表現」（21条1項）にあたり、
表現の自由として保障される。

論検索事業者による検索結果
の提供の表現行為性
⇨最決平成29年1月31日（百選
Ⅰ63事件）

イ　また、過去の犯罪事実は、人の名誉、信用に直接関わ
る事項であり、他人に知られると社会生活で不利益に扱
われたり、生活の平穏が害されたりすることから、Xの　35
利益は重要である。

一方でインターネットが発達した現代においては、検
索サービスは一般人が多く利用するものであり、Yの提
供行為も、国民の知る権利に奉仕するものであるから重
要である。そうだとすれば、URL等情報を削除する仮　40
処分命令を安易に行うべきではない。

そこで、当該事案の性質および内容、URL等情報が
提供されることによってその者のプライバシーに属する
事実が伝達される範囲とその者が被る具体的被害の程度、

➡️規範

その者の社会的地位や影響力、当該記事等の目的や意義、45
当該記事等において当該事実を記載する必要性など、X
の利益とYの提供行為に関する事情を比較衡量し、Xの
利益がYの提供行為に優越することが明らかな場合には、
Yの提供行為は本件利益を侵害し、Xの削除請求は認め
られると解する。　　　　　　　　　　　　　　　　50

(4)　これを本件についてみると、たしかに、Xは妻子ととも　　　**→あてはめ**
に生活し、罰金刑に処せられた後は犯罪をすることなく一
定期間民間企業で働いている。そうだとすれば、Xの逮捕
歴に関する事実が一時的に社会公共の関心事となったとし
ても、時の経過により新たに形成された私生活の平穏を保　55
護すべきであるから、逮捕歴に関する事実はもはや公共性
を失い、秘匿されるべきものとなったとも思える。

しかし、児童買春が児童に対する性的搾取および性的虐
待と位置づけられており、社会的に強い非難の対象とされ、
罰則によって禁止されていることからすれば、Xの逮捕歴　60
にかかる事実は、今なお公共の利害に関する事項であると
いえる。また、本件検索結果は、Xの居住する県の名称お
よびXの氏名を条件とした場合の検索結果の一部であるこ
となどからすると、本件事実が伝達される範囲はある程度
かぎられたものであるといえる。　　　　　　　　　　65

そうだとすれば、Xの利益が、Yの提供行為に優越する
ことが明らかであるとはいえない。

2　したがって、YのURL等情報の提供は、Xの本件利益を侵　　**→結論**
害せず、削除請求は認められないから、本件主張は正当性を
欠く。　　　　　　　　　　　　　　　　　　　　70

以上

75

80

85

本問は、プライバシー権に基づく検索結果削除請求の判例（最決平成29年1月31日民集71巻1号63頁〔百選 I 63事件〕）を素材とした問題である。

この判例では、プライバシー権と表現の自由の対立が問題となった。同決定にかぎらず、プライバシー権は表現の自由との対立を伴うことが多く、この点を扱った重要な最高裁判例も存在することから、この機会にプライバシー権と表現の自由が対立する場合の処理を確立してもらうことをねらいとして、出題した。

論点

1 プライバシー権が憲法上保障されるか
2 検索事業者による検索結果の提供の表現行為性

答案作成上の注意点

1 Xのプライバシーに属する事実をみだりに公表されない利益について

1 被侵害利益の内容

本問の素材となった事案において、Xは、Yによる検索結果の提供行為は、Xの「更生を妨げられない利益」を侵害すると主張しました。これは、ノンフィクション作品における前科等の公表が問題となったノンフィクション「逆転」事件（最判平成6年2月8日民集48巻2号149頁〔判例シリーズ33事件〕）が、「ある者が刑事事件につき被疑者とされ、さらには被告人として公訴を提起されて判決を受け、とりわけ有罪判決を受け、服役したという事実は、その者の名誉あるいは信用に直接にかかわる事項であるから、その者は、みだりに右の前科等にかかわる事実を公表されないことにつき、法的保護に値する利益を有するものというべきである」。「そして、その者が有罪判決を受けた後あるいは服役を終えた後においては、一市民として社会に復帰することが期待されるのであるから、その者は、前科等にかかわる事実の公表によって、新しく形成している社会生活の平穏を害されその更生を妨げられない利益を有する」としたことから、「更生を妨げられない利益」が侵害されていると主張したものと考えられます。

この点、検索結果削除の仮処分命令を認可した保全異議審（さいたま地決平成27年12月22日判時2282号78頁）は、「一度は逮捕歴を報道され社会に知られてしまった犯罪者といえども、……ある程度の期間が経過した後は過去の犯罪を社会から『忘れられる権利』を有する」として、Xの主張する「更生を妨げられない権利」を「忘れられる権利」として構成し、注目されました。しかし、前述の最決平成29年は、「忘れられる権利」について言及せず、また、「更生を妨げられない権利」という文言を使うこともなく、「児童買春をしたとの被疑事実に基づき逮捕されたという本件事実は、他人にみだりに知られたくない抗告人のプライバシーに属する事実」であるとしたうえで、Xの被侵害利益を、「個人のプライバシーに属する事実をみだりに公表されない利益」としました。

なお、第6問では前科情報について扱っていますが、本問では、逮捕歴に関する情報であるため、厳密には前科とはいえない情報になります。しかし、逮捕歴だとしても人の名誉、信用に関わる事項であり、一般的にそのような情報はみだりに他人に知られたくない事実といえます。

2 「みだりに公表されない利益」

被侵害利益を個人のプライバシーに属する事実をみだりに公表されない利益とした場合、この利益は14条以下の人権カタログにはあてはまらないことから、このような利益が憲法上保障されているといえるかが問題となります。

この点について、自己に関する情報をコントロールする権利であるプライバシー権は、個人の

人格的生存に不可欠なものであるため、13条後段を根拠として保障されると考えられます（第6問参照）。そして、個人のプライバシーに属する事実をみだりに公表されない利益は、自己に関する情報をコントロールする権利として捉えることができます。したがって、個人のプライバシーに属する事実をみだりに公表されない利益は、13条後段により保障されているということができます。

② Yの検索結果の提供が「表現」にあたるか

「表現」（21条1項）とは、自己の思想や意見を外部に表明する行為をいいます。検索事業者の検索結果の提供は、インターネット上の情報を収集し、整理して、検索結果として提供するものですが、これはプログラムにより自動的に行われるものであるため、自己の思想や意見を外部に表明する行為とはいえず、「表現」にあたらないとも思えます。

もっとも、前述の最決平成29年は、「検索事業者は、インターネット上のウェブサイトに掲載されている情報を網羅的に収集してその複製を保存し、同複製を基にした索引を作成するなどして情報を整理し、利用者から示された一定の条件に対応する情報を同索引に基づいて検索結果として提供するものであるが、この情報の収集、整理及び提供はプログラムにより自動的に行われるものの、同プログラムは検索結果の提供に関する検索事業者の方針に沿った結果を得ることができるように作成されたものであるから、検索結果の提供は検索事業者自身による表現行為という側面を有する」として、検索結果の提供の表現行為性を認めています。したがって、検索結果の提供は、21条1項の保障する「表現」にあたるといえます。

③ 違憲審査基準について

個人のプライバシーに属する事実をみだりに公表されない利益は、①で述べたように人格的生存に不可欠であるため重要といえます。一方で、インターネットが発達した現代においては、検索サービスは多数の者が利用することから、Yの検索結果の提供という表現行為も、国民の知る権利に資するものであるため、重要です。

このような両者の権利の重要性に加え、本問では私人であるXとYとの間で憲法上の権利の衝突が問題となっているところ、判例は、私人間においてプライバシー権と表現の自由が対立する事案において、比較衡量の基準を採用してきました（ノンフィクション「逆転」事件。最判平成14年9月24日判時1802号60頁〔百選 I 62事件〕、「石に泳ぐ魚」事件参照）。したがって、本問でも保障、制約、正当化という三段階審査における正当化のなかで目的手段審査を用いるのではなく、比較衡量の基準を用いるのがよいでしょう。

前述の最決平成29年も、「当該事実の性質及び内容、当該URL等情報が提供されることによってその者のプライバシーに属する事実が伝達される範囲とその者が被る具体的被害の程度、その者の社会的地位や影響力、上記記事等の目的や意義、上記記事等が掲載された時の社会的状況とその後の変化、上記記事等において当該事実を記載する必要性など、当該事実を公表されない法的利益と当該URL等情報を検索結果として提供する理由に関する諸事情を比較衡量して判断すべき」としています。これは、プライバシー権と表現の自由の対立が問題となった「石に泳ぐ魚」事件や、この判例を引用した長良川リンチ殺人報道訴訟（最判平成15年3月14日民集57巻3号229頁〔判例シリーズ12事件〕）など、不法行為に関する事案について用いられてきた比較衡量の基準が、仮処分命令の申立ての事案についても用いられたということができます。

また、前述の最決平成29年であげられている考慮要素は、長良川リンチ殺人報道訴訟が「本件記事が週刊誌に掲載された当時の被上告人の年齢や社会的地位、当該犯罪行為の内容、これらが公表されることによって被上告人のプライバシーに属する情報が伝達される範囲と被上告人が被る具体的被害の程度、本件記事の目的や意義、公表時の社会的状況、本件記事において当該情報を公表する必要性など、その事実を公表されない法的利益とこれを公表する理由に関する諸事情」を考慮していることとの類似性がみられます。そのうえで、プライバシー権に基づく検索結果削除請求は、「当該事実を公表されない法的利益が優越することが明らかな場合には、検索事業者に対し、当該

URL等情報を検索結果から削除することを求めることができる」としています。

④ あてはめについて

　本問では、優越を肯定する方向にはたらく事情として、Xが妻子とともに生活していること、罰金刑に処せられた後は犯罪をすることなく一定期間民間企業で働いていることがあげられています。これらの事情は、Xの逮捕歴に関する事実が、一時的に社会の関心事となったとしても、その後のXの生活状況を考慮すれば、もはや公共性を失い、秘匿すべきものとなったという意味で使うことができます。

　一方で、優越を否定する方向にはたらく事情として、児童買春は社会的に強い非難の対象とされ、罰則をもって禁止されていることに照らし、今なお公共の利害に関する事項であるといえること、本件検索結果はXの居住する県の名称およびXの氏名を条件とした場合の検索結果の一部であることがあげられます。

【参考文献】
試験対策講座 7 章 1 節 ② 【4】、9 章 5 節。判例シリーズ12事件、33事件。条文シリーズ13条 ② 5 (4)。

第9問 B 名誉毀損と事前差止め

Yは、令和4年4月施行予定のA県知事選挙に立候補する予定であった。他方B社の代表取締役Xは、Yに関する「ある権力主義者の誘惑」と題する記事（以下「本件記事」という）を2月23日発売予定の雑誌（以下「本件雑誌」という）に掲載しようとしていた。本件記事の内容は、Yのことを「嘘と、ハッタリと、カンニングの巧みな」少年であったとか、「言葉の魔術師であり、いんちき製品を叩き売っている（政治的な）大道ヤシ」、「己の利益、己の出世のためなら、手段を選ばないオポチュニスト」などの表現でYの人格を評し、私生活についても「利権漁りが巧みで、特定の業者とゆ着して私服を肥やし、汚職を蔓延せしめ」「巧みに法網をくぐり逮捕を免れ」ており、知事立候補は「知事になり権勢をほしいままにするのが目的である。」などとする内容であった。

本件記事の内容を知ったYは、本件雑誌の印刷、頒布等の禁止を命じる仮処分をA地方裁判所に申し立てた。A地方裁判所はこれを認めて仮処分を決定（以下「本件仮処分」という）し、執行した。なお、本件記事の内容に根拠がなく、真実性に欠けるものであることは、本件記事の表現内容やYの提出した疎明資料により、本件仮処分当時から明らかであった。

Xは、仮処分の申請およびその決定が違法であるとして、Yおよび国に損害賠償を請求した。Xが出版をする前の差止めは許されないと主張する一方で、Yと国は、他人の名誉を侵害するような記事は他者の人権を侵害するので、出版する前に差し止めるべきだと主張している。

本件仮処分は違法といえるか。なお、差止めの手続については触れなくてよい。

【解答へのヒント】

本問は人権が対立する場面です。この場合、どのようにして人権対立を調整していくのか検討してみましょう。

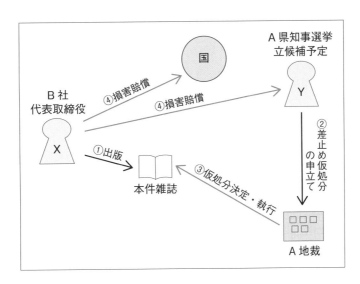

1　本件仮処分は本件雑誌の出版を差し止めているが、「検閲」は絶対的に禁止されているので（憲法21条2項。以下法名省略）、本件仮処分が「検閲」にあたれば違法となる。そこで、本件仮処分が「検閲」にあたるかが問題となる。

論検閲該当性

(1)　この点、「検閲」とは、行政権が主体となって、思想内容等の表現物を対象とし、その全部または一部の発表の禁止を目的として、対象とされる一定の表現物につき網羅的一般的に、発表前にその内容を審査したうえ、不適当と認めるものの発表を禁止することである。

⇨税関検査事件（判例シリーズ36事件）

(2)　仮処分による事前差止めは、表現内容の網羅的一般的な審査に基づく事前規制を目的としているわけではなく、個別的な私人間の紛争について、裁判所により、当事者の申請に基づき差止請求権等の私法上の被保全権利の存否、保全の必要性の有無を審理判断して発せられている。

(3)　したがって、本件仮処分は「検閲」にはあたらない。

2　そうだとしても、本件仮処分はXの本件雑誌出版の自由（以下「本件自由」という）を侵害し、違憲とならないか。

➡問題提起

(1)ア　まず、本件記事はXの思想を表明するので、これが記載された本件雑誌を出版することはXの思想を外部に表明するものである。

イ　もっとも、本件記事の内容は、Yを侮辱し、名誉を毀損するものなので、価値が乏しく、憲法の保障する「表現」の範囲に含まれないのではないか。

この点、低価値かどうかの客観的な判断は困難であり、保護の範囲が恣意的に決定されるおそれがある。

そこで、侮辱し、名誉を毀損するような出版物であっても、なお憲法の保障する「表現」の範囲に含まれると解する。

ウ　したがって、本件自由は、21条1項で保障される。

(2)　そして、本件仮処分により、本件雑誌の頒布が差し止められたので、本件仮処分は本件自由を制約している。

(3)　もっとも、表現の自由も他者の人権と対立する場合は制約される場合がある。

この点、名誉は社会的評価に関わるが、社会的評価が低下すれば、その人の人格的価値に大きな影響を与えるので、名誉権は個人の人格的生存に不可欠な権利といえ、13条後段で保障される。

そして、名誉を侵害された者は、名誉権に基づき、加害者に対し、現に行われている侵害行為を排除し、または将来生ずべき侵害を予防するため侵害行為の差止めを請求できる。

そこで、本件雑誌はYの名誉に関わるので名誉権に基づく差止めとして制約が許されるかが問題となる。

論事前差止めの実体的要件

ア　この点、名誉権は前述のように個人の人格的価値に関

わるので、重要な権利といえる。しかし、本件雑誌を頒 45
布することで他者の意見に触れることができるので、人
格の形成に役立つし、本件雑誌は、A県知事選挙に立候
補する予定のYに関わる記事なので、本件自由は、言論
活動を通じて政治的意思決定に関与するという自己統治
の価値もあり重要な権利といえる。 50

　そして、事前規制は表現物が自由市場にでる前に抑止
してその内容が国民の側に到達させる途を閉ざし、また
はその到達を遅らせてその意義を失わせ、公の批判の機
会を減少させるものである。また、事前抑制の性質上、
予測に基づくものとならざるをえず、事後抑制の場合よ 55
りも広汎にわたりやすく、濫用のおそれがあるうえ、実
際上の抑止的効果も大きい。そこで、表現行為に対する
事前抑制は、表現の自由を保障し、検閲を禁止する憲法
21条の趣旨に照らし、厳格かつ明確な要件のもとにおい
てのみ許容されうる。 60

　また、その対象が公職者等に対する名誉毀損的表現の
場合は、公共の利害に関する事項といえるので原則とし
て事前差止めは許されない。

イ　そこで、①表現の内容が真実でなく、またはそれがも
っぱら公益を図る目的のものでないことが明白であって、 65
かつ、②被害者が重大にして著しく回復困難な損害を被
るおそれがあるときは例外的に事前差止めが許される。

(4)　本件記事はA県知事選挙に立候補する予定であるYの人
格的評価を内容としており、公共の利害に関する事項とい
えるので、原則として本件雑誌の差止めは許されない。 70

　しかし、記事の内容は根拠がなく、真実性に欠けるもの
であることは、本件記事の表現内容や疎明資料から本件仮
処分当時においても明らかであった。

　また、本件記事の内容や記載方法からしても、人身攻撃
を含むものであり、もっぱら公益を図る目的のものでない 75
ことは明らかともいえる。

　さらに、雑誌は一度にかなりの部数を発行するため、回
収も困難である。しかも現代ではSNSが発達し、情報の拡
散が容易であるので一度本件雑誌が発行されると、本件記
事の内容は即時にかつ広範囲に拡散されてしまうおそれが 80
ある。そして、その記事の内容は真実でなく、Yの名誉を
毀損し、侮辱するものであり、Yの社会的評価を不当に低
下させるおそれがあるうえに、一度拡散するとこれに反論
することも容易でない。したがって、本件雑誌を発行すれ
ば、Yは重大にして著しく回復困難な損害を被るおそれが 85
ある。

(5)　以上から差止めの要件をみたす。

3　よって、本件仮処分は適法である。　　　　　　　以上

右側の欄外：
⇨ 北方ジャーナル事件（判例シリーズ35事件）

➡規範

➡あてはめ

➡結論

本問は、北方ジャーナル事件（最大判昭和61年6月11日民集40巻4号872頁〔判例シリーズ35事件〕）を題材としたものである。検閲や事前抑制をテーマにし、事後規制の場合とその性質等を区別してもらいたく出題した。なお、事前規制は司法試験2019（令和元）年および予備試験2021（令和3）年で出題されており、今後も出題可能性がある。本問では公職者の人格権、名誉権、事前抑制が問題となったが、私人のプライバシー侵害、事後抑制が問題となった「石に泳ぐ魚」事件（最判平成14年9月24日判時1802号60頁〔百選Ⅰ62事件〕）も有名なので、この機会に確認してほしい。

論点

1 検閲該当性
2 事前差止めの実体的要件

答案作成上の注意点

1 検閲にあたるか

本件仮処分のような出版物の事前差止めは、表現物が市場にでるのを事前に妨げるものです。そこで、本件仮処分が検閲にあたるとするならば、検閲は21条2項前段によって禁止されているので、本件仮処分は違法になります。

1 検閲の意義

検閲の意義については多数の学説がありますが、税関検査事件（最大判昭和59年12月12日民集38巻12号1308頁〔判例シリーズ36事件〕）は「行政権が主体となって、思想内容等の表現物を対象とし、その全部又は一部の発表の禁止を目的として、対象とされる一定の表現物につき網羅的一般的に、発表前にその内容を審査した上、不適当と認めるものの発表を禁止すること」と述べています。

しかし、この判例に対しては、検閲の概念が狭すぎるとの批判があります。そこで、検閲の意義を、表現行為に先立ち行政権がその内容を事前に審査し、不適当と認める場合にその表現行為を禁止すること、と解する狭義説も有力です。

2 あてはめ

北方ジャーナル事件の判例も、検閲の意義を上記税関検査事件判決と同様に解したうえで、「仮処分による事前差止めは、表現物の内容の網羅的一般的な審査に基づく事前規制が行政機関によりそれ自体を目的として行われる場合とは異なり、個別的な私人間の紛争について、司法裁判所により、当事者の申請に基づき差止請求権等の私法上の被保全権利の存否、保全の必要性の有無を審理判断して発せられるものであって、右判示にいう『検閲』には当たらないものというべきである」としています。この判例を意識してあてはめれば十分でしょう。

2 事前差止めの実体的要件

本件仮処分が「検閲」にあたらなくても、本件仮処分がXの本件雑誌出版の自由（以下「本件自由」という）を侵害し違憲とならないかが問題となります。

1 保障について

まず、本件記事はXの思想を表明するので、これが記載された本件雑誌を出版することはXの思想を外部に表明することといえ、「表現」にあたるので、本件自由は21条1項で保障されます。

また、本件記事は、名誉毀損的・侮辱的な表現を含むので、低価値表現も問題となりますが、保障されると解すべきでしょう。詳しくは第21問を参照してください。

2 制約について

本件仮処分により、本件雑誌の出版は差し止められたので、本件仮処分は本件自由を制約して

いるといえます。

3　審査基準について

　　表現の自由といえども無制約ではありません。他者の人権と対立した場合は制約されることがあります。この点、名誉は社会的評価に関わりますが、社会的評価が低下すれば、その人の人格的価値に大きな影響を与えるので、名誉権は個人の人格的生存に不可欠な権利といえ、13条後段で保障されます（幸福追求権については第6問を参照してください）。

　　そして、名誉権は重要な人権といえ、排他性を有します。そこで、人格的価値を侵害された者は、人格権に基づき、加害者に対し、現に行われている侵害行為を排除し、または将来生ずべき侵害を予防するため侵害行為の差止めを請求できます。

　　もっとも、出版行為の差止めを認めれば相手方の表現の自由を制約することとなります。本件の差止めに関してはXの表現の自由とYの人格権が対立するため、いかなる場合に人格権に基づく差止めとして制約が許されるのかが問題となります。

　　この点については、人格権は個人の人格的価値に関わるので、重要な権利といえます。一方、本件雑誌を頒布し他者から意見を得ることは、自己の人格の発展につながります。加えて、本件記事はA県知事選挙に立候補する予定のYに関わる記事なので、民主政に資するものといえることから、本件自由も自己実現と自己統治の価値を有する重要な権利と評価できます。

　　そして、表現行為に対する事前規制は、表現物が自由市場にでる前に抑止して、その内容が国民の側に到達させる途を閉ざしたり、到達を遅らせて表現物の意義を失わせたり、公の批判の機会を減少させたりするものです。また、事前抑制の性質上、予測に基づくものとならざるをえないこと等から事後抑制の場合よりも広汎にわたりやすく、濫用のおそれがあるうえ、実際上の抑止的効果が事後規制の場合よりも大きくなります。そこで、表現行為に対する事前抑制は、表現の自由を保障し、検閲を禁止する21条の趣旨に照らし、厳格かつ明確な要件のもとにおいてのみ許容されうるものとなります。そしてその対象が公職者等に対する名誉毀損的表現の場合は、公共の利害に関する事項といえるので、原則として事前差止めは許されないと解すべきでしょう。

　　そこで、北方ジャーナル事件判決のように、「その表現内容が真実でなく、又はそれが専ら公益を図る目的のものでないことが明白であって、かつ、被害者が重大にして著しく回復困難な損害を被る虞があるとき」は、例外的に事前差止めが許されると解すべきです。

　　この点、私人のプライバシー権が問題となった「石に泳ぐ魚」事件では「どのような場合に侵害行為の差止めが認められるかは、侵害行為の対象となった人物の社会的地位や侵害行為の性質に留意しつつ、予想される侵害行為によって受ける被害者側の不利益と侵害行為を差し止めることによって受ける侵害者側の不利益とを比較衡量して決すべきである。そして、侵害行為が明らかに予想され、その侵害行為によって被害者が重大な損失を受けるおそれがあり、かつ、その回復を事後に図るのが不可能ないし著しく困難になると認められるときは侵害行為の差止めを肯認すべきである」としています。この判例は、私人であること、事後的な差止めであること、プライバシーであることが北方ジャーナル事件と異なります。

　　また、政治家の娘のプライバシーが問題となった、裁判例（東京地決平成16年3月19日判時1865号18頁）とその抗告審（東京高決平成16年3月31日判時1865号12頁）は「当該出版物が公共の利害に関する事項に係るものといえるかどうか、『専ら公益を図る目的のものでないこと』が明白であって、かつ、『被害者が重大にして著しく回復困難な損害を被るおそれがある』といえるかどうかを検討し、当該表現行為の価値が被害者のプライバシーに劣後することが明らかであるかを判断して、差止めの可否を決すべきである」としています。

　　この裁判例は、北方ジャーナル事件との違いについて、「名誉権とプライバシー権とを比較すると、両者は、等しく憲法13条に由来し、人格権の一部を成している重要な権利であり、また、一たび侵害されてしまうと、これを回復するのが困難ないし不可能となるという点にも共通するものがある。むしろ、名誉は、それがいったん侵害されても、金銭賠償のほかに、謝罪広告その他の方法により名誉自体の回復を図る措置を執る余地が残されている（民法723条参照）のに対し、プライバシーは、他人に知られたくない私的事項をみだりに公表されないという権利であるから、

他人に広く知られるという形で侵害されてしまった後では、それ自体を回復することは不可能となる。このように、プライバシーの保護のため、侵害行為を事前に差し止めることは、他の方法をもって代替することができない救済方法であるという側面があり、名誉の保護の場合よりも一層、事前差止めの必要が高いということができる。……特に、本件のような週刊誌の記事による侵害行為の場合には、出版開始から短期間のうちに販売が終了してしまうのであるから、販売開始後相当期間経過後でも差止めをすることにより一定程度救済を図る余地のある小説等による侵害とは異なり、事前差止めを認めない限り救済方法がないという特質を有する。」「最高裁昭和61年判決の事案は、出版物が公務員又は公職選挙の候補者に対する評価、批判等に関するものである事案であったのに対し、本件は、そのような事案でないことは明らかであり、債務者の主張を前提としても、記事が公共の関心事ないし公共の利害に関する事項に係るものであるというにとどまる事案である。」と述べています。

　　以上の判例・裁判例を参考に、出版の差止めについては、出版物が公職者に関するものか否か、事前規制か否か、出版物により侵害される権利が名誉権かプライバシー権かなどを考慮して基準を定立していくことになるでしょう。どの基準にしても、あてはめでは公共の利益に関わるか否か、公益目的の有無、損害の重大性等を検討していく必要があります。

4　あてはめ

　　本件記事はA県知事選挙に立候補する予定のYの人格的評価を内容としており、公的事項に関する内容にあたるので、原則として本件雑誌の差止めは許されません。

　　しかし、記事の内容に根拠がなく、真実性に欠けるものであることは、本件記事の表現内容や疎明資料から本件仮処分当時においても明らかでした。また、記事の内容や記載方法からしても、人身攻撃を含むものであり、もっぱら公益を図る目的のものでないことも明らかといえます。

　　本来、答案例64行目にある①の要件は表現の内容が真実でないことか、またはそれがもっぱら公益を図る目的のものでないことのどちらかが明白であればみたされます。もっとも、どちらかが認められるにしてもどちらも検討すべきです。

　　さらに、雑誌は一度にかなりの部数を発行するし、回収も困難です。しかも現代ではSNSが発達し、情報の拡散が容易であるので一度本件雑誌が発行されると、本件記事の内容は即時かつ広範囲に拡散されてしまうおそれがあります。そして、その記事の内容は真実でなく、Yの名誉を毀損し、侮辱するものであり、Yの社会的評価を低下させるおそれがあります。しかも、一度拡散されれば反論は容易ではありません。したがって、本件雑誌を発行すれば、Yは重大にして著しく回復困難な損害を被るおそれがあるといえます。以上から、差止めの実体的要件をみたします。

③　手続

　　本問では問題点としませんでしたが、事前差止めの手続にも軽く触れておきます。

　　北方ジャーナル事件は、「事前差止めを命ずる仮処分命令を発するについては、口頭弁論又は債務者の審尋を行い、表現内容の真実性等の主張立証の機会を与えることを原則とすべきものと解するのが相当である。ただ、差止めの対象が公共の利害に関する事項についての表現行為である場合においても、口頭弁論を開き又は債務者の審尋を行うまでもなく、債権者の提出した資料によって、その表現内容が真実でなく、又はそれが専ら公益を図る目的のものではないことが明白であり、かつ、債権者が重大にして著しく回復困難な損害を被る虞があると認められるときは、口頭弁論又は債務者の審尋を経ないで差止めの仮処分命令を発したとしても、憲法21条の前示の趣旨に反するものということはできない。けだし、右のような要件を具備する場合に限って無審尋の差止めが認められるとすれば、債務者に主張立証の機会を与えないことによる実害はないといえるから」としました。

【参考文献】
試験対策講座9章3節②【1】(1)・(2)・(3)・(4)(a)。判例シリーズ35事件、36事件。条文シリーズ21条。

　Xは、平成９年に法律上婚姻関係のない、日本国籍を有する父Aとフィリピン国籍を有する母Bとの間に産まれた。Aは、X出生後の平成11年に、Xを認知しており、Xはいわゆる非嫡出子にあたる。Xの親権者であるBは、平成15年にXがAから認知を受けたことを理由に、P地方法務局Q支局において、法務大臣宛にXの国籍取得届（以下「本件届出」という）を提出したところ、P地方法務局長から、「平成15年２月４日付国籍法第３条第１項の届出は、国籍取得の条件を備えているものとは認められないので、通知します。」との通知を受けた。

　Xは、その後、国籍を有することの確認を求めて訴訟を提起した。

　本件での憲法上の問題点について論じなさい。ただし、裁判所と立法権の関係については論じなくてよいものとする。

【参考資料１】
○国籍法（昭和25年法律第147号）（抜粋）
※平成20年法律第88号による改正前のもの
第２条　子は、次の場合には、日本国民とする。
　一　出生の時に父又は母が日本国民であるとき。
　二・三　（略）
第３条　父母の婚姻及びその認知により嫡出子たる身分を取得した子で20歳未満のもの（日本国民であつた者を除く。）は、認知をした父又は母が子の出生の時に日本国民であつた場合において、その父又は母が現に日本国民であるとき、又はその死亡の時に日本国民であつたときは、法務大臣に届け出ることによつて、日本の国籍を取得することができる。
２　（略）

【参考資料２】
　国籍法第３条第１項は、日本社会と密接な結びつきを生じた場合に国籍の取得を認めることを目的とする。

　非嫡出子の国籍取得を認めなかった理由は、父母の婚姻と認知により嫡出子たる身分を取得したという形式をもって、父との間でも生活関係の一体性が生じ、家族の共同生活を通じた日本社会との密接な結びつきが生じると考えたことにある。また、立法当時は準正を国籍取得の要件としている国が多かったことも理由のひとつであった。

　もっとも、今日では、出生数に占める非嫡出子の割合が増加し、必ずしも父母が婚姻しているわけではなく、家族生活や親子関係の実態も変化し多様化してきている。また、両親の一方のみが日本国民である場合には、同居の有無など家族生活の実態においても、複雑で多様な面がある。さらに、諸外国で非嫡出子に対する法的な差別取扱いを解消する方向にあるとうかがわれ、国籍取得の準正要件は削除されつつある。

【解答へのヒント】
1　平等原則はいかなる差別を禁止しているか。検討してみましょう。
2　非嫡出子に着目した差別は禁止される差別にあたるか。検討してみましょう。

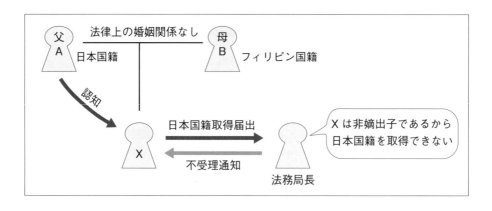

答案構成用紙

答案例

1　国籍法３条１項は準正を事後的な日本国籍取得の要件とし
ており、生後認知された子の国籍の取得について、父母が法
律上の婚姻をしていない非嫡出子と父母が婚姻した準正子と
の間で差別が生じているため、平等原則を定めた憲法14条１
項（以下法名省略）に違反し、違憲ではないか。　　　　　　5

　(1)　この点、「法の下」の平等とは、法内容が不平等であれ
ば平等に法を適用しても意味がないから、法適用の平等だ
けでなく、法内容の平等も意味すると解すべきである。

　(2)　そして、14条１項後段にいう「社会的身分」とは、人が
社会において一時的ではなく占めている地位で、自分の力　　10
ではそれから脱却できず、それについて事実上ある種の社
会的評価が伴っているものと解される。非嫡出子という地
位は、子が出生以後、準正が認められるまで一時的ではな
く継続して占めている地位で、父母の婚姻により嫡出子た
る身分を取得するか否かによるため、子にとっては自分の　　15
力では脱却することができず、それについて事実上ある種
の社会的評価を伴っているものである。したがって、非嫡
出子という身分は、「社会的身分」にあたる。

　　そして、国籍法は、非嫡出子のみに後天的な国籍の取得
を認めておらず、準正子との間で「社会的身分」による区　　20
別が生じている。

　(3)　もっとも、個人間には差異があり、絶対的に平等に扱え
ば、かえって不合理な結果が生じる場合がある。

　　そこで、「平等」とは、相対的平等を意味し、14条１項
は合理的な根拠のない差別を禁止していると解する。　　　　25

　　それでは、いかなる場合に合理的な根拠のない差別とい
えるか、違憲審査基準が問題となる。

　ア　前述のように本件では「社会的身分」による差別が生
じているが、14条１項後段の列挙事由は、歴史的に不合
理な差別を受けてきたので厳格に審査すべきとも考えら　　30
れる。

　　　しかし、列挙事由だからといって、制約される人権の
性質、規制態様・対象を考慮せずに形式的に厳格に審査
すべきではない。

　　　まず、国籍の取得は基本的人権の保障、公的な資格の　　35
付与、公的給付等を受けるうえで意味をもつ重要な法的
地位である。また、父母の婚姻の有無は子にとってはみ
ずからの意思や努力で変えることができないので、この
ような事情で不利益を及ぼすのは酷であり、慎重に検討
すべきである。　　　　　　　　　　　　　　　　　　　40

　　　もっとも、国籍は国家の構成員としての資格であり、
国籍の得喪の要件を定めるにあたっては、それぞれの国
の歴史的事情、伝統、政治的、社会的、経済的環境等さ
まざまな要因を考慮する必要があり、立法府に裁量を認

➡ 問題提起
論 平等原則

論 準正の有無に着目した差別

**⇨ 国籍法違憲判決事件（判例シ
リーズ15事件）**

める必要があるため、ある程度ゆるやかに審査すべきで　45
　　　ある。
　　イ　そこで、目的が重要であり、手段が効果的かつ過度で　　　➡規範
　　　ない場合には、平等原則に反せず、合憲と解する。
(4)ア　生来的に日本国籍を取得しなかった場合は、他国と密　　　➡あてはめ
　　　接な結びつきが生じている可能性もある一方で、国籍は、　50
　　　わが国の構成員としての資格であるとともに、前述のよ
　　　うに重要な法的地位である。したがって、父母両系血統
　　　主義に基づき、社会と密接な結びつきを生じた場合に国
　　　籍の取得を認めようとしている立法目的は重要といえる。
　　イ　また、父母が婚姻していない場合は、婚姻している場　55
　　　合と比較して、同居の有無等の父と子の結びつきは希薄
　　　であると考えられることに加え、立法当時は準正を国籍
　　　取得の要件としている国が多かった。これらのことから
　　　も、日本国民である父と日本国民でない母との間の子に
　　　ついて、父母が法律上の婚姻をしたという形式を基準に、　60
　　　日本国民である父との家族生活を通じたわが国との密接
　　　な結びつきの存在を示すものとみることには相応の理由
　　　があり、準正を日本国籍取得の要件としたことは、効果
　　　的と考えることもできる。
　　　　しかしながら、今日では出生数に占める非嫡出子の割　65
　　　合が増加し、父母が婚姻していない場合も増え、家族生
　　　活や親子関係の実態も変化し多様化してきている。また、
　　　両親の一方のみが日本国民である場合には、同居の有無
　　　など家族生活の実態においても、複雑で多様な面がある。
　　　したがって、その子とわが国との結びつきの強弱を両親　70
　　　が法律上の婚姻をしているか否かという形式のみで測る
　　　ことはできない。父母が法律上の婚姻をしていない子で
　　　あっても、認知が、準正子同様に日本国籍を有する父と
　　　の結びつきを示す一要素となり、日本社会との結びつき
　　　を示す一要素ともなりうる。さらに、今日では諸外国で　75
　　　非嫡出子に対する法的な差別取扱いを解消する方向にあ
　　　るとうかがわれ、国籍取得の準正要件が削除されつつあ
　　　る。これらのことを考慮すれば、父母が法律上の婚姻を
　　　していないからといって、子に日本国籍を与えるに足り
　　　るだけのわが国との密接な結びつきが認められないとい　80
　　　えるかは疑問である。したがって、準正を国籍取得の要
　　　件としたことは効果的とはいえない。
　　ウ　しかも、前述のように国籍取得の有無は重要であり、
　　　婚姻の有無は子にとってはみずからの意思や努力で変え
　　　ることができず、このような事項で不利益を与えるべき　85
　　　ではない。そうだとすると、手段は過度といえる。
2　よって、国籍法3条1項は14条1項に反し、違憲である。　　　➡結論
　　　　　　　　　　　　　　　　　　　　　　　　　　以上

本問は、国籍法違憲判決事件（最大判平成20年6月4日民集62巻6号1367頁〔判例シリーズ15事件〕）を題材としたものである。題材となった判例においては以下の2点が問題となった。まず、①準正を国籍取得の要件と定める国籍法3条1項の規定が憲法14条1項に違反するか否かという点。次に、②国籍法3条1項が本件区別を生じさせていることが憲法14条1項に違反するとした場合、Xに日本国籍の取得を認めることの可否、という点である。本問においては、平等原則に違反するかという上記2つの問題点のうち、①のみに焦点を絞った問題とした。なお、平等原則に関しては、司法試験2015（平成27）年および予備試験2011（平成23）年で出題されている。

論点

1 平等原則
2 準正の有無に着目した差別

答案作成上の注意点

1 平等原則について

国籍法3条1項では父母が法律上の婚姻をした準正子に国籍の取得を認め、父母が法律上の婚姻をしていない非嫡出子にこれを認めていません。そこで、国籍法が平等原則に反しないかが問題となります。

まず、「法の下」の平等とは、法適用の平等だけでなく、法内容の平等も意味すると解すべきです。なぜなら、法内容が不平等であれば、平等に法を適用しても意味がないからです。極端な事例として、毎年男性からは100万円を徴収し、女性からは10万円を徴収するという法律が制定されたと仮定します。この法律の内容は、男性のほうが10倍もの金額を徴収されるので、内容において不平等です。そしてこの法律を男女・年齢問わず、平等に適用しても、結局男性は女性より多い金額が徴収されてしまうので不平等が生じており、平等を貫くことができません。よって、法内容の平等まで求められます。

2 差別の有無について

社会的身分とは、一般に、人が社会において占める地位のことをさしますが、憲法14条1項後段にいう「社会的身分」の意味（差別禁止事項にあたる「社会的身分」の意味）については学説上の対立があります。この点は、自己の意志をもってしては離れることのできない固定した地位とする説（狭義説）、人が社会において一時的ではなしに占めている地位とする説（広義説）、両者の中間にあって、人が社会において一時的ではなく占めている地位で、自分の力ではそれから脱却できず、それについて事実上ある種の社会的評価が伴っているものとする説（中間説）などがあります。もっとも、後述するように、14条1項後段の列挙事由を単純な例示列挙と解するのであれば、「社会的身分」にあたるかはあまり関係がないので、深く論じる必要はありません。なお、かりに列挙事由以外の差別が問題となった事例が出題された場合には、列挙事由が例示列挙であることを一言述べて、差別の有無を検討すると印象がよいです。

非嫡出子という地位は、子が出生以後、準正が認められるまで継続するもので、一時的ではなしに占めている地位です。また、父母の婚姻により嫡出子たる身分を取得するか否かということは、子にとってはみずからの力・意思（意志）によっては変更することのできない事項です。

したがって、いずれの見解に立っても、非嫡出子という身分は、「社会的身分」にあたります。そして、国籍法は、父母が法律上婚姻していない非嫡出子には、後天的な国籍の取得を認めておらず、準正子との間で「社会的身分」による差別が生じています。この点、14条1項は歴史的に不合

理な差別事由を例示的に列挙しただけなので、列挙事由以外の差別も許されません。したがって、列挙事由以外の差別の場合でも問題となります。列挙事由のみ立法府を拘束するとの見解もありますが、他の事由による差別でも人権を侵害する危険もあるのでこのように解すべきです。ただし、尊属殺重罰規定違憲判決（最大判昭和48年4月4日刑集27巻3号265頁〔判例シリーズ14事件〕）も列挙事由は例示的なものと述べているので、今ではあまり争いがありません。したがって、例示列挙については、簡潔に述べるにとどめたほうがよいでしょう。

③　差別は許されるのか

　差別が生じているからといってただちに平等原則に反するといってよいのでしょうか。

　この点、個人間には差異があります。それにもかかわらず、絶対的に平等に扱えばかえって不合理な結果が生じる場合があります。

　そこで、「平等」とは、相対的平等を意味し、14条1項は合理的な根拠のない差別を禁止していると解します。つまり、同一の事情、条件の下では均等に取り扱うことが求められ、恣意的な差別は許されませんが、法律上取扱いに差異が設けられる事項と人の事実的・実質的な差異との関係が社会通念上合理的であれば平等原則に反しません。

　それでは、いかなる場合に合理的根拠のない差別といえるのでしょうか。違憲審査基準が問題となります。

　前述のように本問では「社会的身分」による差別が生じています。そして、14条1項後段の列挙事由は、歴史的に不合理な差別を受けてきたので厳格に審査すべきと考えることもできます。

　しかし、列挙事由だからといって、形式的に厳格に審査すべきではありません。制約される人権の性質、規制態様、規制の性質を無視できないからです。

　近時の司法試験では、違憲審査基準定立の理由づけに高い配点がつけられている場合が多いですし、制約される人権の性質、規制態様、規制の性質を違憲審査基準の段階で考慮することが求められているので、このほうが答案戦略上も優位にはたらきます。また、近時の司法試験では、自分の意見に対する反論に言及することも求められているので、反対事情もあげるべきです。試験では、単に自分の意見を書いていけばよいわけではなく、得点をとるためのテクニックも必要となってきます。

　まず厳格な違憲審査基準を認める事情として、国籍の取得はさまざまな公的な資格を得る前提条件になるなど重要な法的地位といえます。また、父母の婚姻の有無は、子にとってはみずからの意思や努力で変えることができない事柄ですが、これによって不利益が生じるのは酷なので、慎重な検討が必要です。さらに、国籍法は、父母が法律上の婚姻をしていない非嫡出子については例外なく国籍の取得を認めていないので、規制態様は強いといえます。

　しかし、国籍は国家の構成員としての資格であり、国籍の得喪の要件を定めるにあたっては、それぞれの国の歴史的事情、伝統、政治的、社会的、経済的環境等さまざまな要因を考慮する必要があり、立法府にある程度の裁量を認める必要があるので、ある程度ゆるやかに審査すべき必要があります。

　そこで、目的が重要であり、手段が効果的で過度でない場合には、平等原則に反せず、合憲と解することにします。

④　あてはめ

　国籍法違憲判決事件は「国籍法3条1項の規定が設けられた当時の社会通念や社会的状況の下においては、日本国民である父と日本国民でない母との間の子について、父母が法律上の婚姻をしたことをもって日本国民である父との家族生活を通じた我が国との密接な結び付きの存在を示すものとみることには相応の理由があったものとみられ、当時の諸外国における前記のような国籍法制の傾向にかんがみても、同項の規定が認知に加えて準正を日本国籍取得の要件としたことには、上記の立法目的との間に一定の合理的関連性があったものということができる。……しかしながら、その後、我が国における社会的、経済的環境等の変化に伴って、夫婦共同生活の在り方を含む家族生

活や親子関係に関する意識も一様ではなくなってきており、今日では、出生数に占める非嫡出子の割合が増加するなど、家族生活や親子関係の実態も変化し多様化してきている。このような社会通念及び社会的状況の変化に加えて、近年、我が国の国際化の進展に伴い国際的交流が増大することにより、日本国民である父と日本国民でない母との間に出生する子が増加しているところ、両親の一方のみが日本国民である場合には、同居の有無など家族生活の実態においても、法律上の婚姻やそれを背景とした親子関係の在り方についての認識においても、両親が日本国民である場合と比べてより複雑多様な面があり、その子と我が国との結び付きの強弱を両親が法律上の婚姻をしているか否かをもって直ちに測ることはできない。これらのことを考慮すれば、日本国民である父が日本国民でない母と法律上の婚姻をしたことをもって、初めて子に日本国籍を与えるに足りるだけの我が国との密接な結び付きが認められるものとすることは、今日では必ずしも家族生活等の実態に適合するものということはできない」としています。この判例を意識したあてはめができれば十分合格答案になるでしょう。もっとも、参考資料等で判例とは少し違った事情を付け加えているので、以下、判例を参考にあてはめの解説をしていきます。

　生来的に日本国籍を取得しなかった場合は、他国と密接な結びつきが生じている可能性もあります。他方で国籍は、わが国の構成員としての資格であるとともに、基本的人権の保障、公的資格の付与、公的給付等を受けるうえで意味をもつ重要な法的地位といえますが、他国と密接な関係をもった者に日本が公的資格等を付与することは不合理と考えることもできます。したがって、国籍法3条1項が父母両系血統主義に基づき、日本社会と密接な結びつきを生じた場合に国籍の取得を認めようとしている立法目的は重要といえるでしょう。

　また、父母が婚姻していない場合は、婚姻している場合と比較して、同居の有無等の父と子の結びつきは希薄であると考えられることに加え、立法当時は準正を国籍取得の要件としている国が多かったという事情もあります。そこで、父母が法律上の婚姻をしたことをもって、日本国民である父との家族生活を通じたわが国との密接な結びつきの存在を示すものとみることには、相応の理由があったものと考えられます。したがって、準正を日本国籍取得の要件としたことは、効果的だったと考えることもできるでしょう。

　しかしながら、今日では、出生数に占める非嫡出子の割合が増加し、父母が婚姻しないことも増えてきており、家族生活や親子関係の実態も変化し多様化してきています。両親の一方のみが日本国民である場合には、同居の有無など家族生活の実態においても、法律上の婚姻やそれを背景とした親子関係の在り方についての認識においても、両親が日本国民である場合と比べてより複雑多様な面があり、非嫡出子であっても、認知が、嫡出子同様に日本国籍を有する父との結びつきを示す一要素となり、日本社会との結びつきを示す一要素ともなりえます。また、諸外国で非嫡出子に対する法的な差別取扱いを解消する方向にあるとうかがわれ、国籍取得の準正要件がなくなってきています。

　これらを考慮すれば、日本国民である父が日本国民でない母と法律上の婚姻をしていないことをもって、日本国籍を与えるに足りるだけのわが国との密接な結びつきは認められないといえるかは疑問です。これらの事情は、効果性を否定する事情といえます。

　以上の事情を使って、反対意見にも配慮しながら説得的に論じていけば、合格点に届くと思われます。

【参考文献】
試験対策講座7章2節①・②・③【1】(4)・(6)、【2】(1)。判例シリーズ14事件、15事件。条文シリーズ14条。

　A市役所では、職員のうち、管理職の男女比が約4対1と偏っており、女性の意見が反映されにくい体質になっているのではないかが問題視されていた。そこで、A市は、A市役所の管理職について女性の割合を3割以上にしなければならないとする条例を制定した（以下「本件条例」という）。3割以上とした理由については、A市役所職員として採用された時点での男女比が毎年約7対3であるからと説明された。本件条例の制定にあたり、A市役所内部からは、管理職が業務の方針を決定する際には、女性の割合が比較的高い非管理職の意見を必ず参考にすることとされているから、管理職の女性割合が低いからといって女性の意見が反映されないとはいえないという指摘がされた。また、A市役所における育児支援制度が不十分であって管理職の女性割合が低い原因はこの点にあるから、同じ県内のB市役所を参考に育児支援制度を是正するべきであるなどの意見がだされた。

　A市役所の男性職員であるXは、本件条例を理由に管理職への昇進を拒否された。そこで、本件条例は憲法第14条第1項に反するのではないかという疑問をもち、国家賠償請求をしたいと考え、法律家であるあなたのもとに相談に訪れた。本件条例が憲法第14条第1項に違反するかについてあなたの意見を述べなさい。

【参考資料】
○資料1　A市役所における管理職の採用に関する事項
　・A市役所における管理職の採用は、A市公務員管理職採用基準（以下「本件基準」という）に定められた要件を具備した者を対象に、毎年選考が行われていた。なお、本件基準には性別によって差異が生じるような要件は含まれておらず、選考においても性別が考慮されることはない。
　・本件基準の定める要件を具備した者の男女比は、毎年約4対1であった。
　・一定の勤務期間を経た30歳以上の者であることが、要件のひとつとして定められていた。

○資料2　A市役所およびB市役所における職員の勤務環境等に関する資料
　・A市役所では、産休・育休の取得率が低く、法定の制度のほかに育児支援の制度が十分に用意されていなかった。
　・B市役所では、産休・育休の取得率が高いことに加え、育児休暇明けであっても時短勤務が認められる、子育てを重視したい旨の希望が異動の際に反映されるなど、法定の制度のほかに育児支援の制度が用意されていた。
　・上記以外の勤務条件・環境に関しては、A市役所とB市役所とで違いはなかった。

○資料3　A市役所およびB市役所における女性職員の離職率

A市役所

年齢	離職率
20歳～24歳	5.5%
25歳～29歳	20.9%
30歳～34歳	5.2%

B市役所

年齢	離職率
20歳～24歳	2.5%
25歳～29歳	4.2%
30歳～34歳	2.2%

【解答へのヒント】
　本件条例による区別が憲法14条1項に違反しないかどうかについて検討しましょう。A市役所の管理職の女性割合が低くなっているのはなぜなのでしょうか。資料などから読み取れることを参考

に考えてみましょう。

管理職の割合

女性

男性

A市

これは問題だ！
女性の管理職に占める
割合を3割以上にする
ことを義務づけよう

本件条例は14条1項に
違反するのでは？

X

答案構成用紙

答案例

1　本件条例は、A市役所の管理職における女性割合を３割以上にしなければならないとしており、本件基準の定める要件を具備した者の男女比が毎年約４対１であることを前提にすると、管理職への採用のされやすさという点で男女を区別しているため、平等原則を規定した憲法14条１項（以下法名省略）に違反し、違憲ではないか。　→問題提起　論平等原則

(1)　この点、法内容が不平等であれば、平等に法を適用しても無意味であるから、「法の下」の平等とは、法内容の平等も意味する。また、各人には実質的差異があるから、「平等」とは相対的平等を意味する。そこで、合理的な区別ならば14条１項に違反しないと解する。

(2)　次に、本件条例の区別は合理的な区別といえるか。審査基準をいかにするべきかが問題となる。

ア　まず、本件条例は男女で区別しているところ、「性別」は後段列挙事由であり、原則としてこれに基づく区別は禁止される。また、本件条例による区別は公務就任権（15条１項）に関わるものであるところ、公務就任権は参政権と関わる重要なものである。したがって、厳格に審査すべきとも思える。

しかし、本件条例による区別は、従来の管理職における男女比の不均衡を解消するためのものであり、いわゆる積極的差別是正措置にあたる。そして、憲法は、福祉国家理念（25条等参照）のもと、実質的平等をも志向していると解されるところ、積極的差別是正措置は実質的平等の要請にかなうものであるから、合憲性を厳格に審査すべきではない。

また、団体自治（92条）の観点から公務員制度の一環として、いかなる管理職任用制度を構築するかについては、地方公共団体に一定の裁量が認められる。

イ　そこで、中間審査基準をとり、区別の目的が重要で、区別が目的との関係で効果的かつ過度でない場合に、合理的な区別といえると解する。　→規範

(3)ア　本件条例の区別の目的は、A市役所の運営に女性の意見を反映させることである（以下「本件目的」という）。多様な意見を反映させることは、個人の尊重（13条前段）につながるものであるし、市政を運営していくうえで価値があるから、重要な意義を有する。　→あてはめ

したがって、本件目的は重要である。

イ　次に、A市役所では、女性の割合が比較的高い非管理職の意見を参考に管理職が業務の方針を決定するから、すでに女性の意見が十分運営に反映されており、管理職の女性割合を増やしたところでそれ以上に意見が反映されるとはかぎらず、区別は効果的ではないという見解もありうる。

しかし、最終的に業務の方針を決定するのは管理職で　45
　　あるし、管理職は職務に関して、非管理職よりも広い権
　　限や裁量を有していると考えられる。そうすると、間接
　　的に意見が反映されるにすぎない非管理職に比べ、管理
　　職の意見はより直接的に市役所の運営に反映されるとい
　　える。したがって、管理職の女性割合を増やすことによ　50
　　り、増加前よりも多数の女性の意見が直接的に市役所の
　　運営に反映されるようになるから、区別は本件目的との
　　関係で効果的である。
　ウ　また、A市役所では、30歳以上から管理職に採用され
　　うるところ、30歳になる手前である25歳から29歳までで　55
　　多くの女性職員が退職している。ここで、A市役所より
　　も育児支援制度が充実しており、その他の勤務条件・環
　　境が同じであるB市役所をみると、25歳から29歳までに
　　おける離職率がA市役所と比べて著しく低くなっている。
　　このことを前提とすると、A市役所の育児支援制度を改　60
　　善することにより、25歳から29歳までにおける離職率が
　　低下し、本件基準の要件を具備する者、ひいては管理職
　　の女性割合が十分に増加することが見込まれる。
　　　したがって、育児支援制度を充実させるという代替手
　　段が存在するから、本件条例の区別は本件目的との関係　65
　　で過度である。
2　よって、本件条例の区別は合理的な区別といえず、本件条　　　▶結論
　例は、14条1項に反し違憲である。
　　　　　　　　　　　　　　　　　　　　　　　　　　以上
　　　　　　　　　　　　　　　　　　　　　　　　　　　　70

　　　　　　　　　　　　　　　　　　　　　　　　　　　　75

　　　　　　　　　　　　　　　　　　　　　　　　　　　　80

　　　　　　　　　　　　　　　　　　　　　　　　　　　　85

本問は、平等原則を扱った問題である。平等原則は司法試験2013（平成25）年、2015（平成27）年、予備試験2011（平成23）年で出題されており、今後も出題が予想されるため、おさえる必要性の高い分野である。第10問とあわせてしっかりと自分のものにしてほしい。

論点

平等原則

答案作成上の注意点

① はじめに

本問は、本件条例によりA市役所の管理職の女性割合を強制的に３割以上にすることが、男性との差別にあたり、14条１項に反するのではないのかということについて検討する問題です。重要なポイントは、問題文はもちろんのこと、参考資料についても目をとおすことです。特に年齢別の女性職員の離職率が何を意味するのかについて、検討する必要があります。

また、問題文中でも触れられているように、管理職の女性割合を強制的に３割以上とすることが本当に必要なのかについても重要なポイントなので、しっかりと検討しましょう。

② 平等原則の基本

平等原則は第10問でも扱っており、解説もなされているため、簡潔に解説をします。

14条１項は、「すべて国民は、法の下に平等であつて、人種、信条、性別、社会的身分又は門地により、政治的、経済的又は社会的関係において、差別されない。」と規定しており、平等原則について規定しています。もっとも、同項もすべての区別を禁止しているわけではありません。同項は合理的な区別ならば許容していると解されています。合理的な区別ならば許容されることを導く過程については、第10問の解説や、本問の答案例の論証パターンを参考にしてください。

そうだとしても、合理的な区別かどうかというのは曖昧な基準です。そのため、合理的な区別にあたるかどうかを判定するための審査基準を設定し、その審査基準にあてはめていくことが重要です。平等原則については、合理的な区別ならば許容される──合理的な区別の審査基準──あてはめの流れで論述することになります。

③ 審査基準

1 区別事由および関連する権利

本件条例は、女性の管理職の割合を一定以上にするという内容のものですから、性別により区別しているといえ、区別事由は性別です。14条１項後段は「人種」、「信条」、「性別」、「社会的身分」、「門地」を区別事由として掲げています。では、掲げられた区別事由は何を意味するのでしょうか。

判例は、後段列挙事由は前段の平等原則の内容を例示的に（限定的ではない）掲げたにすぎないとしています（例示説、最大判昭和48年４月４日刑集27巻３号265頁〔判例シリーズ14事件〕、尊属殺重罰規定違憲判決）。つまり、後段列挙事由以外の事由による区別であっても14条の対象になるということです。

もっとも、例示説に立つとしても、後段列挙事由による差別は、個人尊厳の原理に著しく反するため、原則として不合理なものとして扱われるとし、後段列挙事由はそのかぎりで意味をもつとする見解があります（特別意味説）。この見解に立てば、後段列挙事由による区別ならば、審査基準は厳格な方向にはたらきやすいといえます。答案例では、この見解に立ち、性別は後段列

挙事由にあたるため、原則として許されず、審査基準は厳格な方向にはたらくとしました。

　　また、区別によって害される権利がある場合、この権利の重要性が高ければ審査基準が厳格になり、低ければ審査基準がゆるやかになる方向にはたらきます。本件条例では、男性が市役所の管理職に就任する権利が害されているので、公務就任権が害されていることになります。公務就任権は参政権（15条1項）に関わる重要な権利であるので、このことからすれば、審査基準は厳格な方向にはたらくことになるでしょう。

2　積極的差別是正措置（アファーマティブアクション）

　　本件条例は、A市役所の管理職の男女割合が偏っているので、その偏りを是正するために女性を優遇するものです。これは、いわゆる積極的差別是正措置（アファーマティブ・アクション）にあたります。その位置づけを確認しておきましょう。

　　まず、平等には、絶対的平等と相対的平等という概念のほかに、形式的平等と実質的平等という概念があります。次に、形式的平等とは、人の現実の差異を捨象して原則的に一律平等に扱うこと、すなわち機会の均等を意味します。一方で、実質的平等とは、人の現実の差異に着目してその格差是正を行うこと、すなわち配分あるいは結果の均等を意味します。そして、積極的差別是正措置は、格差是正、すなわち実質的平等の要請からとられる措置です。

　　ここで注意してほしいのは、14条の規定は何よりも形式的平等を保障したものであって、実質的平等の要求は相対的限度内のものであるということです。つまり、14条を根拠として、現実の格差の是正を国に対して請求する権利が認められるわけではありません。もっとも、「法の下の平等」にいう平等の意味も、実質的平等の思想を抜きにして考えることはできないので、合理的区別か否かを検討する際には、実質的平等の趣旨が最大限考慮に入れられなければなりません。このような観点から、実質的平等の要請にかなう積極的差別是正措置の違憲審査は厳格にすべきでないという主張がなされており、答案例もこの見解に従っています。

　　これに対して、格差是正のための優遇措置が偏見に基づく場合があることや、かえって「弱者」という烙印を押され差別が固定化するという危険があることを根拠に、厳格度を緩めるべきでないという立場もあるので、頭に入れておいてください。

3　公務員の管理職採用における裁量

　　本件条例は、公務員の管理職の女性割合を一定以上にすることを義務づける内容です。公務員の管理職は、住民の生活に大きく関わる地位です。公務員の管理職任用制度をどのように構築するかについて、裁量はないのでしょうか。

　　参考になる判例として、東京都管理職試験事件（最大判平成17年1月26日民集59巻1号128頁〔判例シリーズ4事件〕）があります。この判例は、外国籍の公務員が、日本国籍を有しないことを理由に管理職への就任を拒否された事案です。判例は、「住民の権利義務を直接形成し、その範囲を確定するなどの公権力の行使に当たる行為を行い、若しくは普通地方公共団体の重要な施策に関する決定を行い、又はこれらに参画することを職務とする」公務員を「公権力行使等地方公務員」としたうえで、「普通地方公共団体が、公務員制度を構築するに当たって、公権力行使等地方公務員の職とこれに昇任するのに必要な職務経験を積むために経るべき職とを包含する一体的な管理職の任用制度を構築して人事の適正な運用を図ることも、その判断により行うことができるものというべきである」としています。この判例からすると、公務員の管理職任用制度の構築について、行政の裁量が広く認められるといえるでしょう。

　　答案例では、判例も参考にしつつ、公務員の管理職任用制度の構築には広く裁量が認められるとしました。もっとも、本問は判例の事案とはかなり異なるので、射程が及ばず、裁量は広く認められないとすることも考えられるでしょう。

4　まとめ

　　答案例では、以上のとおり、本件条例により害される権利は重要であり、区別事由も後段列挙事由ですが、積極的差別是正措置であり、公務員の管理職任用制度の構築においては一定の裁量が認められるので、中間審査基準をとりました。次の4は、中間審査基準をとったことを前提に記載しています。

④ あてはめ（答案例）

1 目的

問題文では、A市役所において「女性の意見が反映されにくい体質になっている」ことが問題視されているとなっています。したがって、本件条例の目的は、A市役所の運営に女性の意見を反映させることであるといえるでしょう。

そして、本件目的は多様な意見をA市役所の運営に反映させることにつながるといえます。また、意見の多様性は個人の尊重（13条前段）につながります。したがって、本件目的は憲法上の要請に資するものですから、重要です。

2 適合性

問題文に、「管理職が業務の方針を決定する際には、女性の割合が比較的高い非管理職の意見を必ず参考にすることとされている」とありますが、管理職の女性割合を一定以上にしなくとも、女性の意見がA市役所の運営に反映される体制がすでに存在し、本件条例の手段は効果的ではないとも思えます。

ただ、最終的に業務の方針を決定するのは管理職であるし、管理職は職務に関して、非管理職よりも広い権限や裁量を有していると考えられます。そうすると、管理職の女性の意見は、非管理職と比べてより直接的に市役所の運営に反映されるといえますから、管理職の女性割合を一定以上にするという手段は、目的との関係で効果的であるといえるでしょう。

3 必要性（代替手段）

問題文中で、本件条例について「A市役所における育児支援制度が不十分であって管理職の女性割合が低い原因はこの点にあるから、……育児支援制度を是正するべきである」との意見がだされています。ここから、代替手段が考えられないでしょうか。

資料3をみると、25歳から29歳までの女性職員の離職率が20.9パーセントと、他の年代に比べて顕著に高くなっています。

そして、一定の勤務期間を経た30歳以上の者であることが管理職として採用されるための要件のひとつとされていたことから、30代になる前に女性が多く辞めていることが女性の管理職割合が少ない要因であると考えられます。さらに、B市役所との比較により、離職率の高さが育児支援制度の不十分さに起因しているとわかります。これらの事情を考慮すると、育児支援制度の整備が女性の管理職割合の増加につながるといえるので、代替手段があるといえます。このあてはめにおいて重要なのは、単に育児支援制度が代替手段であるとするのではなく、上記の思考過程をしっかりと示すことです。

【参考文献】
試験対策講座7章2節②。判例シリーズ4事件、14事件。条文シリーズ14条②1・2。

第12問 A　思想・良心の自由

　Xは、Y県立A高等学校に勤務する教職員である。Xは令和元年3月3日、Y県立A高等学校の校長（以下「校長」という）から、同月20日に実施される予定の卒業式において国歌斉唱の際に起立斉唱行為を命ずる旨の職務命令（以下「本件職務命令」という）を受けた。しかし、Xは日本の侵略戦争の歴史を学ぶ在日朝鮮人、在日中国人の生徒に対し、「日の丸」や「君が代」を卒業式に組み入れてその斉唱を強制することは、教師としての良心が許さないという考えを有していた。そのため、同日に行われた卒業式でXは国歌斉唱の際に起立をしなかった。その後、Y県教育委員会はXの不起立行為を職務命令違反であるとして、Xに対し戒告処分を行った。

　令和4年3月31日付で定年退職するに先立ち、Xは定年退職後に非常勤の嘱託員として再任用されることを希望し、再任用を申し込んだ。しかし、Y県は令和元年における本件職務命令違反を理由として再雇用を拒否した。

　この事例における、本件職務命令の合憲性について論じなさい。

【参考条文】
○地方公務員法（昭和25年法律第261号）（抜粋）
（服務の根本基準）
第30条　すべて職員は、全体の奉仕者として公共の利益のために勤務し、且つ、職務の遂行に当つては、全力を挙げてこれに専念しなければならない。
（法令等及び上司の職務上の命令に従う義務）
第32条　職員は、その職務を遂行するに当つて、法令、条例、地方公共団体の規則及び地方公共団体の機関の定める規程に従い、且つ、上司の職務上の命令に忠実に従わなければならない。

○学校教育法（昭和22年法律第26号）（抜粋）
第21条　義務教育として行われる普通教育は、教育基本法（平成18年法律第120号）第5条第2項に規定する目的を実現するため、次に掲げる目標を達成するよう行われるものとする。
一・二　（略）
三　我が国と郷土の現状と歴史について、正しい理解に導き、伝統と文化を尊重し、それらをはぐくんできた我が国と郷土を愛する態度を養うとともに、進んで外国の文化の理解を通じて、他国を尊重し、国際社会の平和と発展に寄与する態度を養うこと。
四～十　（略）

【解答へのヒント】
　本問は、本件職務命令がXの思想・良心の自由を侵害しないかについて検討する問題です。思想・良心の自由について検討する場合には、制約の段階・正当化の段階で他の人権とは異なる論述をする必要があります。この点に注意して検討してください。

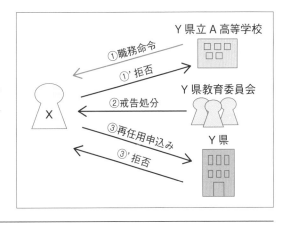

1　本件職務命令は、Xの思想・良心の自由（憲法19条。以下
　　法名省略）を侵害し、違憲ではないか。　　　　　　　　　　　　　→問題提起

　(1)　まず、「思想及び良心」とは、その高位の価値の希薄化　　　　論思想・良心の自由の内容
　　を防ぐため、世界観・人生観などのように人格形成に役立　　　　→定義
　　つ内心の活動にかぎられると解する。　　　　　　　　　　5

　　　そして、Xは、日本の侵略戦争の歴史を学ぶ在日朝鮮人、
　　在日中国人の生徒に対し、「日の丸」や「君が代」を卒業
　　式に組み入れてその斉唱を強制することは、教師としての
　　良心が許さないという考えを有していたところ、これはX
　　の歴史観または世界観から生じる社会生活上あるいは教育　10
　　上の信念であるから、「思想及び良心」に含まれる。

　(2)　次に、制約について検討する。

　　　本件職務命令当時、公立高等学校における卒業式などの
　　式典において国歌斉唱が広く行われていたことは周知の事
　　実であった。そのため、卒業式における国歌斉唱の際の起　15
　　立斉唱行為は、一般的、客観的にみて慣例上の儀礼的な所
　　作としての性質を有するものであり、かつ、そのような所
　　作として外部からも認識されるものといえる。そうすると、
　　起立斉唱行為は、Xの有する歴史観または世界観を否定す
　　ることと不可分に結びつくものとはいえず、本件職務命令　20
　　はXの上記の考えそれ自体を否定するものとはいえない。
　　また、起立斉唱行為は、特定の思想またはこれに反する思
　　想の表明と、外部から認識されるものではない。したがっ
　　て、本件職務命令は、上記の考えをもつことを禁止し、ま
　　たは特定の思想の有無の告白を強制するものではないから、25
　　思想・良心の自由を直接的に制約しているとはいえない。

　　　もっとも、起立斉唱行為は一般的、客観的にみれば国旗
　　および国家に対する敬意の表明の要素を含む行為である。
　　そのため、みずからの歴史観または世界観との関係で否定
　　的な評価の対象となる国旗や国歌に対して敬意を表明する　30
　　ことには応じがたいと考える者が、これらに対する敬意の
　　表明の要素を含む行為を求められることは、個人の歴史観
　　または世界観に由来する行動と異なる外部的行為を求めら
　　れることとなる。

　　　したがって、起立斉唱行為をXに命ずる本件職務命令は、35
　　思想・良心の自由を間接的に制約している。

　(3)　次に、本件職務命令による制約は正当化されるか。　　　　　論間接的制約の合憲性

　　　ア　この点、思想・良心の自由は内面的精神活動のなかで
　　　　も、もっとも根本的なものとして重要である。
　　　　　しかし、Xは公務員であるから、「全体の奉仕者」（15　40
　　　　条2項）であり、職務に公共性がある。また、職務の遂
　　　　行にあたっては、全力をあげてこれに専念し（地方公務
　　　　員法30条）、法令等に従い、かつ、上司の職務上の命令
　　　　に忠実に従わなければならない（地方公務員法32条）。

そうすると、Xの人権もこのような地位の特殊性および職務の公共性に由来する内在的制約を受けるので、ある程度ゆるやかに審査すべきである。 45

さらに、思想・良心の自由に対する制約は間接的制約にとどまるので、制約が強いとはいえない。

イ　そこで、職務命令の目的および内容ならびに制約の態 50
様等を総合的に較量して、職務命令に制約を許容しうる
程度の必要性および合理性が認められるかという観点か
ら正当化されるかを判断する。

➡規範
⇨ 最判平成23年5月30日（百選
Ⅰ37事件）

(4)　これを本問についてみると、学校の卒業式などの式典に
おいては、教育上の行事にふさわしい秩序を確保して式典 55
の円滑な進行を図ることが必要である。そして、一般的に、
県立の高等学校で卒業式において国歌斉唱の際に起立をす
ることは広く行われており、生徒の手本となるべき教員が
起立斉唱をしなければ卒業式の円滑な進行が妨げられる。
したがって、本件職務命令の必要性が認められる。 60

また、学校教育法21条3号は、高等学校教育の目標とし
て国家の現状と伝統についての正しい理解と国際協調のか
ん養を掲げている。さらに、住民全体の奉仕者として法令
等および上司の職務上の命令に従って職務を遂行すべきこ
ととされる地方公務員の地位の性質およびその職務の公共 65
性（15条2項、地方公務員法30条、32条）にかんがみ、公
立高校の教諭であるXは、法令等および職務上の命令に従
わなければならない立場にあるところ、その勤務する当該
学校の校長から学校行事である卒業式に関して本件職務命
令を受けたものである。そうだとすれば、本件職務命令は、 70
公立高校の教諭であるXに対して慣例上の儀礼的な所作と
して国歌斉唱の際の起立斉唱行為を求めることを内容とす
るものであって、当該式典の円滑な進行を図るものである
から、合理的である。

2　よって、本件職務命令は19条に反せず、違憲ではない。 75

以上

80

85

本問は、一般的に「日の丸・君が代」訴訟とよばれる判例（最判平成23年5月30日民集65巻4号1780頁〔百選Ⅰ37事件〕）をモデルとしたものであり、思想・良心の自由を問題とする事案である。思想・良心の自由については、2018（平成30）年予備試験において問われており、今後も出題されることが想定される分野である。本問を通じて思想・良心の自由への理解を深めてほしい。

論点

1　思想・良心の自由の内容
2　間接的制約の合憲性

答案作成上の注意点

1　はじめに

本問は、思想・良心の自由の侵害の有無が問題となっている事案です。

Xは、卒業式で在日朝鮮人、在日中国人の生徒に国歌斉唱を強制することは許されないという考えをもっており、国家斉唱の際の起立を拒否していますが、本件職務命令はXに対し国歌斉唱の際に起立することを求めるものです。そのため、本件職務命令はXの考えと矛盾する行為をさせるものであるとして、思想・良心の自由を侵害する可能性があるといえます。検討する際には、通常の人権と同様、保障──制約──正当化の流れで書くことが望ましいでしょう。

ただし、他の人権と異なり、制約の段階で、その制約が直接的制約にあたるのか間接的制約にあたるのかについて触れることが必要となります。これは、判例が直接的制約か間接的制約かで正当化の判断基準を分けているからです。このように、思想・良心の自由への侵害の有無を論述する際には、意識しなければいけないポイントがあります。これらについて2以降で詳しく解説していきます。

2　憲法19条について

1　「思想及び良心」の内容

19条は、「思想及び良心の自由は、これを侵してはならない」と規定しており、思想・良心の自由を保障しています。ここでいう、「思想及び良心」とは何を意味するのでしょうか。

まず、「思想」と「良心」を区別して考えるか、それとも「思想及び良心」として一体的に考えるのかについてですが、通説は「思想」と「良心」を一体的なものとして捉えています。そのため、今後の説明も「思想及び良心」として一体的に行います。

「思想及び良心」の意義についてですが、有力な見解としては広義説と限定説の2つがあげられます。広義説は、思想・良心とは、人の内心における物の見方または考え方をさし、19条は内心一般の自由を保障するものであるとする見解です。限定説は、思想・良心とは、世界観、人生観、思想体系、政治的意見などのように人格形成に役立つ内心の活動をさすとする見解です。

この2つの見解で差が生じるのは、謝罪広告の掲載を命じられた場合の合憲性の判断についてです。広義説によれば謝罪の意思は内心一般のものですから、思想・良心の自由の保護範囲ということになり、19条の問題となります。他方、限定説によれば謝罪の意思は世界観、人生観、思想体系、政治的意見といったものとは異なります。そのため、思想・良心の自由の問題とはならず、21条1項で保障される消極的表現の自由や13条後段で保障される幸福追求権の一内容として保障されるということになるでしょう。

ただし、2つの見解であまり差がでない事案も多数ありますから、論述する際にはメリハリをつけましょう。差がでない事案においては端的にどちらの見解であるかを述べるにとどめるべき

です。実益のない議論はしないようにしましょう。

2　「侵してはならない」の意義

　19条の「侵してはならない」とは何を意味するのでしょうか。一般的には、「侵してはならない」とは、何人がいかなる世界観・人生観をもとうとも、それが内心の領域にとどまるかぎり絶対的に自由であることを意味するとされています。以下では、具体的な内容について説明していきます。

　まず、「侵してはならない」には、思想の強制や思想に基づく不利益取扱いの禁止が含まれています。どんな考えを有していたとしても、それが内心の領域にとどまるかぎり、他者の人権を侵害することはありません。そのため、絶対的に自由であり、特定の思想などをもつことを禁止、強制することは許されないといえます。さらに、特定の思想を有することを理由に差別的取扱いをすることも許されません。また、これらに関連して「侵してはならない」には、思想と不可分に結びつく行為を禁止し、または強制をしてはならないという意味も含まれているとされています。

　次に、「侵してはならない」には、沈黙の自由の保障、すなわち人の内心の告白を強制されないことが含まれています。たとえば、国家が国民などに対してどのような思想をもっているかを調査することは、人の内心の告白を強制しているといえ19条に違反することになります。また、江戸時代に行われた踏絵によるキリスト教信者の摘発も人の内心の告白の強制といえ、現代で行えば19条に違反します。ただし、沈黙の自由はあくまで内心の思想を保護対象とするものです。事実の知不知の告白の強制については、21条で保障される消極的表現の自由の問題となります。

③　直接的・間接的制約、正当化の判断基準

1　概要

　問題とされている権利・自由が19条によって保障されているとした場合、それに対する侵害の有無について、判例はどのように判断しているのでしょうか。判例は、思想・良心の自由への制約について、直接的制約の場面と、間接的制約の場面に分けて考えています。以下、直接的制約と間接的制約の2つについて、内容およびそれぞれの正当化の判断基準について説明します。

2　直接的制約

　「日の丸・君が代」訴訟は、「特定の思想を持つことを強制したり、これに反する思想を持つこと禁止したりするもの」（個人の思想を否定することと不可分に結びつく行為の強制も含む）や、「特定の思想の有無について告白することを強要するもの」について「個人の思想及び良心の自由を直ちに制約する」としています。これら直接的制約については、絶対的に禁止されるといわれています。

3　間接的制約

　「日の丸・君が代」訴訟は、みずからの考えとの関係で否定的な評価の対象となるものに敬意の表明の要素を含む行為を強制されることは、「その行為が個人の歴史観ないし世界観に反する特定の思想の表明に係る行為そのものではないとはいえ、個人の歴史観ないし世界観に由来する行動……と異なる外部的行為……を求められることとなり、その限りにおいて、その者の思想及び良心の自由についての間接的な制約となる面があることは否定し難い」としています。

　すなわち、直接的制約にあたらないとしても、自己の考えと異なる見解に対する敬意の表明の要素となる行為を強制される場合には、間接的制約にあたる可能性があるとしたのです。「日の丸・君が代」訴訟は、本問と同様の事案であり、直接的制約にはあたらないとしましたが、原告の考えに反するものへの敬意の表明の要素となる行為の強制にはあたるとして、間接的制約にあたるとしました。

　では、間接的制約についても、直接的制約と同様に絶対的に禁止されるのでしょうか。判例は、間接的制約の場面については絶対的に禁止されるものではないとし、「職務命令の目的及び内容並びに上記の制限を介して生ずる制約の態様等を総合的に較量して、当該職務命令に上記の制約を許容し得る程度の必要性及び合理性が認められるか否かという観点から判断するのが相当であ

る」としています。すなわち、思想・良心の自由に対する間接的制約の場面の正当化の判断基準について、「必要性」と「合理性」という点から総合較量するという判断基準を用いたということです。

　もっとも、このような判例の判断基準に対しては、思想・良心の自由は精神的自由権の中核を担うものであり重要性は高いので、比較衡量の基準を用いて判断することは過度にゆるやかであるという反対の見解も主張されています。そして、より厳格な基準である、「憲法上、国家にその遂行が要請される目的達成のためにやむをえない必要最小限度の規制にとどまる」べきであるという基準を用いるべきとも主張されています（木下智史・伊藤健『基本憲法Ⅰ』104頁）。

④　答案例のポイント

　ここまでは、思想・良心の自由に関する基本的な議論について説明してきました。この後は、それらを前提としたうえで、答案例においてどのようなポイントを意識して論述したのかについて説明します。

1　保障段階

　本件自由については、広義説、限定説のいずれに立っても思想・良心の自由に含まれます。そのため、限定説に立つことを端的に述べたうえで、一言あてはめるにとどめました。

2　制約段階

　前述のとおり、思想・良心の自由の問題では直接的制約か、間接的制約かでその後の処理が変わってくるので、どちらなのかを制約段階で明示する必要があります。本問では、判例と同様に間接的制約にあたるとしました。

3　正当化段階

　正当化段階においてもっとも考えなければならないのは、どのような判断基準を用いるかです。判例の比較衡量の基準を用いるということも考えられますし、学説でいわれている、より厳格な基準を用いることも考えられます。答案例では比較衡量の基準を用いましたが、厳格な基準を用いることも可能でしょう。その場合には国家斉唱の際に起立斉唱を強制することが、式典の秩序維持にとって必要最小限度のものといえるかどうかを慎重に検討しなければなりません。

【参考文献】
試験対策講座8章1節。判例シリーズ17事件。条文シリーズ19条。

第13問 A　信教の自由

> 　宗教Aは、女性は公共の場では顔を他人に見せてはならないという教義を有する宗教であり、宗教Aの女性信者は公共の場ではスカーフで顔を覆うものとされていた。宗教Aでは、この教義は礼拝と並ぶ重要な教義のひとつとされ、厳守されていた。
> 　公立のB高等学校（以下「B校」という）に通う女子生徒Xは宗教Aの敬けんな信者であり、スカーフを着用し、顔を覆ってB校に登校し、校内でも着用していた。これに対して、校長Yは、スカーフの着用を認めることは公立高校における宗教的中立性の原則に反すると考え、Xのスカーフ着用を認めず、Xに対して度々注意を行った。しかし、Xは、Yの再三の注意にもかかわらずスカーフの着用を続けたため、校長Yは、Xに対してB校の校則に基づき退学処分（以下「本件処分」という）を行った。
> 　Xとしては、本件処分について、どのような憲法上の主張をすることが考えられるか。

【解答へのヒント】

　本問では、Xは宗教Aの信者であり、Aの教義であるスカーフの着用を続けたため、退学処分となっています。Xは、スカーフを着用しなければ、退学処分を免れることができましたが、これは、スカーフを着用しないというAの教義に反する行為の強制といえます。このような強制が、Xの信教の自由とどのように関係するかを検討しましょう。

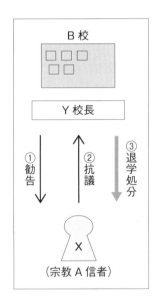

1　本件処分は、スカーフを着用していることを理由にXを退 ➡問題提起
　　学させる処分であるところ、これはXのスカーフを着用する
　　自由（以下「本件自由」という）を侵害し、違憲ではないか。

(1)　信教の自由（憲法20条1項前段、2項。以下法名省略） 論 信教の自由の内容
　　　は宗教的行為をする自由を含むところ、宗教Aの女性信者 5
　　　は公共の場ではスカーフで顔を覆うものとされており、ス
　　　カーフを着用する行為は宗教上の行為である。したがって、
　　　本件自由は宗教的行為の自由として保障される。

(2)　次に、本件処分はXがスカーフを着用していたことを理
　　　由に行われているから、上記自由を制約している（以下 10
　　　「本件制約」という）。

(3)　もっとも、上記自由は無制限に認められるものではない 論 信教の自由の限界
　　　ところ、「公共の福祉」（12条後段、13条後段）により、本
　　　件制約は正当化されるか。審査基準をいかに解すべきかが
　　　問題となる。 15

　　ア　この点、女性信者のスカーフ着用は、宗教Aにおいて
　　　　礼拝と並ぶ重要な教義のひとつとされ、厳守されていた
　　　　ことからも、信仰の核心に近い行為である。そうすると、
　　　　本件自由の重要性はきわめて高い。

　　　　　次に、制約態様について、たしかに、宗教Aを信仰す 20
　　　　ることを禁止するわけではないから、弱いとも思える。
　　　　しかし、スカーフの着用は前述のとおり、宗教Aの核心
　　　　に近い行為であるし、退学処分は重大な不利益を生じさ
　　　　せるものであるから、スカーフの着用を禁止するに等し
　　　　い。 25

　　　　　そうだとすれば、本件処分は宗教Aの信仰の禁止に等
　　　　しい制約といえるから、制約態様は強い。

　　　　　他方、公立高校において、学校側が生徒に対していか
　　　　なる指導をするかについては、教育的見地から学校側に
　　　　広く裁量が認められる。 30

　　　　　もっとも、退学処分は学生の身分をはく奪する重大な
　　　　措置であり、他の処分の選択に比較して特に慎重な配慮
　　　　を要する。また、本件自由の重要性はきわめて高いし、
　　　　制約態様は強いから、裁量が広く認められるからといっ
　　　　て、安易に審査基準をゆるやかにするべきではない。 35

　　イ　そこで、厳格な審査基準をとり、必要不可欠な目的で、 ➡規範
　　　　手段が必要最小限度である場合に、本件制約は正当化さ
　　　　れると解する。

(4)　これを本問について検討する。 ➡あてはめ

　　ア　本件処分の目的は、スカーフの着用を認めないことで 40
　　　　宗教的中立性を確保する点にあるところ、公立の学校に
　　　　おいては、政教分離原則（20条1項後段、3項、89条前
　　　　段）という憲法上の要請から宗教に関して特に中立的立
　　　　場が求められるため、このような目的自体は必要不可欠

であるといえる。

イ　次に、手段について検討するに、スカーフの着用を認めることが特定の宗教に対する優遇措置にあたるとして政教分離原則に違反するということになれば、本件処分は政教分離原則違反の状態を解消する手段となり、目的との間に適合性があるといえる。そこで、スカーフの着用を認めることが政教分離原則に違反するか否かを検討する。では、政教分離原則に反するか否かの審査基準をいかに解すべきか。

論政教分離原則

(ア)　政教分離原則とは、国家の非宗教性ないし宗教的中立性を意味する。この原則は、いわゆる制度的保障であり、国家と宗教との分離を制度として保障することにより、間接的に信教の自由を保障するものである。

もっとも、国家と宗教との関わり合いを完全に断つことは不可能であるから、国家と宗教との関わり合いの程度が、わが国における社会的・文化的諸条件に照らし相当とされる限度を超えるものと認められる場合に政教分離原則に反すると解する。具体的には、目的が宗教的意義をもち、その効果が宗教に対する援助、助長、促進または圧迫、干渉等になる場合をいうと解する。

⇨ 津地鎮祭事件（判例シリーズ
24事件）

➡規範

(イ)　これを本問についてみると、スカーフの着用を認めることは、XがB高等学校での教育を受けられなくなるのを回避するための措置であり、これはXの学習権（26条）を充足するための教育的配慮といえるから、目的が宗教的意義を有するとはいえない。

また、教育的配慮としてなされる以上、スカーフの着用を認めることが宗教Aを援助、助長、促進する効果をもつとはいえないし、他の宗教への圧迫、干渉となるといった事情も認められない。

したがって、スカーフの着用を認めても政教分離原則に反しないから、本件処分に適合性があるといえない。

また、本件処分は退学処分であるところ、退学処分でなくとも、訓告処分等よりゆるやかな処分をすることも考えられるから、手段として最小限度であるとはいえない。

➡あてはめ

2　よって、本件制約は正当化されず、本件処分は20条1項前段、2項に反し、違憲である。

➡結論

以上

本問は、フランスで起きたスカーフ事件を題材にして、剣道実技拒否事件（最判平成8年3月8日民集50巻3号469頁〔判例シリーズ23事件〕）を参考にした問題である。この判例では、宗教上の教義に反する剣道の授業を拒否したことによる単位不足を理由になされた退学処分の違法性が問題になったが、信教の自由に対する制約についても言及しているので、判例をよく理解したうえで解答してほしい。

なお、信教の自由については、2012（平成24）年司法試験、2019（令和元）年予備試験で出題されており、今後も出題が予想される分野である。本問をとおして基礎を固めてほしい。

論点

1　信教の自由の内容
2　信教の自由の限界
3　政教分離原則

答案作成上の注意点

① はじめに

本問は、宗教上着用すべきとされているスカーフについて、公立高校でその着用を禁止することの合憲性を論じる問題です。本件処分は退学処分であるところ、Xがこれを免れるためには、スカーフを着用しないというみずからの教義に反する行為を余儀なくされることから、憲法上保障される信教の自由の侵害とならないかが問題となります。

② 信教の自由

1　信教の自由の内容

20条1項前段は「信教の自由は、何人に対してもこれを保障する」とし、20条2項は「何人も、宗教上の行為、祝典、儀式又は行事に参加することを強制されない」と規定しており、これらにより信教の自由が保障されています。信教の自由には、信仰の自由、宗教的行為の自由、宗教的結社の自由の3つが含まれています。

信仰の自由とは、宗教を信仰し、または信仰しないこと、信仰する宗教を選択し、または変更することについて、個人が任意に決定する自由をいいます。信仰の自由が保障される結果、内面的信仰の外部への表現である信仰告白の自由も認められます。

宗教的行為の自由とは、信仰に関して、個人が単独で、または他の者と共同して祭壇を設け、礼拝や祈祷を行うなど、宗教上の祝典、儀式、行事その他布教等を任意に行う自由をいいます。このなかには、宗教的行為をしない自由、宗教的行為への参加を強制されない自由も含まれます。

宗教的結社の自由とは、特定の宗教を宣伝し、または共同で宗教的行為を行うことを目的とする団体を結成する自由をいいます。

本問では、スカーフの着用が宗教Aにおいて礼拝と並ぶ重要な教義のひとつとされ、厳守されていることからすると、Xのスカーフを着用する自由（以下「本件自由」という）は、宗教的行為の自由として20条1項前段により保障されます。

2　信教の自由の限界

信仰の自由は、個人の内心における自由です。そのため、思想・良心の自由（19条）と同様に、内心にとどまるかぎり絶対に侵すことはできません。これに対し、宗教的行為の自由、宗教的結社の自由については制約に服する場合もあるとされています。

宗教的行為の自由は、それに優越する特に重要な公共の利益のためには、必要最小限度の制約

に服します。宗教的結社の自由についても同様です。判例は、宗教法人の解散命令が請求され、解散命令制度の合憲性が争われた事案において、「宗教上の行為の自由は、もとより最大限に尊重すべきものであるが、絶対無制限のものではな」いと述べたうえで、解散命令は20条1項に違背するものではないとして、制約を認めています（最決平成8年1月30日民集50巻1号199頁〔判例シリーズ21事件〕、宗教法人オウム真理教解散命令事件）。

　本問でも、Xのスカーフを着用する自由は、宗教的行為の自由として保障されるものであるため、「公共の福祉」（12条後段、13条後段）による制約に服する場合があるといえます。

③　違憲審査基準

　宗教的行為は、自己の信仰に基づく行為であり、人格形成に役立つため、宗教的行為の自由は重要な権利です。また、本問に関していえば、女性信者のスカーフ着用は、宗教Aにおいて礼拝と並ぶ重要な教義のひとつとされ、厳守されていたことから、宗教の核心に近い行為といえます。そうだとすれば、Xのスカーフを着用する自由はきわめて重要です。

　一方で、公立高校において、教員が生徒に対しいかなる指導をするかについては、学校側に広い裁量が認められます。ただし、裁量が認められるとしても、本件処分は退学処分という学生としての身分をはく奪するきわめて重い処分であるため、裁量権の行使にあたって慎重な配慮が必要となります。

　そうだとすれば、学校側に裁量が認められるからといって安易にゆるやかな基準をとるべきではなく、少なくとも中間審査以上の基準で審査することが妥当といえるでしょう。答案例では、Xのスカーフを着用する自由の重要性にかんがみ、厳格な審査基準を採用しました。この基準によれば、本件処分の目的が必要不可欠であり、手段が必要最小限度である場合でないかぎり、本件処分は違憲となります。

④　政教分離原則

　20条1項後段は、「いかなる宗教団体も、国から特権を受け、又は政治上の権力を行使してはならない」と規定し、また、同条3項は、「国及びその機関は、宗教教育その他いかなる宗教的活動もしてはならない」と規定しており、国家と宗教の分離の原則を宣言しています。この原則を政教分離原則といいます。

　政教分離原則については、第14問、第15問で詳しく扱っていますので、問題に関係する範囲で簡潔な説明にとどめます。

　国または公共団体等の行為が政教分離原則に違反するかを判断するうえでよく利用されるのが、目的効果基準です。目的効果基準は、20条3項により禁止される「宗教的活動」について、行為の目的が宗教的意義をもち、その効果が特定の宗教に対する援助、助長、促進または圧迫、干渉となる行為にあたるかという観点で判断します。そして、考慮する要素として、行為の行われる場所、行為についての一般人の宗教的評価、行為者の意図、目的、宗教的意識の有無、程度、行為が一般人に与える効果、影響等の諸要素があげられます。

　本問において、Yは、スカーフの着用を認めることは公立高校における宗教的中立性の原則に反すると考えて本件処分を行っているところ、公立高校が宗教Aを信仰する学生に対してスカーフの着用を認めることが政教分離原則に違反しないかが問題となります。具体的には、手段審査において本件処分の目的と手段との間に適合性があるかを判断することになりますが、スカーフの着用を認めることが政教分離原則に違反するのであれば、本件処分は政教分離原則に違反する状態を解消するための手段となるため、宗教的中立性という本件処分の目的との間に適合性が認められることとなります。

　そこで、スカーフの着用を認めることが政教分離原則に違反しないかどうかを、目的効果基準に照らして考えてみると、XがB校での教育を受けられなくなるのを回避するための措置であり、これはXの学習権（26条）を充足するための教育的配慮ですから、目的が宗教的意義を有するとはいえません。また、教育的配慮としてなされる以上、スカーフの着用を認めることが宗教Aを援助、

助長、促進する効果をもつとはいえないし、他の宗教への圧迫、干渉になるといった事情も認められません。そうだとすれば、スカーフの着用を認めることは政教分離原則に違反しません。したがって、宗教的中立性を確保するという本件処分の目的と本件処分との間に適合性が認められず、手段が必要最小限度とはいえないという結論になります。

⑤　判例

1　総説

　　信教の自由に関してはいくつかの重要な判例がだされています。ここでは、そのうちの2つを取り上げます。

2　日曜日授業参観事件（東京地判昭和61年3月20日判時1185号67頁〔判例シリーズ22事件〕）

　　この事件は、牧師である両親の主宰する教会学校に出席したため、日曜日に行われた公立小学校の参観授業に欠席した児童2人と両親が、指導要録に「欠席」と記載されたことに対し、記載処分の取消しと損害賠償を求めて争った事案です。この事件では、宗教的行為へ参加した児童の欠席扱いが信教の自由を侵害するかが争点となりました。

　　裁判所は、「公教育上の特別の必要性がある授業日の振替えの範囲内では、宗教教団の集会と抵触することになったとしても、法はこれを合理的根拠に基づくやむをえない制約として容認しているものと解すべき」として、欠席扱いを合憲としました。

3　剣道実技拒否事件

　　この事件は、信仰する宗教の教義に基づいて、高等専門学校での必須科目の体育の剣道実技を拒否したため、原級留置・退学処分を受けた学生が、この処分は信教の自由を侵害し、裁量権の逸脱濫用にあたり違法であるとして取消しを求めた事件です。

　　最高裁は、高等専門学校においては剣道実技の履修が必須のものとまではいえず、他の体育種目の履修等の代替的手段が存在すること、原級留置、退学処分といった不利益がきわめて大きいこと、また代替的措置を講じたとしても政教分離原則には反しないことなどを理由として違法としました。日曜日授業参観事件と異なり、違法と判断された要因としては、原級留置、退学処分という処分が1日の欠席扱いという処分に比べて不利益の度合いが大きいことがあげられるでしょう。

　　なお、答案例では、剣道実技拒否事件で採用した裁量権の逸脱濫用という枠組みを用いないで、目的手段審査を採用しています。憲法の答案としては、これで十分でしょう。

【参考文献】

試験対策講座8章2節②・③。判例シリーズ21事件、22事件、23事件、24事件。条文シリーズ20条②2・3。

第14問 A 政教分離原則⑴

　Y市遺族会Aは、戦没者遺族の相互扶助・福祉向上と英霊の顕彰を主たる目的として設立された団体である。その会員が戦没者の遺族であることにかんがみ、会員の要望に沿う戦没者の慰霊、追悼、顕彰のため、神式または仏式による慰霊祭の挙行、靖国神社の参拝等の宗教的色彩を帯びた行事をも実施し、靖国神社国家護持の推進運動にも参画している。

　Y市内のB小学校は、児童数の増加や校舎の老朽化から、建替えが急務となった。小学校の建替えに際し、戦没者の慰霊、顕彰のために設けられたAが管理する忠魂碑がある公有地を学校用地とするため、忠魂碑を移転する必要が生じた。そのため、Y市は8000万円で土地（以下「本件土地」という）を購入して忠魂碑を移転し、本件土地をAに無償貸与（以下「本件貸与」という）した。

　本件貸与の憲法上の問題点を論じなさい。

【解答へのヒント】

1　本件貸与は、宗教的色彩を帯びた行為を行う遺族会Aに対するものです。Aは憲法上どのような団体に該当しうるのでしょうか。検討してみましょう。

2　本件貸与は、憲法上どのような活動に該当しうるのでしょうか。検討してみましょう。

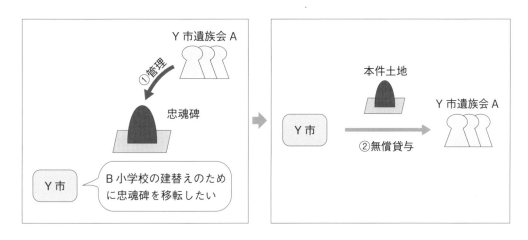

1　遺族会Aが「宗教団体」（憲法20条1項後段。以下法名省略）、「宗教上の組織若しくは団体」（89条）にあたれば、本件貸与は、「宗教団体」、「宗教上の組織若しくは団体」に対する特権の付与、公金の支出となり、20条1項後段、89条に違反する。そこで、Aは「宗教団体」、「宗教上の組織若しくは団体」にあたるのか、その意義が問題となる。

（1）この点、宗教となんらかの関わり合いのある行為を行う団体がすべて宗教団体であるとすると、友人や同僚間の親睦団体なども宗教団体になりかねない。そこで、「宗教団体」、「宗教上の組織若しくは団体」の意義を狭く解釈し、特定の宗教の信仰、礼拝、普及等の宗教的活動を行うことを本来の目的とする組織または団体と解する。

（2）Aは神式または仏式による慰霊祭の挙行、靖国神社の参拝等の宗教的色彩を帯びた行事をも実施し、靖国神社国家護持の推進運動にも参画している。

しかし、Aは、戦没者遺族の相互扶助・福祉向上と英霊の顕彰を主たる目的として設立され活動している団体であり、その会員が戦没者の遺族であることにかんがみ、会員の要望に沿う戦没者の慰霊、追悼、顕彰のために上記活動を行っているにすぎない。

そうだとすれば、Aは特定の宗教の信仰、礼拝、普及等の宗教的活動を行うことを本来の目的とする組織または団体とはいえない。

（3）したがって、Aは「宗教団体」、「宗教上の組織若しくは団体」にあたらず、本件貸与は20条1項後段、89条に違反しない。

2　そうだとしても、本件貸与は、「宗教的活動」（20条3項）にあたり、政教分離原則に違反し、違憲ではないか。いかなる場合に政教分離違反となるのかが問題となる。

（1）政教分離原則の趣旨は、国家の非宗教性あるいは宗教的中立性を確保する点にある。そうだとすれば、国家と宗教は、完全な分離を実現することが理想である。

もっとも、本来、政教分離規定は、国家と宗教との分離を制度として保障することにより、間接的に信教の自由（20条1項前段、2項）の保障を確保しようとするものである。そうだとすれば、福祉国家理念（25条以下）のもと、国などは、他の団体と同様に、宗教団体に対して、平等の社会的給付等を行わなければならない場合も否定できない。そうすると、現実の国家制度として、国家と宗教との完全な分離を実現することは実際上不可能であるから、国家と宗教との分離にもおのずから一定の限界がある。

そこで、宗教との関わり合いをもたらす行為の目的および効果にかんがみ、その関わり合いが社会的、文化的諸条件に照らし相当とされる限度を超える場合に政教分離に反

【欄外注記】

5　→問題提起
　論「宗教団体」、「宗教上の組織若しくは団体」の意義

→規範
10　⇨箕面忠魂碑・慰霊祭訴訟（判例シリーズ26事件）

→あてはめ

15

20

→結論

25

→問題提起
　論政教分離原則

30　⇨津地鎮祭事件（判例シリーズ24事件）

35

40

すると解する。

　　具体的には、「宗教的活動」とは、①当該行為の目的が宗教的意義をもち、②その効果が特定の宗教に対する援助、助長、促進または圧迫、干渉等になるような場合をいう。

　　そして、その判断は、当該行為の外形的側面のみにとらわれることなく、当該行為の行われる場所、当該行為に対する一般的評価、当該行為者の意図、目的および宗教的意識の有無、当該行為の一般人に与える効果、影響等諸般の事情を考慮し、社会通念に従い、客観的に判断する。

⑵　まず、目的についてみると、本件貸与を行った理由は、児童数の増加や校舎の老朽化から、小学校の建替えが急務となり、その際、忠魂碑がある公有地を学校用地にするために、忠魂碑を移転する必要が生じたため、代替地を取得し、そこに忠魂碑を移転し、従来どおり無償で貸与するためである。

　　そうだとすると、①本件貸与の目的は、もっぱら世俗的なものであり、宗教的意義をもつものではない。

　　次に、効果についてみると、Aは宗教的要素を帯びた行為を行うため、本件貸与はAの財産に関わり、結果的にAが行う宗教的行為の援助となる面もある。しかも、8000万円は決して低額ではないことからすれば、その土地を購入して無償貸与することは、援助の効果が大きいとも考えられる。

　　しかし、忠魂碑は戦没者の慰霊、顕彰のためという宗教的ではない目的のために設けられ、それを管理するAも宗教的活動を本来の目的とする団体ではない。また、上記のように本件貸与は小学校の建替えに対応したものであり、Aを援助することが主たる目的でないし、そのことは外観上も認識しうる。そうだとすれば、一般人も本件貸与に宗教的意義があると認識することはないし、宗教的行為の援助も間接・付随的なものにとどまる。

　　したがって、②本件貸与は、特定の宗教に対する援助、助長、促進または圧迫、干渉等になるような行為とはいえない。

⑶　以上から、本件貸与は、「宗教的活動」にあたらないため、20条3項に反せず違憲ではない。

以上

45

50

➡規範

➡あてはめ

55

60

65

70

75

➡結論

80

85

本問は、箕面忠魂碑・慰霊祭訴訟（最判平成 5 年 2 月16日民集47巻 3 号1687頁〔判例シリーズ26事件〕）を題材とした政教分離原則に関する問題である。政教分離原則は、直近では2012（平成24）年の司法試験および2019（令和元）年の予備試験でも出題されており、重要な分野といえるため出題した。

論点

1　「宗教団体」、「宗教上の組織若しくは団体」の意義
2　政教分離原則

答案作成上の注意点

① 本件貸与が憲法20条 1 項後段、89条に違反しないか

遺族会Aが「宗教団体」（20条 1 項後段）、「宗教上の組織若しくは団体」（89条）にあたれば、本件貸与は宗教団体宗教上の組織もしくは団体に対する特権の付与、公金の支出となり、20条 1 項後段、89条に違反することになります。そこで、Aは「宗教団体」（20条 1 項後段）、「宗教上の組織若しくは団体」にあたるか、その意義が問題となります。

1　規範

箕面忠魂碑・慰霊祭訴訟は、その意義について「特定の宗教の信仰、礼拝又は普及等の宗教的活動を行うことを本来の目的とする組織ないし団体を指すものと解するのが相当である」としています。宗教となんらかの関わり合いのある行為を行う団体がすべて宗教団体であるとすると、友達や同僚の親睦団体なども宗教団体になりかねませんから、この定義を用いるのが無難です。

2　あてはめ

Aは、慰霊祭の挙行、靖国神社の参拝等の宗教的色彩を帯びた行事を実施し、靖国神社国家護持の推進運動に参画しているため、宗教と関わり合いのある行為を行っています。

しかし、Aは、戦没者遺族の相互扶助・福祉向上と英霊の顕彰を主たる目的として設立され活動している団体であり、会員が戦没者の遺族であることにかんがみ、会員の要望に沿う戦没者の慰霊、追悼、顕彰のために上記活動を行っています。

そうだとすれば、Aは特定の宗教の信仰、礼拝、普及等の宗教的活動を行うことを本来の目的とする組織または団体とはいえません。

3　結論

したがって、Aは「宗教団体」、「宗教上の組織若しくは団体」にあたらず、本件貸与は20条 1 項後段、89条に違反しません。

② 本件貸与が20条 3 項に違反しないか

Aは宗教的行為を行っています。そうだとすれば、そのような団体に土地を無償で貸し付けることは貸付けをとおした「宗教的活動」（20条 3 項）にあたる場合もあります。そこで、本件貸与は「宗教的活動」（20条 3 項）にあたり、政教分離原則に違反し違憲とならないかが問題となります。

1　規範

この点に関して、津地鎮祭事件（最大判昭和52年 7 月13日民集31巻 4 号533頁〔判例シリーズ24事件〕）は、「憲法は、政教分離規定を設けるにあたり、国家と宗教との完全な分離を理想とし、国家の非宗教性ないし宗教的中立性を確保しようとした」もので、「元来、政教分離規定は、いわゆる制度的保障の規定であって……国家と宗教との分離を制度として保障することにより、間接的に信教の自由の保障を確保しようとするものである。ところが、宗教は……同時に極めて多方面にわたる外部的な社会事象としての側面を伴うのが常であって、……国家が、社会生活に規制

を加え、あるいは教育、福祉、文化などに関する助成、援助等の諸施策を実施するにあたって、宗教とのかかわり合いを生ずることを免れえない」。「政教分離規定の保障の対象となる国家と宗教との分離にもおのずから一定の限界があることを免れず、……政教分離原則は、国家が宗教的に中立であることを要求するものではあるが、国家が宗教とのかかわり合いをもつことを全く許さないとするものではなく、宗教とのかかわり合いをもたらす行為の目的及び効果にかんがみ、そのかかわり合いが右の諸条件に照らし相当とされる限度を超えるもの」、つまり「目的が宗教的意義をもち、その効果が宗教に対する援助、助長、促進又は圧迫、干渉等になるような行為」が宗教的活動といえ、「宗教的活動に該当するかどうか」は「当該行為の外形的側面のみにとらわれることなく、当該行為の行われる場所、当該行為に対する一般人の宗教的評価、当該行為者が当該行為を行うについての意図、目的及び宗教的意識の有無、程度、当該行為の一般人に与える効果、影響等、諸般の事情を考慮し、社会通念に従って、客観的に判断しなければならない」と述べています。

　そこで、判例を整理して論証の解説をしていきます。

　まず、政教分離原則の趣旨は、国家の非宗教性および宗教的中立性を確保する点にあります。なぜなら、歴史的にみて、国家が特定の宗教と結びつくと、異教徒や無宗教者が宗教的迫害を受けるからです。そうだとすれば、国家と宗教を完全に分離することが理想的です。

　また、本来、政教分離規定は、国家と宗教との分離を制度として保障することにより、間接的に信教の自由（20条1項前段、2項）の保障を確保しようとするもの（制度的保障説）とするのが判例・通説です。

　しかし、福祉国家理念（25条以下）のもと、国などは、他の団体と同様に、宗教団体に対して、平等の社会的給付を行わなければならない場合もあります。現実の国家制度として、国家と宗教との完全な分離を実現することは実際上不可能ですから、国家と宗教との分離にもおのずから一定の限界があります。そこで、国家が宗教との関わり合いをもたらす行為の目的および効果にかんがみ、その関わり合いが社会的、文化的諸条件に照らし相当とされる限度を超えるものと認められる場合に政教分離の原則に違反すると考えられます。

　具体的には、①当該行為の目的が宗教的意義をもち、②その効果が特定の宗教に対する援助、助長、促進または圧迫、干渉等になるような場合に、上記限度を超えると判断すべきでしょう（目的効果基準）。そして、この判断は、当該行為の外形的側面のみにとらわれることなく、当該行為の行われる場所、当該行為に対する一般的評価、当該行為者の意図、目的および宗教的意識の有無、当該行為の一般人に与える効果、影響等諸般の事情を考慮し、社会通念に従い、客観的に判断していくことになります。

　この点、砂川政教分離（空知太神社）訴訟上告審判決（最大判平成22年1月20日民集64巻1号1頁〔百選I 47事件〕）は、目的審査基準を用いず、諸事情を総合的に考慮して判断しました。詳しくは、第15問で解説をします。

2　あてはめ

　本件貸与を行った理由は、児童数の増加や校舎の老朽化から、小学校の建替えが急務となり、その際、忠魂碑がある公有地を学校用地とするにあたり、忠魂碑を移転する必要が生じたことから、代替地を取得し、そこに忠魂碑を移転し、従来どおり無償で貸与するためです。これには宗教的な行為を援助する目的はなく、もっぱら世俗的な目的といえ、目的に宗教的意義があるとはいえないでしょう。

　もっとも、Aは宗教的行為も行うので、本件貸与はAの財産に関わり、結果的にAが行う宗教的行為の援助となる面もあります。しかも、土地は8000万円と高額で、これを購入して無償貸与するのは援助の効果が大きいようにも思えます。

　しかし、忠魂碑は戦没者の慰霊、顕彰のためという宗教的ではない目的のために設けられ、それを管理するAも宗教的活動を本来の目的とする団体ではなく、本件貸与は小学校の建替えに対応するものです。そうだとすれば、一般人も本件貸与に宗教的意義があると認識する可能性は低いし、宗教的行為の援助も間接・付随的なものにとどまります。したがって、本件貸与は特定の

宗教に対する援助、助長、促進または圧迫、干渉等になるような行為とはいえないでしょう。

以上から、本件貸与は、「宗教的活動」にあたらず、20条3項に違反しません。

3 政教分離原則に関する判例

合憲	違憲
津地鎮祭事件 ○津市が市体育館建設にあたり、神式の起工式を行い、式のために費用7663円を公金から支出 ○起工式と宗教の関わり合いは否定しえないとしたうえで、「目的は建築着工に際し土地の平安堅固、工事の無事安全を願い、社会の一般的慣習に従った儀礼を行うという」世俗的なものとし、「効果は神道を援助、助長、促進し又は他の宗教に圧迫、干渉を加えるもの」（以下「効果性」という）ではないとした **自衛官合祀拒否事件**（最大判昭和63年6月1日民集42巻5号277頁〔判例シリーズ25事件〕） ○キリスト教信者Xの夫で自衛官のAが死亡した際、県隊友会が地連職員の支援を得て、護国神社に合祀申請を行った。そこでXが慰謝料請求 ○「宗教とのかかわり合いは間接的」、「意図、目的も、合祀実現により自衛隊員の社会的地位の向上と士気の高揚を図ることにあったと推認され……宗教的意識も希薄であった」、「国又はその機関として特定の宗教への関心を呼び起こ」すものではないとし、効果性も否定 **鹿児島県大嘗祭訴訟判決**（最判平成14年7月11日民集56巻6号1204頁〔百選Ⅰ45事件〕） ○鹿児島県知事が皇室行事の大嘗祭に参列するため県が旅費を支出 ○「目的は、天皇の即位に伴う皇室の伝統儀式に際し、日本国及び日本国民統合の象徴である天皇に対する社会的儀礼を尽くすもの」とし、効果性も否定 **箕面忠魂碑・慰霊祭訴訟** ○市が購入した土地に遺族会の忠魂碑の移転建設、費用をかけ同土地を遺族会に無償貸与 ○「目的は、小学校の校舎の建替え等のため、公有地上に存する戦没者記念碑的な性格を有する施設を他の場所に移設し、その敷地を学校用地として利用することを主眼とする」という世俗的なものとし、効果性も否定 ○遺族会が神式等で行った慰霊祭に教育長が参列。市職員や公費を使い、準備にあたらせる ○「目的は……戦没者遺族に対する社会的儀礼を尽くすという」世俗的とし、効果性も否定	**愛媛県玉串料訴訟**（最大判平成9年4月2日民集51巻4号1673頁〔判例シリーズ27事件〕） ○県知事らが靖国神社が挙行した例大祭等に玉串料等として公金を支出 ○「県が特定の宗教団体の挙行する重要な宗教上の祭祀にかかわり合いを持った」ことは明らかで社会的儀礼とはいえないとし、「一般人が本件の玉串料等の奉納を社会的儀礼の一つにすぎないと評価しているとは考え難い……一般人に対して、県が当該特定の宗教団体を特別に支援しており、それらの宗教団体が他の宗教団体とは異なる特別のものであるとの印象を与え」る。「本件玉串料等の奉納は、たとえそれが戦没者の慰霊及びその遺族の慰謝を直接の目的としてされたものであったとしても、世俗的目的で行われた社会的儀礼」とはいえない。「その目的が宗教的意義を持つことを免れず、その効果が特定の宗教に対する援助、助長、促進になると認めるべき」である **砂川政教分離（空知太神社）訴訟上告審判** ○北海道砂川市が神社物件のある建物の敷地として土地を無償提供 ○目的効果基準は用いず、「本件神社物件は、一体として神道の神社施設に当たる」。「本件神社において行われている諸行事は、……世俗的行事」とはいえない。「本件神社物件は、神社神道のための施設であり、その行事も……宗教的行事として行われている」。「本件神社物件を管理し、……祭事を行っている……氏子集団は、宗教的行事等を行うことを主たる目的としている宗教団体」と述べたうえで、「市が、何らの対価を得ることなく本件各土地上に宗教的施設を設置させ……氏子集団においてこれを利用して宗教的活動を行うことを容易にさせているもの」とし、「一般人の目から見て、市が特定の宗教に対して特別の便益を提供し、これを援助していると評価されてもやむを得ない……本件利用提供行為は、市と本件神社ないし神道とのかかわり合いが、我が国の社会的、文化的諸条件に照らし、信教の自由の保障の確保という制度の根本目的との関係で相当とされる限度を超える」とした

【参考文献】

試験対策講座8章2節3、20章1節4【1】・【2】。判例シリーズ24事件、25事件、26事件、27事件。条文シリーズ20条2 3、89条2 1。

第15問 A 政教分離原則⑵

　Y市は、その所有する土地（以下「本件土地」という）をA神社の建物、鳥居（以下あわせて「本件神社物件」という）の敷地としておよそ50年間にわたり無償で使用させている（以下「本件利用提供行為」という）。本件神社物件の入り口には「神社」の表示があり、鳥居の脇に石造の地神宮が設置されている。A神社において行われている諸行事は、地域の伝統的行事としての意義を有するが、その方式は神道の方式に従っている。本件利用提供行為は、小学校敷地の拡張に協力した用地提供者の便宜を図るために開始されたという経緯がある。また、本件神社物件の管理者からは、本件神社物件の設置に通常必要とされる対価は何ら支払われていない。

　本件利用提供行為が憲法第89条前段に反しないかについて、論じなさい。なお、本件神社物件の管理者が「宗教上の組織若しくは団体」にあたることは前提としてよい。

【解答へのヒント】

1　本件利用提供行為の宗教性が明らかな本問において、目的効果基準を用いることに意義はあるでしょうか。

2　目的効果基準を用いることが適切でない場合、どのような基準を用いるべきでしょうか。

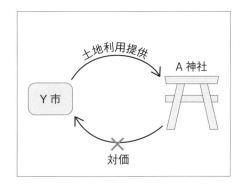

答案例

1 本件利用提供行為は、政教分離原則（憲法89条前段。以下法名省略）に違反し、違憲ではないか。

➡️問題提起
🔲政教分離原則

(1) まず、本問において、いかなる審査基準を用いるべきか。

⇨ 砂川政教分離（空知太神社）訴訟上告審判決（百選Ⅰ47事件）

> ア　政教分離原則を定める89条前段の趣旨は、政教分離の原則を財政的側面から徹底させることにある。 5
>
> 　もっとも、国家と宗教との関わり合いには種々の形態があり、およそ国または地方公共団体が宗教とのいっさいの関係をもつことが許されないというものではなく、89条前段も、公の財産の利用提供等における宗教との関わり合いが、わが国の社会的、文化的諸条件に照らし、10 信教の自由の保障の確保という制度の根本目的との関係で相当とされる限度を超えるものと認められる場合に、これを許さないものと解される。
>
> イ　そこで、相当とされる限度を超えるかの判断は、当該宗教施設の性格、当該土地が無償で当該施設の敷地としての用に供されるにいたった経緯、当該無償提供の態様、15 これらに対する一般人の評価等、諸般の事情を考慮し、社会通念に照らして総合的に判断すべきである。

➡️規範

(2) 上記判断基準に基づき、本件利用提供行為について検討する。 20

➡️あてはめ

ア　本件神社物件の入り口に「神社」の表示があること、鳥居の脇には石造の地神宮が設置されていることに照らすと、本件神社物件は、神道の神社施設にあたる。

　また、本件神社において行われている諸行事は、地域の伝統的行事として住民間の親睦などの意義を有すると 25 しても、神道の方式に従って行われているその態様にかんがみると、宗教的意義の希薄な、単なる世俗的行事にすぎないということはできない。

　したがって、本件神社物件は、神社神道のための施設であり、その行事も、このような施設の性格に沿って宗 30 教的行事として行われているものといえる。

イ　無償提供の経緯についてみると、当初は小学校敷地の拡張に協力した用地提供者の便宜を図るという世俗的、公共的目的から始まっている。

　しかし、前述のように、本件神社物件が宗教的施設で 35 あることは明らかであるため、本件利用提供行為の宗教性は強いといえる。さらに、無償提供の期間がおよそ50年間という長期にわたり、継続的に便益を提供し続けていることは、宗教性をよりいっそう強めているといえる。

　したがって、現時点では、本件利用提供行為が世俗目 40 的にとどまるとはいえない。

ウ　また、無償提供の態様についてみると、本件神社物件の管理者は、本件神社物件の設置に通常必要とされる対価を何ら支払うことなく、その設置に伴う便益を享受し

ている。したがって、本件利用提供行為は、その直接の 45
効果として、A神社が宗教的活動を行うことを容易にし
ているものといえる。

　エ　このような無償提供の経緯および態様からすると、本
件利用提供行為は、市が、神社において本件土地を利用
して宗教的活動を行うことを容易にさせているものとい 50
わざるをえず、一般人の目から見て、市が特定の宗教に
対して特別の便益を提供し、これを援助していると評価
されるものである。

　オ　以上のような事情を考慮し、社会通念に照らして総合
的に判断すると、本件利用提供行為は、市と本件神社な 55
いし神道との関わり合いが、わが国の社会的、文化的諸
条件に照らし、信教の自由の保障の確保という制度の根
本目的との関係で相当とされる限度を超える。

2　よって、本件利用提供行為は、政教分離原則に違反し、違 ➡️結論
憲である。 60

以上

本問は、砂川政教分離（空知太神社）訴訟上告審判決（最大判平成22年１月20日民集64巻１号１頁〔百選Ｉ47事件〕）を題材とした政教分離原則に関する問題である。同判決は、目的効果基準ではなく総合考慮基準を用いた判決として知られている。近年の政教分離原則に関する判例として、孔子廟判決（最大判令和３年２月24日民集75巻２号29頁〔令３重判・憲法６事件〕）があるが、同判決も、総合考慮基準を用いている。本問をとおして、目的効果基準と総合考慮基準の使い分けについて理解を深めてほしい。

■ 論点 ■

政教分離原則

■ 答案作成上の注意点 ■

① 目的効果基準と総合考慮基準の使い分け

本問において、目的効果基準を用いようとすると、どのような事態が生じるでしょうか。

第14問で学習したように、目的効果基準はその名のとおり、問題となっている行為の目的と効果を検討するものです。しかし、本件利用提供行為自体には何らの世俗的目的も認めることができません。この点で、小学校の建替えのためという世俗的目的が併存していた第14問とは異なります。すなわち、問題となっている行為の目的を検討する意義がありません。このように、行為の宗教性が明らかな場合には、目的効果基準ではなく、総合考慮基準を用いるべきといわれています。

つまり、行為に世俗的目的も認められる場合には、行為の目的における宗教性と世俗性の優劣を判断する必要があるため、目的効果基準を用いるべきです。これに対し、行為に世俗的目的が認められない場合には、その目的を改めて審査する必要はなく、むしろ、行為が他の宗教あるいはその信者らに対する圧迫や脅威となる程度となる程度のものかどうかを諸般の事情を総合的に考慮したうえで判断すべきです。したがって、このような場合には、総合考慮基準によって判断すべきといわれています。

砂川政教分離（空知太神社）訴訟上告審判決が総合考慮基準を用いた理由については、藤田宙靖裁判官補足意見で、「過去の当審判例上、目的効果基準が機能せしめられてきたのは、問題となる行為等においていわば『宗教性』と『世俗性』とが同居しておりその優劣が微妙であるときに、そのどちらを重視するかの決定に際してであって（例えば、津地鎮祭訴訟、箕面忠魂碑訴訟等は、少なくとも多数意見の判断によれば、正にこのようなケースであった。）、明確に宗教性のみを持った行為につき、更に、それが如何なる目的をもって行われたかが問われる場面においてではなかった」「本件の場合、原審判決及び多数意見が指摘するとおり、本件における神社施設は、これといった文化財や史跡等としての世俗的意義を有するものではなく、一義的に宗教施設（神道施設）であって、そこで行われる行事もまた宗教的な行事であることは明らかである」「地鎮祭における起工式（津地鎮祭訴訟）、忠魂碑の移設のための代替地貸与並びに慰霊祭への出席行為（箕面忠魂碑訴訟）、さらには地蔵像の移設のための市有地提供行為等（大阪地蔵像訴訟）とは、状況が明らかに異なるといわなければならない」と述べられています。

このように、行為の目的に着目するほか、問題となっている行為が１回かぎりの行為ではなく継続的行為である場合に総合考慮基準を用いるという見解も唱えられています。しかし、これに対しては、継続的行為であることは、宗教的存在感が大きいとはいえない施設のための利用提供行為であっても政教分離原則に違反するとの結論を導くうえで重要な考慮要素となることは理解できるものの、なぜ目的効果基準と異なる判断枠組みを用いる論拠となるかの説明は困難であるとの批判が存在します。

2 あてはめ

1 宗教施設の性格

本件神社物件の入り口に「神社」の表示があること、鳥居の脇には石造の地神宮が設置されていることに照らすと、本件神社物件は、神道の神社施設にあたります。

また、本件神社において行われている諸行事は、地域の伝統的行事としての意義を有することから、地域住民間の親睦を深める単なる世俗的行事にすぎないとも思えます。しかし、その方式が神道の方式によることは、行事が宗教的意義を有することを示しています。したがって、宗教的意義の希薄な、単なる世俗的行事にすぎないということはできません。

よって、本件神社物件は、神社神道のための施設であり、その行事も、このような施設の性格に沿って宗教的行事として行われているものといえます。

2 土地が無償で当該施設の敷地としての用に供されるにいたった経緯

当初は小学校敷地の拡張に協力した用地提供者の便宜を図るという世俗的、公共的目的から始まっているということは、本件利用提供行為の宗教性を否定する事情です。しかし、前述のように本件神社物件が宗教的施設であることは明らかであるため、本件利用提供行為の宗教性は強いといえます。さらに、無償提供の期間がおよそ50年間という長期にわたり、継続的に便益を提供し続けていることは、宗教性をよりいっそう強める事情です。したがって、現時点では、本件利用提供行為が世俗目的にとどまるとはいえないと評価するのが妥当でしょう。

3 無償提供の態様

本件神社物件の管理者は、本件神社物件の設置に通常必要とされる対価を何ら支払うことなく、その設置に伴う便益を享受しています。したがって、本件利用提供行為は、その直接の効果として、A神社が宗教的活動を行うことを容易にしているものといえます。

4 一般人の評価

2および3の無償提供の経緯および態様からすると、本件利用提供行為は、市が、神社において本件土地を利用して宗教的活動を行うことを容易にさせているものといわざるをえません。したがって、一般人の目から見て、市が特定の宗教に対して特別の便益を提供し、これを援助していると評価されるでしょう。

5 結論

1から4までの事情を考慮し、社会通念に照らして総合的に判断すると、本件利用提供行為は、市と本件神社または神道との関わり合いが、わが国の社会的、文化的諸条件に照らし、信教の自由の保障の確保という制度の根本目的との関係で相当とされる限度を超えるといえます。

よって、本件利用提供行為は、政教分離原則に違反し、違憲となります。

3 孔子廟判決

市長が、市の管理する都市公園内に孔子等を祀った施設を所有する一般社団法人に対して、同施設の敷地の使用料の全額を免除した行為が20条3項に違反するとされた事例です。同判決は、「政教分離規定は」、国家と宗教との「関わり合いが我が国の社会的、文化的諸条件に照らし、信教の自由の保障の確保という制度の根本目的との関係で相当とされる限度を超えるものと認められる場合に、これを許さないとするものである」と述べたうえで、本件免除が「政教分離規定に違反するか否かを判断するに当たっては、当該施設の性格、当該免除をすることとした経緯、当該免除に伴う当該国公有地の無償提供の態様、これらに対する一般人の評価等、諸般の事情を考慮し、社会通念に照らして総合的に判断すべきものと解するのが相当である」と、目的効果基準を用いず、総合考慮基準を用いました。空知太神社事件判決との類似性が推測されます。

【参考文献】
試験対策講座8章2節③、20章1節④【1】・【2】。判例シリーズ24事件、26事件。条文シリーズ20条②3、89条②1。

第16問 B　学問の自由

　20XX年、A国で新型のBウイルスを原因とする感染症が流行した。Bウイルスは感染力が強いうえ、重症化する確率の高いもので、A国内においては、Bウイルスにより多数の死者が発生していた。なお、A国の医療体制は、日本などの先進国と比べて遅れており、多数の死者が発生した一因にもなっていた。

　日本国内ではBウイルスの存在は確認されていなかったが、今後流入する可能性があった。しかし、新型であるBウイルスの研究は行われておらず、対処法が不明であり、Bウイルスの研究の必要性が訴えられていた。他方で、以前には日本国内の研究所で別のウイルスが研究中に市街へ流出する事件が起きており、Bウイルスの研究の際に、Bウイルスが市街に流出し、流行の発端となることも予想された。

　そこで、国はBウイルスの研究の規制をする法律案（以下「本件法律案」という）を作成した。本件法律案によれば、Bウイルスの所持は原則として禁止され、感染者が日本国内で発見された場合にその感染者から採取したBウイルスを適切な管理者により、適切な施設において研究目的で管理する場合にのみ所持が認められた。本件法律案に対しては、学会から、Bウイルスの早急の研究が必要であるのに、このような厳格な規制を行えば研究の進みが遅くなるとの反対の声があがった。

　あなたは、政府機関から依頼を受けて、法律家として、本件法律案が合憲か違憲かという点について、意見を述べることになった。その際、政府機関からは、自己の見解と異なる立場に対して反論する必要があると考える場合は、それについても論じるよう求められている。以上のことを前提として、あなた自身の意見を述べなさい。

【解答へのヒント】

　本問は、本件法律案が学問研究の自由を侵害しないかという点が問題となります。Bウイルスの所持が規制されることによるメリットとデメリットを想起しながら取り組んでください。

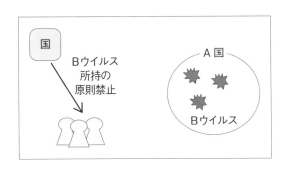

1 本件法律案は、Bウイルスの所持について規制していると
ころ、Bウイルスを研究する自由（以下「本件自由」とい
う）を侵害し、違憲ではないか。

➡️問題提起

(1) 憲法23条（以下法名省略）は学問の自由を保障している
ところ、学問の自由には真理の発見、探求を目的とする学
問研究の自由も含まれている。 5

論学問研究の自由

本件自由はBウイルスの構造を解析し対処法を探求する
ことを目的とするものであり、これは学問研究の自由にあ
たるから、23条により保障される。

(2) 次に、病原体について研究するためには、病原体そのも
のの存在がないと困難である。そして、本件法律案により 10
Bウイルスの所持に関し規制されたことによって、感染者
発見まではBウイルスの所持はできず、発見後も一定の管
理方法でのみ所持することができるにとどまることとなる。

そうすると、研究のためにはBウイルスの所持が必須で 15
あるから、本件法律案はBウイルスの研究を妨げており、
本件自由を制約している（以下「本件制約」という）。

(3) 次に、本件自由は内心にとどまるものではないから絶対
的に制約が禁止されるものではなく、「公共の福祉」（12条
後段、13条後段）による制約を受けうる。そこで、本件制 20
約の正当化基準をいかに解するべきか。

ア まず、本件自由の重要性についてみると、学問研究の
自由は真理の発見、探求を目的としており、人格形成に
関わる重要なものである。また、Bウイルスは感染力が
強く、また、重症化する確率も高く、A国で多数の死者 25
を生じさせている。そのため、日本で流行し、A国のよ
うに多数の死者を生じさせることを防ぐためにBウイル
スの対処法を研究により発見することは、日本の公衆衛
生の確保、生命の保護のために重要なものである。

したがって、本件自由の重要性は高い。 30

イ 次に、本件制約の規制態様について、本件法律案はB
ウイルスの所持を原則として禁止するものであり、Bウ
イルスの研究を大幅に難しくするものであるから、規制
態様が強いとの考えもありうる。

しかし、本件法律案はBウイルスの所持を規制するも 35
のであり、Bウイルスの研究そのものを禁止するもので
はない。また、Bウイルスの所持は原則禁止ではあるも
のの、感染者から採取し、適切な管理者により、適切な
施設において研究目的で所持する場合には例外的に許容
されるから、完全に所持が禁止されているわけではない。40

したがって、本件制約の規制態様は弱い。

ウ そこで、中間審査基準をとり、目的が重要で、手段が
目的との関係で効果的で過度でない場合には本件制約は
正当化されると解する。

➡️規範

(4)ア　これを本問についてみると、本件制約は、Bウイルス 45　➡あてはめ
　　の市街への流出を防ぐことによって、Bウイルスの日本
　　国内での流行を防止することを目的としている（以下
　　「本件目的」という）。本件目的は、日本国民の生命
　　（13条後段）を保護し、また、日本の公衆衛生を確保す
　　ることに資するものであり、重要といえる。　　　　　　50

イ　次に、本件制約の手段が本件目的との関係で効果的で
　　あるかという点について、Bウイルスの所持を無制限に
　　認めると、Bウイルスが市街に流出するおそれがあるた
　　め、研究施設等からの流出による感染拡大を防止できる
　　という点で、本件制約は効果的との見解がありうる。　　55
　　　もっとも、以前別のウイルスが研究所から市街へ流出
　　したという事件をふまえても、Bウイルスについても同
　　様の事象が起きるという具体的な根拠はなく、流出のお
　　それは抽象的なものにとどまる。むしろ、Bウイルスの
　　所持が規制されればBウイルスの研究が進められず、B　60
　　ウイルスへの対処法の発見が難しくなり、日本国内に流
　　入した際に流行を止めることができなくなるから、本件
　　制約は逆効果である。したがって、本件制約の手段は本
　　件目的との関係で効果的とはいえない。

ウ　かりに、手段が効果的であるとしても、以下のとおり、65
　　本件制約は過度である。
　　　かりにBウイルスが流出すれば、Bウイルスが流行し、
　　A国のように死者が多数生じることが想定できるから、
　　本件制約によりBウイルスの流出による流行を防ぐこと
　　ができる利益が大きく、過度でないとの考えもありうる。70
　　　しかし、感染者が確認されてから、その感染者から採
　　取する場合にのみBウイルスの所持が認められるとしな
　　くても、取得手段は限定せず適切な管理者のもと、適切
　　な施設で管理する場合に所持を認めるとすれば、流出は
　　十分に防げるから、他の代替手段が存在する。　　　　　75
　　　また、日本はA国に比べて医療体制が整っているから、
　　必ずしもBウイルスが流出した際にA国のような状況に
　　なるとはかぎらない。さらに、国同士の往来が頻繁に
　　なされる現代においては、A国を含めた外国からBウイル
　　スが流入することは十分にありうる。そして、感染者が　80
　　発見されるまで所持ができず、研究が進まなければ、外
　　国から流入するまで対処法がわからず、流入時に適切な
　　対応ができない可能性が高い。そうすると、本件制約に
　　よる利益が不利益より大きいとはいえない。したがって、
　　本件制約は過度である。　　　　　　　　　　　　　　　85

2　よって、本件制約は正当化されず、本件法律案は、23条に　➡結論
　反し違憲である。

　　　　　　　　　　　　　　　　　　　　　　　以上

近年、新型コロナウイルスが流行している社会事情をふまえると、本問のような感染症に関連する問題が出題されることも予想される。また、学問の自由は司法試験2009（平成21）年および2022（令和4）年で出題されており、今後も出題が予想される。しっかりとおさえてほしい。

論点

学問研究の自由

答案作成上の注意点

① はじめに

本問は、感染症の研究に関し、病原体の所持を規制する法律案が学問研究の自由を侵害しないかについて検討させる問題です。ほかの人権の問題と同じく保障→制約→正当化の流れで書くことをお勧めしますが、保障と制約の段階ではそれほど書くことがありません。したがって、正当化でどれだけ問題文中の事情を拾って書けるかが重要となります。また、本問では、反論について触れることを求められています。この形式は近年、司法試験で出題されている形式です。司法試験に備え、適切な反論を想起できるようにしましょう。

② 保障

1 学問の自由

本問で問題となるのは、学問の自由に含まれる学問研究の自由です。そこで、学問の自由全般について解説しておきます。

23条は、「学問の自由は、これを保障する。」と規定しており、同条により学問の自由が保障されています。学問の自由は、①学問研究の自由、②研究発表の自由、③教授の自由の3つの自由によって構成されています。

①学問研究の自由は、研究テーマや研究方法について、国家の干渉を受けることなく自由に決定し、その決定に基づき自由に学問研究を行う権利をいいます。

②研究発表の自由は、国家の干渉を受けることなく研究の結果を自由に発表する権利をいいます。研究発表の自由は、研究の結果を発表することができなければ研究自体が無意味になるため、学問研究の自由から当然に派生する権利であると考えられています。

③教授の自由は、学問研究の成果に基づいて自由かつ自主的に教育を行う自由をいいます。教授の自由については、大学における教育に限定されるのか、それとも初等中等教育機関における教師の教育の自由も含むのかについて争われたことがあります。判例は、教授の自由には、初等中等教育機関における教師の教育の自由も含まれるとしています（最大判昭和51年5月21日刑集30巻5号615頁〔判例シリーズ68事件〕、旭川学テ事件）。

2 本問について

本問で侵害対象と想定される人権は、Bウイルスの研究を行う自由です。本件法律案はBウイルスの所持を規制する法律案ですが、問題文中に「このような厳格な規制を行えば研究の進みが遅くなる」という学会の反論が登場します。この反論から、Bウイルスの所持が規制されることで、Bウイルスを研究する自由が侵害されるおそれがあることを想起してください。

そのうえで、Bウイルスを研究する自由は、学問研究の自由にあたることは明白でしょうから、23条により本件自由は保障されることになります。

本件自由が23条により保障されることは、それほど問題となりません。端的に23条により保障されることを述べるにとどめてください。

③ 制約

　本件法律案は、Bウイルスの研究そのものを禁止しているわけではありません。あくまでBウイルスの所持を規制しているだけです。したがって、「Bウイルスの研究にはBウイルスの所持がなければ難しいため、本件法律案の内容によってBウイルスの所持ができなくなることによって、Bウイルスを使った研究が困難になる。そのため、研究の自由の制約がある」という流れをしっかりと書くことが必要です。制約の段階では、反論は想定しづらいので、上記の流れを端的に示すにとどめましょう。

④ 正当化

1　学問研究の自由の制約は正当化されうるか

　学問研究の自由に関して、内面的精神活動の自由（内心の自由）の要素を含むものであるから、絶対的に禁止されるという見解も主張されていました。しかし、学問研究においては実験等の内心にとどまらない活動もなされるのであり、これらは個人の尊厳、生命・身体、環境等に損害をもたらしかねないものです。近年では、特に遺伝子組換えのような先端科学技術、臓器移植や体外受精、遺伝子治療のような医療技術の研究についてこのような問題が指摘されています。したがって、学問研究の自由に対する制約も許される場合があるといえるでしょう。

　答案例では、「本件自由は内心にとどまるものではないから絶対的に制約が禁止されるものではなく」と記載して、制約が正当化される場合があるということを示しています。

2　審査基準

　審査基準の設定に関しては、本件自由の重要性という点と本件制約の規制態様の強度という点から判断していくことが望ましいでしょう。

　本件自由の重要性については、Bウイルスが日本国内で流行する可能性があること、Bウイルスが流行した場合にA国と同じ状況になる可能性があることをふまえれば、Bウイルスの研究の必要性は大きいです。したがって、本件自由の重要性は高いといえるでしょう。

　本件制約の規制態様については、本件法律案はBウイルス所持の禁止にとどまり、研究そのものを禁止しているわけではないこと、および所持が許される場合もあることからすると、規制態様として弱いとする見解もありえます。他方、Bウイルスの所持が禁止されれば、研究を行うことが事実上不可能になることから、研究の禁止と同視できると考えれば、規制態様は強いとする見解もありうるでしょう。答案例では、規制態様は弱いという判断をしました。この点に関してはどちらでもかまいません。ただし、問題文で反論に触れることが求められていることから、他の見解について反論として一言触れてください。

　認定した本件自由の重要性と本件制約の規制態様の強度をふまえて審査基準を設定してください。とはいえ、本件自由は学問研究の自由であるため、ゆるやかな基準にすることは望ましくありません。

3　あてはめ

　答案例では、中間審査基準をとりました。したがって、それを前提にあてはめについて説明します。

(1)　目的の重要性

　目的の重要性について論じる場合には、制約の目的を認定したうえで、その重要性を評価しましょう。本件制約の目的はBウイルスの所持を規制することによって、Bウイルスの流行を防止する点にあります。この目的をまず示してください。そのうえで、重要性の評価としては、国民の生命保護に資する点や、公衆衛生の確保に資する点があげられるでしょう。

(2)　手段が目的との関係で効果的といえるか

　本件目的との関係でBウイルスの所持を規制することが効果的といえるかについてですが、Bウイルスの所持を規制すれば、所持されたBウイルスが流出することがなくなるため、Bウイルスの流行を防止することができ、効果的といえるという主張がありうるでしょう。他方、

所持を規制すれば、Bウイルスの研究が進まなくなり、Bウイルスが外国から流入した際に流行を食い止めることが難しくなるから逆効果であるとの主張もありうるでしょう。どちらの見解もありえますが、論じる際には反論として、自己の見解とは反対の見解についても触れてください。

(3) 手段が目的との関係で過度でないか

　　本件目的との関係でBウイルスの所持を規制することが過度でないといえるかについてですが、本件法律案は感染者が日本国内で発見された場合にその感染者から採取したBウイルスの所持については限定を付して認めているものの、輸入等により持ち込まれたBウイルスについては、所持を全面的に禁止しています。しかし、輸入等により持ち込まれたBウイルスについても限定を付せば流出を防ぎながら所持することは可能でしょう。したがって、代替手段があるといえます。

　　また、本件法律案により日本国内においてBウイルスの感染者が発見されるまでは所持が認められないとすると、Bウイルスが日本国内に流入する前の研究が難しくなり、流入後に適切な対応が難しくなるおそれがあります。したがって、不利益も大きいといえ、この点から過度であるとの見解もありうるでしょう。他方、Bウイルスの流出による流行は防止できるという利益もありますから、この点を強調して過度でないとの見解もありえます。答案例では、代替手段が存在すること、不利益が大きいことを強調して過度であるとしました。どちらの見解でもかまいませんが、反論についてはしっかりと触れましょう。

【参考文献】
試験対策講座8章3節[1]。判例シリーズ68事件。条文シリーズ23条[2]1。

第17問 A　教授の自由と大学の自治

　Xは、国立Y大学において必修授業である政治学の授業を担当していたが、その授業中に、「Y大学執行部Aらは職務怠慢で給料泥棒である」「有害無能なAらはY大学に不要」などと執行部数名の個人名をあげたうえで、Y大学執行部に対する批判をたびたび行った。

　Y大学教授会は、このような行為を容認すると学生に不信感を与え、大学の円滑な運営に支障をきたし、ひいては学生の募集に悪影響を与えると考え、Xに対して何度か注意を行った。しかし、Xは再三の注意にもかかわらず政治学の授業中にY大学執行部に対する批判を続けたため、Xの授業開講を認めないとする措置（以下「本件措置」という）をとった。

　本件措置の憲法上の問題点を、憲法第23条の点にかぎって論ぜよ。

【解答へのヒント】
1　本件措置により、Xは政治学の授業を開講することができなくなっていますが、それにより、Xのいかなる憲法上の権利が制約されているといえるか考えてみましょう。
2　Y大学側から、本件措置を正当化するために憲法上の理論を主張することはできないかを考えてみましょう。

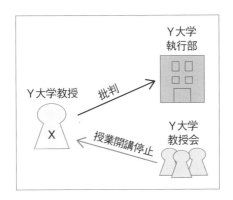

1　本件措置は、Xの政治学の授業を開講する自由（以下「本　　　　　　➡問題提起
件自由」という）を侵害し、違憲ではないか。

(1)　憲法23条（以下法名省略）は、学問の自由を保障してい　　　🔲論 学問の自由
るところ、同条の内容として、学問研究の自由、研究発表
の自由、教授の自由が保障されている。　　　　　　　　　　5

そして、政治学の授業を開講することは、政治学を教授
することになるので、本件自由は教授の自由によって保障
される。

したがって、本件自由は、23条により保障される。

(2)　そして、本件措置によって、Xは政治学の授業を開講で　　10
きなくなっているため、本件措置は本件自由を制約してい
る。

(3)　もっとも、本件自由も公共の福祉（12条後段、13条後
段）による制約に服する。では、上記制約は正当化される
か。違憲審査基準が問題となる。　　　　　　　　　　　　15

ア　この点、教授の自由は、大学において学問を教えるこ
とを通じて、学問に対しての理解を深めることができる
という意味で自己の人格の発展につながるため、重要な
権利といえる。

また、本件措置は授業の開講の方法に対する制限では　　20
なく、開講そのものを妨げているので制約は強く、厳格
に審査すべきだとも考えられる。

一方で、大学は学問研究の中心であることから、学術　　　🔲論 大学の自治
の中心である大学における学問、研究を十分に保障する　　　⇨ 東大ポポロ事件（判例シリー
ためには、大学が外部の組織から独立し、自律権を有す　　25　　ズ47事件）参照
ることが必要不可欠である。そのため、大学の自治は、
大学における学問の自由を保障するための制度として、
23条により保障されていると解する。

そして、大学の自治の中心的な内容として、学部教授
会の自治が認められるので、本件措置について、Y大学　　30
の教授会に大学の自治が認められる。そこで、ある程度
ゆるやかに審査すべきである。

イ　そのため、中間審査基準をとり、目的が重要で、手段　　　➡規範
が効果的かつ過度でないと認められる場合に、本件制約
が正当化されると解する。　　　　　　　　　　　　　　　35

(4)ア　本件措置の目的は、Xによる政治学の授業中に所属学　　　➡あてはめ
部への批判がたびたび繰り返されることで、学生に不信
感を与え、大学の円滑な運営が害されることを防止し、
学生の募集に悪影響が及ぶことを防ぐ点にある。大学の
円滑な運営が害され、学生の募集に悪影響が及ぶと、金　　40
銭面や人員面で大学での研究や授業に影響を及ぼすので、
目的は重要といえる。

イ　また、Y大学執行部に対する批判がなされた授業の開
講を認めないとすれば、授業内で批判が行われることも

なくなるため、手段は目的との関係で効果的といえる。　45
ウ　他方、たしかに、先述のように規制態様が強度である
　　ため、手段として過度とも考えられる。
　　　しかし、Xに対して授業において大学執行部への批判
　　をしないよう改めて注意をする手段も考えられるところ、
　　注意だけでは実効性に欠ける。実際、XはY大学教授会　50
　　の再三の注意にもかかわらず批判を続けており、本件措
　　置よりもゆるやかな手段によっては、目的を達成するこ
　　とができず、目的達成のために過度な手段ともいえない。
2　よって、本件措置は23条に反せず違憲ではない。　　　　　➡結論
　　　　　　　　　　　　　　　　　　　　　　　　　以上　55

60

65

70

75

80

85

本問は、学問の自由（教授の自由）と大学の自治とが対立する事案である。出題にあたっては、司法試験2009（平成21）年短答式試験第10問を参考にした。学問の自由と大学の自治との対立については、司法試験2022（令和4）年の論文式試験でも問われており、重要な論点といえるため、この機会におさえてほしい。

論点

1　学問の自由
2　大学の自治

答案作成上の注意点

① Xの主張する権利について

本件措置により、Xは政治学の授業を開講することができなくなっており、Xの政治学の授業を開講する自由（以下「本件自由」という）が制約されています。

ここで、23条は学問の自由を保障していますが、その内容として、①学問研究の自由、②研究発表の自由、③教授の自由があげられます（第16問参照）。

政治学の授業の開講は政治学を教授するものなので、本件自由は③教授の自由として、23条によって保障されます。そして、本件措置は、授業の開講を認めないとするものであるため、本件自由に対する制約となり、この制約が正当化されるかを検討していくことになります。

② 違憲審査基準

本件自由は、大学において学問を教えることを通じて、学問に対しての理解を深めることができるという意味で自己の人格の発展につながるため、重要な権利といえます。

また、本件では授業の方法等に一定の制限を加えるだけでなく、授業の開講そのものを禁止しており、制約が強いと考えられます。

これらは、審査基準を厳格にする事情にあたります。

他方で、ゆるやかにする事情として、大学の自治が考えられます。

憲法は大学の自治を明文で規定していませんが、通説は、学問の自由と大学の自治が密接で不可分の関係にあることを前提として、大学の自治が23条によって保障されていると解しています。その根拠としては、大学の自治を学問の自由そのものを保障するための客観的制度的保障とする制度的保障論があげられます（制度的保障説）。

判例も、東大ポポロ事件（最大判昭和38年5月22日刑集17巻4号370頁〔判例シリーズ47事件〕）において、「大学における学問の自由を保障するために、伝統的に大学の自治が認められている」と判示していますが、この判示部分だけでは、大学の自治が、単に伝統的に認められてきたものか、それとも直接憲法上の根拠を有するものか必ずしも明確ではありません。しかし、他方で、この判例は、「大学の学問の自由と自治は、大学が学術の中心として深く真理を探求し、専門の学芸を教授研究することを本質とすることに基づく」と判示しており、この部分では、大学の自治が学問の自由と密接不可分の関係にあることが明らかにされています。したがって、判例は、23条を根拠に大学の自治を認めていると解されています。

大学の自治の内容には争いがありますが、現在の有力な見解は、大学の自治の内容をできるだけ広く解し、①教員の人事における自治、②施設の管理における自治、③学生の管理における自治のほかに、④研究教育の内容および方法の自主決定権、⑤予算管理における自治をあげています。

本件措置は、授業の開講を認めないとするものであり、④の内容に含まれます。したがって、本

件措置は、Y大学の自治の範囲内にあるということができます。

　以上の事情を考慮し、答案例では目的が重要で、手段が効果的で過度でない場合に本件措置が許されると解することにしました。

③　あてはめ

　本件措置の目的は、Xによる政治学の授業中に所属学部への批判がたびたび繰り返されることで、学生に不信感を与え、大学の円滑な運営が害されることを防止し、学生の募集に悪影響を与えることを防ぐ点にあります。大学の円滑な運営が害され、学生の募集に悪影響が及んだ場合、資金面や人員的な面で大学での研究や授業に影響を及ぼすので、目的は重要といえます。また、Y大学の執行部批判が行われた授業の開講を禁止することで、授業中に批判が繰り返されることもなくなるため、批判を行った授業の開講を禁止することは効果的といえるでしょう。

　もっとも、前述のように規制態様が強度であるため、手段として過度とも考えられます。

　他方で、教授に対して、授業において大学執行部への批判をしないよう注意をする手段も考えられますが、注意だけでは実効性に欠けます。実際、Xは、Y大学教授会の再三の注意にもかかわらず批判を続けており、本件措置よりもゆるやかな手段によっては、目的を達成することができないと評価することもできます。

【参考文献】
試験対策講座8章3節。判例シリーズ47事件。条文シリーズ23条②。

第18問 A 屋外広告物規制と表現の自由

Xは、Y市の商店街アーケードで、自己が経営する惣菜店の宣伝のためのビラ（以下「本件ビラ」という）を配布した。Y市では、町の美観保持のため、Y市屋外広告物条例（以下「本件条例」という）が設けられている。本件条例では、Y市内の商店街の路上において、自己の営業を宣伝する印刷物（ビラ、チラシ等）の配布が禁止されており（以下「本件規制」という）、違反した者は罰金に処すると規定されている。

Xは、本件ビラの配布行為が本件条例に違反するとして起訴された。

本件規制の合憲性を論じなさい。なお、アーケードが公道にあたることを前提とせよ。

【解答へのヒント】
1 本問ではいかなる憲法上の権利が問題となっているのでしょうか。検討してみましょう。
2 本件規制は内容規制と内容中立規制のいずれにあたるでしょうか。検討してみましょう。

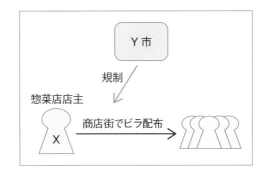

1　本件規制は、商店街の路上で自己の営業を宣伝する印刷物を配布する自由（以下「本件自由」という）を侵害し、違憲となるか。

➡問題提起

2　まず、公道での印刷物配布は、思想等を外部に表明し、情報を通行人等に発信するものであるから、表現の自由（憲法21条1項。以下法名省略）として保障されうる。

論営利的表現の自由

もっとも、自己が経営する惣菜店の宣伝のためという営利目的のビラの配布は営利的表現にあたる。そこで、このような営利的表現の自由は経済的自由に含まれ、21条1項で保障されないのではないかが問題となる。

この点について、広告のような営利的表現の場合でも、国民一般が消費者として広告を通じてさまざまな情報を受け取ることの重要性にかんがみ、表現の自由の一環として21条1項で保障されるものと解する。したがって、上記自由は21条1項により保障される。

3　次に、本件規制により、商店街の路上での自己の営業を宣伝する印刷物の配布が禁止されるため、本件自由が制約されている。

4　もっとも、本件自由も「公共の福祉」（12条後段、13条後段）による制約を受ける。では、上記制約は正当化されるか。違憲審査基準が問題となる。

(1)　たしかに、本件ビラの内容は自己の営業の宣伝であり、その目的は営利目的である。そうすると、言論活動によってみずから政治的意思決定に関与するという自己統治に資するとはいいがたく、権利保障の程度は低いとも思える。

⇨ 大分県屋外広告物条例事件
（判例シリーズ31事件参照）

しかし、印刷物は多数の者の目にふれることで自己の思想等を効率的に伝達できるから、一般的に、印刷物配布の自由は、言論活動を通じて自己の人格を発展させるという自己実現に資する程度の高い重要な権利である。また、公道は、万人に開かれ、印刷物配布に適した場所であるから、パブリック・フォーラムたる性質を帯びる。そうだとすると、公道での印刷物配布は、原則として禁止されない。

論パブリック・フォーラムの
理論

次に、本件規制は、商店街の路上という場所という場所に着目した内容中立規制にあたるとも思える。

論表現内容規制と表現内容中
立規制の区別

しかし、商店街においても、自己の営業を宣伝する印刷物以外の配布は許されていることから、本件規制は、当該印刷物の内容が自己の営業に関するものか否かという内容に着目しているといえる。そうだとすると、内容規制の側面も有する。

さらに、惣菜店の宣伝のビラは、買い物客が多く行き交う商店街アーケードでの配布に意味があるのであって、それ以外の場所では同様の伝達効果をあげることができない。

そうだとすると、代替的情報伝達経路は確保されておらず、そのうえ、事前抑制的側面を有する点からも、規制態

様は厳しいといえる。

➡規範

　(2)　そこで、厳格な審査基準をとり、必要不可欠な目的で、手段が必要最小限度である場合に、本件制約は正当化されると解する。

➡あてはめ

5(1)　まず、本件規制の目的は、町の美観保持にあるところ、商店街の住民にとっては、町の美観保持は精神的平穏に資するものである。また、町の景観は一度失われると回復が困難である。

　　　しかし、これは、主観的利益にすぎず、表現の自由を制約するに足りるほど、目的が必要不可欠のものとはいえない。

　(2)　次に、手段について検討すると、たしかに、商店街においては、各商店が客を奪い合い、過熱なビラ合戦が行われることがある。そして、配られたビラを受け取った客がビラを路上に破棄し、路上に大量のビラが放置される事態も想定できる。そうだとすると、自己の営業を宣伝する印刷物配布を禁止することにより、配布される印刷物の絶対量が減少し、景観を損なうおそれは減少する。

　　　しかし、一律禁止ではなく、配布する印刷物の枚数に制限を設けることによっても、配布される印刷物の絶対量を減少させることは可能である。あるいは、禁止ではなく許可制にして、無制限に印刷物が配布される事態を防ぐことも可能である。そうだとすると、これらの手段によっても美観保持という目的は達成できるので、必要最小限度であるともいえない。

　　　したがって、本件規制は正当化されない。

➡結論

6　よって、本件規制は、21条に反し違憲である。

以上

本問は、屋外広告物規制にまつわる表現の自由に関連した問題である。同テーマに関する問題は、2021（令和3）年予備試験でも出題されており、重要なテーマである。屋外広告物に関する判例としては、大阪市屋外広告物条例事件（最大判昭和43年12月18日刑集22巻13号1549頁〔百選Ⅰ55事件〕）、大分県屋外広告物条例事件（最判昭和62年3月3日刑集41巻2号15頁〔判例シリーズ31事件〕）などが存在するので、この機会に確認してほしい。

論点

1 営利的表現の自由
2 パブリック・フォーラムの理論
3 表現内容規制と表現内容中立規制の区別

答案作成上の注意点

① 権利保障について

公道での印刷物配布は、思想等を外部に表明し、情報を通行人等に発信する行為のため、表現の自由（21条1項）として保障されます。このことについては争いがないため、簡潔に述べればよいでしょう。

また、惣菜店の宣伝という営利目的のためにビラを配布する本問では、営利的表現の自由が保障されるかという点も論じる必要があります。この点については、第22問の解説を参照してください。

② 制約の有無

本件規制により、本件ビラを含む、自己の営業を宣伝する印刷物の配布が禁止されるため、Xの本件ビラを配布する自由が制約されていることは明らかです。簡潔に指摘すればよいでしょう。

③ 表現内容規制と表現内容中立規制の区別

1 表現内容規制

表現内容規制とは、ある表現をそれが伝達するメッセージの内容を理由に制限する規制をいいます。要するに、表現内容に着目した規制です。たとえば、政治的な集会に関する印刷物の配布の禁止がこれにあたります。

表現内容規制は、特定の内容の表現のみを規制するため、見解規制の性質を有します。各人が自己の意見を自由に表明し、競争することによって、真理に到達することができるという点が表現の自由の意義のひとつとしてあげられるのですが（思想の自由市場論）、見解規制は、思想の自由市場を歪めるため、規制の合憲性は厳しく審査されるべきです。したがって、違憲審査基準としては、厳格な基準をとるべきであり、目的が必要不可欠であり、手段が必要最小限度のものでなければならないと解すべきでしょう。

2 表現内容中立規制

表現内容中立規制とは、表現をそれが伝達するメッセージの内容や伝達効果に直接関係なく制限する規制をいいます。要するに、表現の内容には関係なく、表現の手段・方法を規制する場合です。たとえば、駅前での印刷物の配布の禁止、特定地域での広告掲示の禁止などがこれにあたります。

表現内容中立規制は、規制された方法以外の回路を通じて同じ内容が自由市場に参入する余地を残すものです。よって、表現内容規制の場合に比べると、ゆるやかな審査基準でもよいと考えられています。しかし、表現内容中立規制と表現内容規制は明確に区別できない場合もあります

し、表現の自由の保障を脅かすおそれがある点では共通します。さらに、表現内容中立規制でも、特定の場所で表現活動をすることに意味がある場合に、その場所での活動を規制することは、規制の程度が強いといえます。そうすると、表現内容中立規制だからといって、合理的関連性の基準のようなもっともゆるやかな審査基準を適用するのは、表現の自由が相対的に保障の程度が強い自由であることをかんがみても、適切ではありません。この点について、前述した、2つの屋外広告物に関する判例は、ともに合理的関連性の基準を適用しています。しかし、美観保持という不明瞭で主観的選好に偏りやすい規制目的から生じうる萎縮効果については、特に刑事罰をもって取り締まる場合には慎重な配慮が要請されるため、LRAの基準などの厳格な基準が用いられるべきであったという批判が強いところです。そこで、答案例においても、合理的関連性の基準は用いませんでした。

3 本件規制はいずれにあたるか

　商店街における印刷物の配布の禁止という点に着目すれば、本件規制は表現の場所を規制するものに該当します。商店街以外では、自己の営業を宣伝するビラを配布することは可能です。よって、表現内容中立規制にあたるとも思えます。

　しかし、商店街においても、自己の営業を宣伝する印刷物以外の配布は許されているので、本件規制は、当該印刷物の内容が自己の営業の宣伝か否かという内容に着目しているといえます。したがって、表現内容規制の側面を有します。

　このように、表現内容規制と表現内容中立規制のいずれに該当するかは簡単に判断できないことも多く、規制態様の強弱を具体的に検討することが重要です。

④ パブリック・フォーラムの理論

　表現の自由の問題においては、パブリック・フォーラム論が唱えられることがあります。パブリック・フォーラム論とは、表現活動のために公共の場所を利用する権利は、場合によっては、その場所におけるほかの利用を妨げることになっても保障されるとする理論をいいます。ビラ配布の規制が問題となった駅構内ビラ配り事件（最判昭和59年12月18日刑集38巻12号3026頁〔百選Ⅰ57事件〕）において、伊藤正己裁判官の補足意見は、道路、公園、広場など、一般公衆が自由に出入りできる場所を、パブリック・フォーラムとよびました。問題となっている表現行為が行われた場所がパブリック・フォーラムにあたる場合は、このような場所は、表現のための場として役立つことが少なくないため、その場所での表現行為を保護する必要性が高まります。よって、このような事情も、問題となっている表現の自由の保障の程度を高くする事情となります。

　本問において、公道は、万人に開かれ、印刷物配布に適した場所です。よって、パブリック・フォーラムたる性質を帯び、公道での印刷物配布は、原則として禁止することが許されない重要な権利にあたります。

⑤ 審査基準の定立

　印刷物は多数の者の目に触れることで自己の思想等を効率的に伝達できるため、印刷物配布の自由は言論活動を通じて自己の人格を発展させる自己実現に資する程度の高い重要な権利といえます。しかし、本件ビラの内容は自己の営業の宣伝であり、その目的は営利目的のため、政治的ビラの場合等に比べ、言論活動によってみずから政治的意思決定に関与するという自己統治に資するとはいいがたく、権利保障の程度は低下します。したがって、このような事情は、審査基準の厳格度を弱めます。他方、前述のように、路上での印刷物の配布は、原則として禁止が許されないため、このような事情は権利の重要度を高め、審査基準の厳格度を強くします。

　また、規制態様について、前述のように、本件規制は内容規制たる性質を有します。さらに、営業の宣伝のビラは、買い物客が多く行き交う商店街の路上での配布に意味があるのであって、それ以外の場所では同様の伝達効果をあげることができません。したがって、代替的情報伝達経路は確保されていません。そのうえ、事前抑制的側面を有する点からも、規制態様は厳しいといえます。

　ビラの配布目的が営利目的であることは一般的には審査基準をゆるやかにする事情です。しかし、

本問では、前述のように、本件規制が内容規制たる性質および事前抑制的側面を有すること、配布の場所が公道というパブリック・フォーラムであること等をふまえると、本件ビラの配布目的が営利目的であることを考慮しても、厳格に審査すべきです。

そこで、厳格な審査基準を用いて、目的が必要不可欠で、手段が必要最小限度であるか否かを審査すべきでしょう。よりゆるやかに、LRAの基準等を用いることも誤りではないですが、説得的な理由づけを要します。

6 あてはめ

1 目的

本件規制の目的は、町の美観保持です。たしかに、商店街の住民にとっては、町の美観保持は精神的平穏に資するものであるといえ、配布された印刷物が路上に破棄されることで町の美観が侵害されることは想定できます。また、町の景観は、一般的に、一度失われると回復が困難であるという性質を有します。しかし、表現の自由に対する制約を正当化するためには、保護法益に相応の重要性が求められます。このように考えると、景観が美しいか否かという評価は個人の主観に左右されるものである以上、必要不可欠であるとまでは評価できないでしょう。

前述した2つの判例は、「国民の文化的生活の向上を目途とする憲法の下においては、都市の美観風致を維持することは、公共の福祉を保持する所以である」と、簡潔に目的の正当性を肯定しています。答案において、目的が必要不可欠であることを認定しても誤りではないですが、美観保持は住民の人格的利益（13条後段）の一部であるのみならず、文化的意義も有するなど、相応の理由づけが必要です。

2 手段

本件規制により、商店街において配布される印刷物の絶対量は減少するため、景観を損なうおそれの減少につながることは確かです。しかし、店による印刷物の配布を規制するにしても、一律禁止ではなく、配布する印刷物の枚数に制限を設けることによっても、配布される印刷物の絶対量を減少させることは可能です。許可制にして、無制限に印刷物が配布される事態を防ぐことも可能でしょう。よって、必要最小限度の手段であるとはいえません。

したがって、本件規制は違憲という結論が妥当でしょう。

【参考文献】
試験対策講座9章3節①【3】・②【4】、4節①【2】。判例シリーズ31事件。条文シリーズ21条③1(1)・2(3)・3(1)。

第19問 B 知る権利・知る自由

　A市の市民であるXは、A市立図書館で雑誌を借りようとした。ところが、図書館長Yは、「閲覧用の雑誌、新聞等の定期刊行物について、少年法第61条に違反すると判断したとき、図書館長は、閲覧禁止にすることができる。」と定めるA市の図書館運営規則に基づき、同雑誌の閲覧を認めなかった。これに対し、Xは、その措置が憲法に違反するとして提訴した。

　この事例に含まれる憲法上の問題点について論ぜよ。

　なお、「検閲」（憲法第21条第2項前段）については論じる必要はない。

【参考資料】

○少年法（昭和23年法律第168号）（抜粋）

（この法律の目的）

第1条　この法律は、少年の健全な育成を期し、非行のある少年に対して性格の矯正及び環境の調整に関する保護処分を行うとともに、少年の刑事事件について特別の措置を講ずることを目的とする。

第61条　家庭裁判所の審判に付された少年又は少年のとき犯した罪により公訴を提起された者については、氏名、年齢、職業、住居、容ぼう等によりその者が当該事件の本人であることを推知することができるような記事又は写真を新聞紙その他の出版物に掲載してはならない。

【解答へのヒント】

1　本問では、いかなる憲法上の権利が問題となっているのでしょうか、検討してみましょう。

2　そして、本件の事情のもとで上記権利を制約することは正当化されるのでしょうか。検討してみましょう。

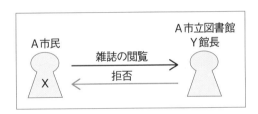

1　Xが雑誌を借りようとしたところ、YはA市の図書館運営規則（以下「本件規則」という）に基づき、同雑誌（以下「本件雑誌」という）の閲覧を認めなかった（以下「本件措置」という）。そこで、本件措置はXの図書館の本件雑誌を閲覧する自由（以下「本件自由」という）を侵害し、違憲ではないか。　　　　　　　　　　　　　　　5

➡問題提起

(1)　まず、本件自由が保障されるか。明文がなく問題となる。

論 知る権利
⇨レペタ事件（判例シリーズ37事件）参照
⇨博多駅テレビフィルム提出命令事件（判例シリーズ38事件）参照

　　ア　現代ではマスメディアが発達したため、情報の送り手であるマスメディアと受け手である国民が顕著に分離されているので、情報の送り手の表現の自由を保障するのみでは自己実現・自己統治の価値を実現するのに不十分である。　　　　　　　　　　　　　　　　　　10

　　　　そうだとすれば、表現の自由（憲法21条1項。以下法名省略）を受け手側から再構成し、情報の受け手が情報を受領する知る権利も同項で保障されると解する。　　　　　15

　　　　したがって、知る権利は21条1項によって保障される。

論 知る権利の自由権的側面と請求権的側面

　　イ　もっとも、知る権利は自由権的側面と請求権的側面を有し、後者の場合、手続を整理するためこれを具体化する法律があってはじめて、具体的権利となる。

　　　　この点、本の貸出は、一定の手続を必要とすることからすれば、本件自由は知る権利の請求権的側面とも考えられる。　　　　　　　　　　　　　　　　　20

⇨最判平成17年7月14日（百選I 70事件）

　　　　しかし、図書館は住民に対して思想、意見その他の種々の情報を含む図書館資料を提供してその教養を高めること等を目的とする公的な場ということができる。そうだとすれば、住民は図書館にある資料から情報を得るために、図書館にある雑誌等は原則として自由に閲覧できると解すべきである。　　　　　　　　　　　　　25

　　　　したがって、本件自由は、知る権利の自由権的側面であり、法律による具体化は不要である。　　　　　　　　　30

　　ウ　よって、本件自由は、21条1項によって具体的権利として保障される。

(2)　そして、Xが雑誌を借りようとしたところ、Yが同雑誌の閲覧を禁止したので、本件自由は制約されている。

(3)　もっとも、本件自由も「公共の福祉」（12条後段、13条後段）による制約を受ける。では、上記制約は正当化されるか。違憲審査基準が問題となる。　　　　　　　35

　　ア　この点、雑誌を閲覧することで、新たな知識を吸収して自己の思想や人格を形成、発展させることができるため、本件自由は自己実現に資する重要な権利といえる。　　　　　　　　　　　　　　　　　　40

　　　　もっとも、Xは原則として図書館にある雑誌を閲覧することができ、閲覧が禁止されたのは本件雑誌だけであるし、図書館以外で本件雑誌を閲覧することは可能なので、規制態様は弱いとも考えられる。

　　　　　しかし、本件雑誌の全部分に関する閲覧が禁止されて　45
　　　　いるし、Xにおいては本件雑誌を読むことに意味がある
　　　　ので、他の雑誌が閲覧可能であるからといって、ただち
　　　　に規制態様が弱いとまではいえない。
　　　　　また、本件措置は推知報道という内容に着目した、内
　　　　容規制であり、思想の自由市場が恣意的に歪められるお　50
　　　　それがある。
　　イ　そこで、厳格な審査基準をとり、必要不可欠な目的で、　➡規範
　　　　手段が必要最小限度である場合に、本件制約は正当化さ
　　　　れると解する。
　⑷ア　本件規則は、推知報道を禁止した少年法61条に違反す　55　➡あてはめ
　　　　る雑誌の閲覧を禁止していることから、本件措置の目的
　　　　は少年のプライバシーを保護することといえる。このよ
　　　　うなプライバシー権は13条後段によって保障され、これ
　　　　が侵害されると生活の平穏が害されるおそれがあるので、
　　　　本件自由と同様に重要な権利といえる。また、少年の過　60
　　　　去の犯罪が明るみにでれば、差別が生じたり、進学、就
　　　　職の際に不利に扱われたりするなど、少年の更生を妨げ、
　　　　少年の社会復帰を困難にしてしまうし、少年法が目的と
　　　　している少年の性格の矯正と環境の調整が無に帰するこ
　　　　ととなるおそれがある。これらの事情を考慮すると、本　65
　　　　件措置の目的は必要不可欠な目的といえる。
　　イ　次に手段についてみると、推知報道に該当する雑誌の
　　　　閲覧を禁止することで少年の過去の犯罪が明るみにでる
　　　　のを防止できるので、目的との適合性がある。
　　ウ　また、本屋などで当該雑誌を購入して、閲覧すること　70
　　　　も可能であり、当該雑誌を閲覧する途を閉ざすわけでは
　　　　ないので最小限度の制約にとどまるとも思える。
　　　　　しかし、雑誌や新聞にはさまざまな情報が記載されて
　　　　いることがほとんどであり、少年法61条に違反する部分
　　　　があっても、当該雑誌のすべての情報が違反するわけで　75
　　　　はない。
　　　　　そうだとすれば、少年法61条に違反する情報が記載さ
　　　　れているページを切り取ったり、マスキングをしたりと
　　　　いう該当部分を隠すことなどでも目的を達成することが
　　　　でき、本件雑誌そのものの閲覧を禁止するのは過度であ　80
　　　　る。
　　エ　したがって、手段が必要最小限度とはいえない。
　2　よって、本件措置は、Xの本件自由を侵害し、違憲である。　➡結論
　　　　　　　　　　　　　　　　　　　　　　　　　　　以上
　　　　　　　　　　　　　　　　　　　　　　　　　　　　85

本問は、知る権利をテーマに旧司法試験平成14年度第1問を改題したものである。知る権利は、司法試験2018（平成30）年でも出題されており、重要な分野である。知る権利には自由権的側面と請求権的側面があるので、両者を区別して、理解を深めてほしい。

論点

1 知る権利
2 知る権利の自由権的側面と請求権的側面

答案作成上の注意点

1 保障について

本問では、Xが、A市立図書館で雑誌を借りようとしたところ、図書館長Yが同雑誌の閲覧を認めなかったため、Xの図書館での本件雑誌の閲覧の自由が問題となっています。

1 本件自由が憲法上保障されるか

知る権利に関して、レペタ事件（最大判平成元年3月8日民集43巻2号89頁〔判例シリーズ37事件〕）は「各人が自由にさまざまな意見、知識、情報に接し……これを摂取する」自由は「その者が個人として自己の思想及び人格を形成、発展させ、社会生活の中にこれを反映させていく上において欠くことのできないものであり、民主主義社会における思想及び情報の自由な伝達、交流の確保という基本的原理を真に実効あるものたらしめるためにも必要」なものであるから、21条1項「の趣旨、目的から、いわばその派生原理として当然に導かれる」自由であると述べています。博多駅テレビフィルム提出命令事件（最大決昭和44年11月26日刑集23巻11号1490頁〔判例シリーズ38事件〕）も報道の自由に関し、「国民の『知る権利』に奉仕するものである」と述べ、知る権利という言葉をはじめて使いました。

知る権利は憲法上の明文で認められているものではありません。しかし、知る権利が憲法上保障されることは今ではほとんど争いのないことです。現代ではマスメディアが発達したため、情報の送り手であるマスメディアと受け手である国民が顕著に分離されています。そのため、情報の送り手の表現の自由を保障するのみでは自己実現・自己統治の価値を実現するのに不十分なので、表現の自由（21条1項）を受け手側から再構成する必要があります。そこで、知る権利が21条1項によって保障されます。

雑誌を閲覧することで新たな知識を吸収することができ、自己実現に資するので、本件自由は知る権利によって保障されます。

2 自由権的側面と請求権的側面のどちらか

知る権利は、国家から情報の収集等を妨げられない自由権的側面と、国家に情報の開示を要求する請求権的側面を有しています。後者の場合、手続を整理する必要がありますし、第三者の権利にも配慮しなければならないので、これを具体化する法律があってはじめて具体的権利となる、抽象的権利です。情報公開請求権はまさに知る権利の請求権的側面といえます。これを具体化する法律として、国においては情報公開法、地方公共団体においては各地方公共団体の情報公開条例があります。

図書館の雑誌を閲覧する自由について、判例（最判平成17年7月14日民集59巻6号1569頁〔百選Ⅰ70事件〕）は、「公立図書館は、住民に対して思想、意見その他の種々の情報を含む図書館資料を提供してその教養を高めること等を目的とする公的な場ということができる」と述べています。そうだとすれば、住民は図書館の資料から情報を得るために、原則自由に図書館の雑誌等を閲覧できるといえます。したがって、本件自由は知る権利の自由権的側面と解することができ、本件

自由は特に法律の制定を待たずして21条1項によって保障されます。もっとも、図書館の雑誌は他者も閲覧するので、貸出の期限等閲覧について一定の制限はあるため、図書館に閲覧の請求を求めるなど請求権的側面とすることも可能です。しかし、そのように解するとこれを具体化する法律が求められますが、問題文からはその法律が明らかとなっていないので答案戦略上、好ましくありません。

② 制約について

Xが雑誌を借りようとしたところ、Yが同雑誌の閲覧を禁止したので、Xは本件雑誌を閲覧できませんでした。したがって、本件自由は制約されています。

③ 違憲審査基準について

上記制約がいかなる場合に「公共の福祉」(12条後段、13条後段) による制約として正当化されるのでしょうか。

雑誌を閲覧することで、新たな知識を吸収することができ、自己実現に資するので重要な権利といえます。これは基準を厳格にする事情といえます。

一方で、Xは原則として図書館にある雑誌を閲覧することができ、閲覧が禁止されたのは本件雑誌のみなので規制態様は弱いとも考えられます。

しかし、本件では同雑誌の全部分に関する閲覧が禁止されているので規制態様は弱いとはいえないと考えることができますし、Xにおいては本件雑誌を読むことに意味があるので、他の雑誌が閲覧可能であるからといって、規制態様が弱いとはいえないとも考えられます。

また、Yによる措置は、推知報道という内容に着目しており、内容規制といえ、恣意的に市場が歪められるおそれがあるので、審査基準は厳格にすべきとも考えられます。

そこで、答案例では、審査基準をゆるやかにする事情に対して厳格にすべき事情を用いて反論し、必要不可欠な目的で、手段が必要最小限度である場合に制約が正当化されると解することにしました。もっとも、理由が説得的に書かれていれば、他の基準を用いても評価は変わりません。

④ あてはめ

まず、本件規則が、推知報道を禁止した少年法61条に違反する雑誌の閲覧を禁止できるとしていることから、本件規則に基づく本件措置の目的は少年のプライバシーを保護することといえそうです。プライバシー権は13条後段によって保障され、これが侵害されると生活の平穏が害されるおそれがあるので、本件自由と同様に重要な権利といえます。また、少年の過去の犯罪が明るみになれば、差別が生じたり、進学、就職の際に不利に扱われたりするなど、少年の更生を妨げ、少年の社会復帰を困難にしてしまうおそれがありますし、少年法が目的としている少年の性格の矯正と環境の調整が無に帰することとなるおそれがあります。以上から、必要不可欠な目的といえるでしょう。

次に、手段について、推知報道に該当する雑誌の閲覧を禁止することで少年の過去の犯罪が明るみにされるのを防止できるので、目的との適合性が認められます。

また、本屋等で当該雑誌を購入することで閲覧が可能といえ、当該雑誌を閲覧する方法がないわけではありません。これらは手段が必要最小限であることを肯定する事情です。

しかし、雑誌や新聞にはさまざまな情報が記載されていることがほとんどであり、少年法61条に違反する部分があっても、当該雑誌のすべての情報が違反するわけではありません。そうだとすれば、少年法61条に違反する情報が記載されているページを切り取ったり、マスキングをしたりすること等でも目的を達成でき、本件雑誌そのものの閲覧を禁止することよりも、ゆるやかな手段で目的を達成できます。

したがって、手段が必要最小限度とはいえず、本件措置は違憲といえます。

⑤ 裁判例・判例

図書館に関する裁判例・判例をいくつか紹介します。

まず、裁判例（東京地判平成13年9月12日）は、「憲法21条が表現の自由の一内容として知る権利をも保障していると解されるべきことは、異論のないところであるが、同権利は、あくまで消極的自由権として、国民が情報の受領に際して国家からこれを妨げられないことを保障しているにすぎず、同条の規定から直ちに、国及び地方公共団体が国民又は住民に情報を提供するための何らかの措置を採るべき義務を負ったり、国民又は住民が国や地方公共団体に対して、情報の提供等に係る何らかの措置を請求する権利を保障するものとまでは認められないものである。……よって、地方公共団体が設置する図書館において、特定の図書の利用に制限を加えたとしても、これに対し、原告において憲法21条に基づいて、利用の制限を解除する旨の積極的な請求をすることはできないところであるし、また、本件の利用の制限は、単に、地方公共団体が情報を提供するという積極的な措置を行わなかったものにすぎず、当該情報の流通をすること妨げ、知る権利を侵害しているものとまではいえないのであるから、図書館長がした本件図書の閲覧禁止の措置が憲法21条に反するとはいえない」としています。この裁判例を参考にすると、そもそも本件自由が保障されなかったり、保障されても制約がなかったりするのではないかという立論をすることも可能です。
　次に、前掲最判平成17年は、「図書館は、……国及び地方公共団体が国民の文化的教養を高め得るような環境を醸成するための施設として位置付けられている（同法3条1項、教育基本法7条2項参照）。公立図書館は、この目的を達成するために地方公共団体が設置した公の施設である（図書館法2条2項、地方自治法244条、地方教育行政の組織及び運営に関する法律30条）。そして、図書館は、図書館奉仕（図書館サービス）のため、〔1〕図書館資料を収集して一般公衆の利用に供すること、〔2〕図書館資料の分類排列を適切にし、その目録を整備することなどに努めなければならないものとされ（図書館法3条）、特に、公立図書館については、その設置及び運営上の望ましい基準が文部科学大臣によって定められ、教育委員会に提示するとともに一般公衆に対して示すものとされており（同法18条）、平成13年7月18日に文部科学大臣によって告示された『公立図書館の設置及び運営上の望ましい基準』（文部科学省告示第132号）は、公立図書館の設置者に対し、同基準に基づき、図書館奉仕（図書館サービス）の実施に努めなければならないものとしている。同基準によれば、公立図書館は、図書館資料の収集、提供等につき、〔1〕住民の学習活動等を適切に援助するため、住民の高度化・多様化する要求に十分に配慮すること、〔2〕広く住民の利用に供するため、情報処理機能の向上を図り、有効かつ迅速なサービスを行うことができる体制を整えるよう努めること、〔3〕住民の要求に応えるため、新刊図書及び雑誌の迅速な確保並びに他の図書館との連携・協力により図書館の機能を十分発揮できる種類及び量の資料の整備に努めることなどとされている。……公立図書館の上記のような役割、機能等に照らせば、公立図書館は、住民に対して思想、意見その他の種々の情報を含む図書館資料を提供してその教養を高めること等を目的とする公的な場ということができる」としています。この判例を参考にすれば、前述のように住民は図書館の資料から情報を得るために、自由に図書館の雑誌等を閲覧できると考えることができます。したがって、本件自由は、知る権利の自由権的側面として保障され、制約も認めることができるでしょう。

【参考文献】

試験対策講座9章1節②。判例シリーズ37事件、38事件。条文シリーズ21条③1(2)。

第20問 A 報道・取材の自由

　自動車の多重衝突により多数の死傷者がでた交通事故の発生前後の状況を、たまたまその付近でドラマを収録していたテレビ局のカメラマンがデジタルビデオカメラで撮影していた。テレビ局がこれを編集のうえニュース番組で放映した後、撮影時の生データが記録されたディスクを保管していたところ、同事故を自動車運転過失致死傷事件として捜査中の司法警察員が、捜索差押許可状に基づき同ディスクを差し押さえた。

　この事例に含まれる憲法上の問題点について、その交通事故を取材していたテレビ局が、一般人が撮影したデジタルデータを入手し、それを編集のうえニュース番組で放映したところ、同事故の係属する裁判所が、テレビ局に対し、同ディスクの提出命令を発した場合と比較しつつ、論ぜよ。ただし、事故当時、ドライブレコーダーを搭載した車はなかったものとする。

【解答へのヒント】
1　本件ではいかなる人権が問題となり、その人権が憲法上で保障されるか。検討してみましょう。
2　上記人権の制約が許されるか。問題文の事実と比較しながら検討してみましょう。

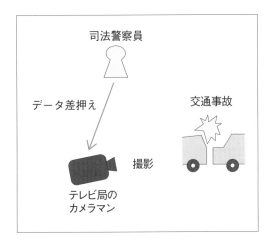

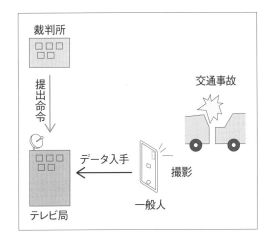

1　司法 警察員が撮影時の生データが記録されたディスク（以下「本件ディスク」という）を差し押さえたこと（以下「本件処分」という）は、テレビ局の取材の自由を侵害し、違憲とならないか。

➡問題提起

(1)　まず、取材の自由が憲法上保障されるか。明文がなく問題となる。　5

📖報道・取材の自由

> 現代ではマスメディア等の情報の送り手と国民である受け手が、顕著に分離している。そこで、表現の自由（憲法21条1項。以下法名省略）を受け手側から再構成して、知る権利が保障されている。そして、報道の自由は、知る権　10
> 利に奉仕するし、事実の報道であっても、編集という過程において思想が介入する。
> そこで、報道の自由は21条1項によって保障されると解する。
> また、判例は、取材の自由について、尊重に値すると述　15
> べているが、報道は取材・編集・発表という一連の行為によって成立するので、取材は報道が正しい意味をもつために必要不可欠な前提といえ、取材の自由も21条1項により保障されると解する。

⇨博多駅テレビフィルム提出命令事件（判例シリーズ38事件）

そして、テレビ局などの法人も社会の構成要素をなすし、　20
その活動は自然人によって行われているので、性質上可能なかぎり人権が保障されるところ、報道・取材の自由は性質上テレビ局にも保障される。

⇨八幡製鉄政治献金事件（判例シリーズ5事件）

(2)　次に、設問後段の場合において、一般人から取材で得たディスクが開示されれば、取材先との信頼関係が崩れ、今　25
後の取材が困難になる可能性があるので、取材の自由が制約される。一方で、本件の場合、テレビ局のカメラマンから得たディスクなので、そのような事情はない。しかし、テレビ局のカメラマンから得たディスクでも、無制限に開示を強制されると、取材をためらうなど取材に委縮効果を　30
及ぼすことはあるので、取材の自由の制約が認められる。

(3)　もっとも、報道・取材の自由も他の憲法上の要請による制約を受ける。では、上記制約は正当化されるか。違憲審査基準が問題となる。

📖公正な裁判の実現、適正迅速な捜査を根拠とした報道・取材の自由の制約

> ア　この点について、報道の自由は民主制の過程で重要な　35
> 判断資料を提供する等、知る権利に奉仕する重要な権利である。また、報道は正しくなされる必要があるので、その前提となる取材の自由も重要な権利といえる。
> 一方で、後段の裁判所による提出命令は、公正な刑事裁判を実現する憲法上の要請（31条、37条1項）に基づ　40
> くものといえ、人権保障のために重要性が高く、取材の自由との優劣はつけられないので、その合憲性審査は比較衡量によるべきである。
> イ　これに対して、本件での捜査機関による差押えは、適

⇨日本テレビビデオテープ差押事件

正迅速な捜査の遂行という要請に基づくものであるが、45
これは憲法上の要請ではない。しかし、公正な裁判を実
現するには適正迅速な捜査が不可欠な前提となるので、
裁判所の提出命令による差押えと同様に取材の自由と間
で優劣をつけるのは困難である。そこで、捜査機関に
よる差押えの場合も、比較衡量によるべきであり、得られ 50
る利益が失われる利益を上回る場合は、制約が正当化さ
れると解する。

ウ　具体的には、①捜査の対象である犯罪の性質、内容、 **→規範**
軽重および証拠としての価値、ひいては適正迅速な捜査
を遂げるための必要性、②取材結果を証拠として押収さ 55
れることによって報道機関の報道の自由が妨げられる程
度および将来の取材の自由が受ける影響、その他諸般の
事情を比較衡量することによって判断するべきである。

(4)　これを本件について検討する。 **→あてはめ**

ア　まず、①についてであるが、捜査の対象は多数の死傷 60
者がでた過失運転致死傷事件であり、重大な事件といえ
る。また、現代では自動車の事故に関して、世間の注目
度が高くなっている。たしかに、交通事故ならば、密室
で行われる犯罪と異なり、目撃者が多数存在する可能性
が高いが、本件では事故に多数の者が関わっているので、 65
すべての関与者の特定や事故の原因の解明は困難である。
そうした状況で、本件ディスクは交通事故の発生前後の
状況を撮影しており、直接証拠ともなりうることから、
事件を解明するのに必要不可欠な証拠といえることから、
証拠としての価値は高い。 70

イ　次に、②についてみると、本件では、すでにニュース
番組で放映済みなので、テレビ局が被る不利益は報道の
自由そのものではなく、将来の取材の自由が妨げられる
おそれがあるというのにとどまる。一方で、設問後段の
ように一般人が撮影したデジタルデータの記録されたディ 75
スクを入手した場合には、一般人のプライバシーを侵
害するおそれがあるし、信頼関係を損ね今後取材に協力
してもらえないなど、取材の自由に関して不利益がある。
しかし、本件では、同じテレビ局のカメラマンが撮影し
たものであり、信頼関係が損なわれるおそれは小さい。 80
したがって、取材の自由に対する不利益は小さい。
　以上からすると、本件では、失われる利益よりも得ら
れる利益が上回る。

2　よって、本件処分は違憲ではなく、適法である。 **→結論**

以上 85

本問は、旧司法試験2009（平成21）年度第1問の改題であり、報道・取材の自由と公正な裁判の実現、適正迅速な捜査との対立が問題となっている。取材の自由は直近では2020（令和2）年の予備試験で出題されているが、差押えと異なり、犯罪被害者に対する取材の法令制限であることに注意してほしい。

論点

1 報道・取材の自由
2 公正な裁判の実現、適正迅速な捜査を根拠とした報道・取材の自由の制約

答案作成上の注意点

1 人権保障について

本件では、テレビ局が取材によって得た情報であるディスクが差し押さえられた（以下「本件差押え」という）ことから、取材の自由が問題となります。

前提として、報道・取材の自由は憲法上保障されるのでしょうか。報道は、事実の報道であって、思想の表明ではないので、「表現」にはあたらず、表現の自由で保障されないとも考えることができます。しかし、21条1項では知る権利が保障されており（第19問参照）、国民は報道によってさまざまな情報を得ています。そのため、報道は国民に対して、国政に関して重要な判断資料を提供し、知る権利に奉仕するものといえます。また、事実の報道であっても、編集という過程において思想が介入します。そのため、報道の自由は21条1項で保障されます。判例もこれを認めています（最大決昭和44年11月26日刑集23巻11号1490頁〔判例シリーズ38事件〕、博多駅テレビフィルム提出事件）。

他方、取材の自由について、上記判例は、「憲法21条の精神に照らし、十分尊重に値する」というにとどめています。しかし、報道は取材・編集・発表という一連の行為によって成立し、取材は報道が正しい意味をもつために必要不可欠な前提となるので、取材の自由も21条1項で保障されると解することもできます。

2 法人の人権について

テレビ局は法人と考えられます。人権は本来、自然人を対象としているので、法人にも人権が保障されるのかが問題になります。

この点について、法人の活動は自然人によって行われていますし、法人は現代社会において、1個の社会的実体として重要な活動を行っています。そこで、法人にも性質上可能なかぎり人権が保障されると解することが通説となっています。八幡製鉄政治献金事件（最大判昭和45年6月24日民集24巻6号625頁〔判例シリーズ5事件〕）も「憲法第3章に定める国民の権利および義務の各条項は、性質上可能なかぎり、内国の法人にも適用されるものと解すべきである」と述べています。そして、報道・取材の自由は性質上法人にも保障されるといえ、テレビ局にも本件自由が保障されます。

法人には認められない人権としては、選挙権・被選挙権、生存権、生命身体に関する自由があります。認められる人権として、経済的自由、請願権、裁判を受ける権利や国家賠償請求権等の国務請求権、刑事手続上の諸権利があげられます。精神的自由や幸福追求権が認められるかについて、外面的精神活動の自由は法人にも保障されると解されています。幸福追求権についてはプライバシー権や名誉権は保障され、環境権も一部保障されると解されています。

3 制約について

設問後段の場合において、一般人から取材で得たデータが開示されれば、取材先との信頼関係が

崩れ、今後の取材が困難になる可能性があるので、取材の自由が制約されるといえます。一方で、本件の場合、一般人ではなくテレビ局のカメラマンから得たディスクが問題となるので、取材先との関係が阻害されるといった事情はありません。しかし、テレビ局のカメラマンから得たディスクでも、無制限に差押え・開示を強制されると、テレビ局が自由な取材活動をためらうようになり、将来の取材が委縮することとなるので、本件においても取材の自由の制約を認めることができるでしょう。

4 違憲審査基準について

　取材の自由も絶対無制約のものではなく、他の憲法上の要請からの制約を受けますが、本件における差押えや、設問後段における提出命令の合憲性は、どのような基準で審査するべきでしょうか。
　まず前提として、報道の自由は、民主主義社会において国民が国政に関与するうえで重要な情報を提供する等、国民の知る権利に奉仕する重要な権利です。また、国民に正しい情報を提供するという報道の目的を達成するためには、自由な取材活動が行われることが不可欠の前提となるので、取材の自由も同様に重要な権利といえます。
　一方で、設問後段の裁判所による提出命令は、公正な刑事裁判の実現という憲法上の要請（31条、37条1項）に基づくものといえ、取材の自由と必ずしも優劣はつけられません。そのため、提出命令の合憲性審査は、比較衡量によるべきだと考えられます。博多駅テレビフィルム提出命令事件においても、比較衡量をしたうえで制約が正当化されています（次頁参照）。
　これに対して、本件での捜査機関による差押えは、適正迅速な捜査の遂行という要請に基づくものであり、これは憲法上の要請ではありません。したがって、報道・取材の自由と適正迅速な捜査との関係では後者が劣後してしまうとも思えます。
　しかし、日本テレビビデオテープ差押事件判決（最決平成元年1月30日刑集43巻1号19頁）は、「公正な刑事裁判を実現するためには、適正迅速な捜査が不可欠の前提であり、報道の自由ないし取材の自由に対する制約の許否に関しては両者の間に本質的な差異がない」と述べています。そうだとすれば、適正迅速な捜査も重要性が高く、取材の自由と適正迅速な捜査との間では優劣をつけるのは困難です。そこで、本件でも比較衡量を用いて、得られる利益が失われる利益を上回る場合は、制約が正当化されると解すべきです。具体的には、上記判例は、「差押の可否を決するに当たっては、捜査の対象である犯罪の性質、内容、軽重等及び差し押さえるべき取材結果の証拠としての価値、ひいては適正迅速な捜査を遂げるための必要性と、取材結果を証拠として押収されることによって報道機関の報道の自由が妨げられる程度及び将来の取材の自由が受ける影響その他諸般の事情を比較衡量すべき」と述べています。

5 あてはめ

　まず本件での捜査の対象は、多数の死傷者がでた過失運転致死傷事件であり、これは重大な事件といえます。また、現代では自動車の事故に関して、世間の注目度が高くなっています。たしかに、交通事故は公道上で発生することがほとんどであるため、密室で行われる犯罪と異なり目撃者が多数存在すると思われます。しかし、本件のように多数の者が関与している事件では、関与者の特定や事故の原因の特定は困難です。そうした状況で、本件ディスクは交通事故の発生前後の状況を撮影しており、直接証拠ともなりうることから、事件を解明するのに必要不可欠な証拠といえ、証拠としての価値は高いといえるでしょう。
　次に、本件ではディスクの内容は、すでにニュース番組で放映済みです。したがって、テレビ局が被る不利益は報道の自由そのものではなく、将来の取材の自由が妨げられるおそれがあるというのにとどまります。設問後段のように、一般人が撮影したデジタルデータの記録されたディスクを入手した場合には、信頼関係を損ね、今後取材に協力してもらえないなど、取材の自由に関して一定の不利益があります。しかし、本件では同じテレビ局のカメラマンが撮影したものであり、信頼関係が損なわれるおそれは小さいので取材の自由に対する不利益は小さいです。以上からすると、本件では、失われる利益よりも得られる利益が上回り、本件差押えも適法といえます。

いくつか整理しておきます。あてはめの参考にしてください。

博多駅テレビフィルム提出命令事件

○裁判所がテレビ局に対して博多駅事件を撮影したテレビフィルムの提出を命令した。

○判例は、「被疑者および被害者の特定すら困難な状態であって、……第三者の新たな証言はもはや期待することができ」ないので「現場を中立的な立場から撮影した報道機関の本件フィルムが証拠上きわめて重要な価値を有し、被疑者らの罪責の有無を判定するうえに、ほとんど必須のものと認められる状況にある」、「本件フイルムは、すでに放映されたものを含む放映のために準備されたものであり、……報道機関が蒙る不利益は、報道の自由そのものではなく、将来の取材の自由が妨げられるおそれがあるというにとどまるもの」とし、「この程度の不利益は、報道機関の立場を十分尊重すべきものとの見地に立つても、なお忍受されなければならない……時機に応じた仮還付などの措置により、報道機関のフイルム使用に支障をきたさないよう配慮すべき旨を表明している」と述べたうえで「本件提出命令を発したことは、まことにやむを得ないものがあると認められるのである。」とした。

日本テレビビデオテープ差押事件

○検察官が贈賄事件の捜査のため日本テレビのビデオテープを差し押さえた。

○判例は、「国民が関心を寄せていた重大な事犯」、解明には「事案の性質上当事者両名の供述に負う部分が大であ」り、「Y1は……被疑事実を否認しており、またY2も事実関係の記憶が必ずしも明確ではな」く、「更に的確な証拠の収集を期待することが困難な状況」で、「Y1は、本件ビデオテープ中の未放映部分に自己の弁明を裏付ける内容が存在する旨強く主張していた」ことから、被疑者の「面談状況をありのままに収録した本件ビデオテープは、証拠上極めて重要な価値を有し、事件の全容を解明し犯罪の成否を判断する上で、ほとんど不可欠のものであつたと認められる」とし、「差押当日までにこれを放映しているので……報道の機会が奪われるという不利益ではなく、将来の取材の自由が妨げられるおそれがあるという不利益にとどまる」と述べたうえで、「本件ビデオテープは、その取材経緯が証拠の保全を意図したY2からの情報提供と依頼に基づく特殊なものであること、当のY2が本件贈賄被疑事件を告発するに当たり重要な証拠資料として本件ビデオテープの存在を挙げていること、差押に先立ち検察官が報道機関としての立場に配慮した事前折衝を申立人との間で行っていること、その他諸般の事情を総合して考えれば……適正迅速な捜査を遂げるためになお忍受されなければならないものというべきであり、本件差押処分は、やむを得ないものと認められる」とした。

TBSビデオテープ差押事件（最決平成2年7月9日刑集44巻5号421頁〔判例シリーズ39事件〕）

○警察が暴力団組員による悪質な傷害、暴力行為等処罰に関する法律違反被疑事件の捜査のため、TBSのビデオテープを差し押さえた。

○判例は、本件は軽視することのできない事件とし、被疑者や関係者の供述が不十分であることから「右の犯行状況等を収録したと推認される本件ビデオテープ……は、事案の全容を解明して犯罪の成否を判断する上で重要な証拠価値を持つものであった」、「本件ビデオテープは……放映を済ませていたので……本件ビデオテープの放映が不可能となって報道の機会が奪われるというものではな」く、本件の撮影について「取材協力者は、本件ビデオテープが放映されることを了承していたのであるから、報道機関たる申立人が……その身元を秘匿するなど擁護しなければならない利益は、ほとんど存在しない。さらに本件は、撮影開始後複数の組員により暴行が繰り返し行われていることを現認しながら、その撮影を続けたものであって、犯罪者の協力により犯行現場を撮影収録したものといえるが、そのような取材を報道のための取材の自由の一態様として保護しなければならない必要性は疑わしい」「本件差押により、申立人を始め報道機関において、将来本件と同様の方法により取材をすることが仮に困難になるとしても、その不利益はさして考慮に値しない。このような事情を総合すると、本件差押は、適正迅速な捜査の遂行のためやむを得ないものであり、申立人の受ける不利益は、受忍すべきものというべきである」とした。

【参考文献】

試験対策講座5章4節③【1】、9章2節①。判例シリーズ5事件、38事件、39事件。条文シリーズ21条③2(1)。

令和3年5月、Y市においては、ヘイトスピーチに関する問題が頻発していたことから、「Y市ヘイトスピーチへの対処に関する条例」（以下「本件条例」という）の制定が検討された。検討された条例案は、第1条で「ヘイトスピーチの抑止を図る」との目的を定め、第2条で「ヘイトスピーチ」の定義を掲げている。そして、ヘイトスピーチが行われた場合の拡散防止措置（看板や掲示物の撤去要請やインターネット上の表現活動については削除要請等を行うもの。ただし強制力は有しない）および、この措置の実効性を担保する趣旨の氏名等の公表について、第5条第1項において規定されており、当該措置を行うにあたって必要な手続について同条第3項、第6条に規定が存在する。

　あなたは本件条例の制定にあたって、Y市の担当者より、憲法上の問題の有無についての検討を任された弁護士である。本件条例の合憲性について検討しなさい。なお、プライバシー権侵害の点、条例と法律の関係、形式的審査については、検討する必要はない。

【参照条例案】（抜粋）

第2条　この条例において「ヘイトスピーチ」とは、次の各号のいずれにも該当する表現活動をいう。
　一　次のいずれかを目的として行われるものであること
　　イ　人種または民族に係る特定の属性を有する……個人により構成される集団（以下「特定人等」という。）を社会から排除すること
　二　表現の内容又は表現活動の態様が次のいずれかに該当すること
　　イ　特定人等を相当程度侮蔑し又は誹謗中傷するものであること
　　ロ　特定人等（当該特定人等が集団であるときは、当該集団に属する個人の相当数）に脅威を感じさせるものであること
　三　不特定多数の者が表現の内容を知り得る状態に置くような場所又は方法で行われるものであること
第5条　表現活動がヘイトスピーチに該当すると認めるときは……内容の拡散を防止するために必要な措置をとるとともに……当該表現活動を行ったものの氏名又は名称を公表することができる。
3　市長は、第1項の規定による公表をしようとするときは、あらかじめ……ヘイトスピーチを行ったものに公表の内容及び理由を通知するとともに、相当の期間を定めて、意見を述べるとともに有利な証拠を提出する機会を与えなければならない……。
6　第1項の規定による公表は、インターネットを利用する方法……により行うものとする。
第6条　市長は、前条……第1項……に掲げる表現活動がヘイトスピーチに該当するおそれがあると認めるときは、……あらかじめ審査会の意見を聴かなければならない……。

【解答へのヒント】

　表現行為であればいかなる内容のものでも憲法21条1項により保障されるのでしょうか。

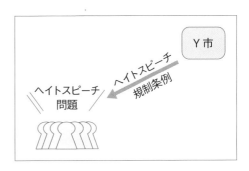

1　本件条例は、ヘイトスピーチに対する拡散防止措置を認め、この措置に従わない場合に、氏名を公表するとしており（5条1項）、ヘイトスピーチをする自由を侵害し、違憲ではないか。 → 問題提起

(1)　たしかに、ヘイトスピーチは、表現としての価値が低いので、21条1項の保障を受けないとの見解も考えられる。 5 論 低価値表現

　　　しかし、いかなる表現行為が保障を受けないことになるかという点についての基準は明確ではなく、低価値表現の保障を否定すると曖昧な基準のもと重要な人権について国家の恣意的規制を招くおそれを誘発するといえ、このような見解は妥当でない。 10

　　　また、ヘイトスピーチもみずからの信条や政治的意見を表明する行為である。

　　　したがって、上記自由は、「表現」にあたり、憲法21条1項（以下法名省略）によって保障されると解する。 15

(2)　もっとも、拡散防止措置は強制力を有しておらず、公表により、拡散防止措置の実効性が担保されているにすぎないため、制約は認められないとの見解が考えられる。

　　　しかし、公表がなされることで対象者の名誉権が害されるおそれがあるから、事実上、拡散防止措置に従わざるをえないので、ヘイトスピーチに対する萎縮効果がある。 20 ⇨ 最判令和4年2月15日（民集76巻2号190頁）

　　　そのため、本件条例は上記自由を制約している。

(3)　もっとも、上記自由も「公共の福祉」（12条後段、13条後段）による制約を受ける。では、上記制約は正当化されるか。違憲審査基準が問題となる。 25

　　ア　まず、ヘイトスピーチであっても、自己の意見を表明することを通じて人格の実現発達に資するから、重要である。また、不特定多数者の目に触れるかたちで行われるので、その効果が高い。さらに、ヘイトスピーチという内容に着目した内容規制であり、国家が思想に介入し、 30 思想の自由市場を害するおそれもあるので、厳格に審査すべきとも思える。

　　　　しかし、ヘイトスピーチは他人の人格権を侵害するもので低価値表現にあたるから、重要性は他の表現行為に比して相対的に低下する。また、ヘイトスピーチの相手 35 方は社会的マイノリティであるところ、マイノリティには身を潜めざるをえない事情が存在することが多く、差別対象となる先天的な性格を有することから、有効な反論を期待できない。そのため、対抗言論の法理が機能せず、反論を受けないヘイトスピーチについては、制約の 40 必要性も否めない。

　　イ　そこで、目的が重要で、手段が効果的かつ過度でないといえる場合には上記制約が正当化されると解する。 → 規範

(4)ア　本件条例の目的は、ヘイトスピーチを防ぎ、マイノリ → あてはめ

ティの人権保障の実効性を確保する点にある。これは憲
法のもっとも重要な目的で人権保障に資するといえ、重
要である。 45

イ　また、前述のようにヘイトスピーチに対して、氏名の
公表を担保に拡散防止措置をとれば、ヘイトスピーチの
拡散を防止でき、ヘイトスピーチによる人権侵害を防止 50
できるため、手段は効果的といえる。

ウ　もっとも、近年社会的にヘイトスピーチが注目を集め
ていることに照らせば、インターネットによる公表は被
処分者の氏名がヘイトスピーチを行った者として広く拡
散されることが想定され、名誉を著しく害する。これを 55
予定して行われる拡散防止措置は名誉権、および氏名を
公表する以上人格的生存に不可欠なプライバシー権を侵
害するため不利益の程度は重大である。また、公表は、
インターネット上の公表（本件条例5条6項）ではなく
庁舎前の掲示板への掲示など、より伝播可能性の低い手 60
段があるとも考えられる。さらに、条文の文言も、当該
措置の要件となる本件条例2条2号イ、ロが「相当程
度」「脅威を感じさせる」と抽象的であることから、恣
意的規制の危険があり妥当でない。したがって、手段は
過度であるようにも思える。 65

しかし、拡散防止措置は単なる要請にとどまるし、公
表も事実上の措置にすぎないので刑罰とは異なり、制約
が強いとはいえない。また、公表については本件条例5
条3項の告知聴聞手続を経なければならないし、拡散防
止措置を行うにあたっては、本件条例6条により審査会 70
の意見聴取という手続を経るため、ヘイトスピーチを行
った者の人権に対する配慮もあり、恣意的な権限行使も
防止できる。加えて、ヘイトスピーチにより害されるマ
イノリティの人権は名誉権、人格権、生活の平穏等重要
なものであり、対象となる人数も多い。さらに、前述の 75
ように対抗言論が困難なので、公権力がこれを防止する
必要性は高いところ、一般に多くの人が確認するとは考
えられない上記方法の掲示で公表しても、伝播可能性が
低い以上ヘイトスピーチの抑制という目的が十分に達成
されるとは考えがたい。 80

以上からすると、手段は過度とはいえない。

2　よって、本件条例は合憲である。 ➡結論

以上

85

　本問は、近年話題となっているヘイトスピーチに関する問題が取り上げられた最判令和4年2月15日民集76巻2号190頁を題材としている。ヘイトスピーチを含む低価値表現については、そもそも当該表現が表現の自由による保護に値するかという論点が存在するため、本問をとおして理解しよう。また、参照条文をどれだけあてはめで用いることができるかという思考力もこの問題をとおして身につけてほしい。

論点

低価値表現

答案作成上の注意点

① はじめに

　本問では、本件条例が表現の自由を侵害しないかについて検討しましょう。問題文にあるとおり、プライバシー権や法律と条例との関係等を書かないように気をつける必要があります。

　一般的な憲法の問題は、審査基準の定立や、定立した審査基準に事実をあてはめていくことが特に重要である一方、本問は保障段階や制約段階についてもある程度の検討が必要であり、かつ、事実認定も適合性段階で検討する事情があるという点に特徴があります。審査基準や事実認定以外の段階でも問題は生じうることに気をつけましょう。

② 低価値表現も憲法21条1項により保障されるか

　保障段階では、低価値表現の保障の有無が問題となります。

　この点については、低価値表現が他人の名誉、人格権等を侵害することから、憲法上保護に値しないとの主張が考えられます。しかし、低価値か否かの判断基準は曖昧ですから、保護の範囲が恣意的に決定されるおそれがあります。そして、表現の自由の重要性を考慮すれば、このような恣意的な規制を防ぐため、低価値表現も一律に憲法上保護すべきであるとの主張も考えられます。

③ 制約の有無について

　低価値表現も表現の自由の保障を受けると解した場合、制約の有無が問題となります。

　本件条例においては、5条1項が拡散防止措置、および氏名の公表が表現行為に対する抑止的効果を有しうるため、これらがヘイトスピーチを行う自由を制約するかを検討すべきです。

　この点については、拡散防止措置も公表も、それぞれ強制力を有するものではなく、公表も措置の実効性の担保を果たすにすぎないため、表現活動を制約しているとまではいえないとの主張が考えられます。

　しかし、現代社会においてヘイトスピーチを行った者の氏名が公表されれば、その名前はSNS等で瞬時に拡散され、名誉が害されることとなるでしょう。そして、この不利益の回復困難性に照らせば、事実上の表現行為に対する抑止力が存在し、萎縮的効果が認められるといえます。そのため、ヘイトスピーチを行った者の表現行為は一定程度抑止されうるといえ、制約が肯定されるべきでしょう。

　前掲最判令和4年の第一審判決（大阪地判令和2年1月17日裁判所ウェブサイト）も、①当該表現活動がヘイトスピーチに該当するとの認識および当該表現活動の内容の概要を公表するにとどまらず、②事案の内容に即して当該表現活動にかかる表現の内容の拡散を防止するために必要な措置をとるとともに、③当該表現活動を行った者の氏名または名称を公表するものとすること等をその内容とするものであって、前記①から③までの拡散防止措置等によって当該表現活動が一定程度抑止

されうると考えられる、としています。

④ 違憲審査基準について

違憲審査基準の定立にあたっては、権利の性質、規制態様などを考慮して決するのが定石です。

本問では、ヘイトスピーチをする自由は表現の自由による保障を受けるところ、表現行為は人格の実現、発展につながるとして自己実現の価値を有するといえ、重要です。

もっとも、ヘイトスピーチは本件条例2条の定義に照らし他人の人格権等を侵害するおそれのある表現ですから、重要性は通常の表現と比べて低いと考えられます。

加えて、ヘイトスピーチの対象は社会的マイノリティであることが一般的で、マイノリティの側は身を潜めざるをえない事情が存在することが多く、また差別対象となる先天的な性格を有することから、有効な反論を期待できないといえます。そのため対抗言論による自己の尊厳の確保は困難であるため、反論を受けないヘイトスピーチを行う自由の重要性も低下することとなります。

規制態様については、本件条例は2条に照らし内容に応じて規制するものといえるため、表現の自由市場を歪めるおそれのある内容規制にあたります。

このように判断基準を厳格化させるべき事情と、和らげる事情が混在する以上は、中間審査基準が妥当でしょう。

なお、前掲最判令和4年の第一審判決（前掲大阪地判令和2年1月17日）は、「憲法21条1項により保障される表現の自由は、立憲民主政の政治過程にとって不可欠の基本的人権であって、民主主義社会を基礎付ける重要な権利であるものの、無制限に保障されるものではなく、公共の福祉による合理的で必要やむを得ない限度の制限を受けることがあるというべきである。そして、本件において、本件各規定による表現の自由に対する制限が上記限度のものとして是認されるかどうかは、本件各規定の目的のために制限が必要とされる程度と、制限される自由の内容及び性質、これに加えられる具体的な制限の態様及び程度等を較量して決めるのが相当である」としており、比較衡量的な手法をとっています。もっとも、目的手段審査で検討することも誤りではないので、答案を書く際には慣れている手法を用いるのがよいでしょう。

⑤ あてはめ

本問は、本件条例について法令違憲が認められるかという問題ですので、必要性の判断にあたっては条文を細かくみていくことが大切です。まず、本件条例においてXの自由を制約するおそれのあるものは、5条1項に定められる拡散防止措置、および公表です。

拡散防止措置は、看板や掲示物、インターネット上の表現を削除することを要請するものであり、公表は拡散防止措置の実効性を担保する機能を有しているため、拡散防止措置に従わなければ、本件条例5条6項に従いインターネット上で氏名が公表されることとなります。近年、社会的にヘイトスピーチが注目を集めていることに照らせば、インターネットによる公表後、被処分者の氏名はヘイトスピーチを行った者として広く拡散されることが想定され、名誉を著しく害するといえます。

加えて、本件条例は曖昧な文言も多く恣意的な権限行使の危険が高いともいえます。

そうであれば、違憲とする立場からは、拡散防止措置は過度な規制手段であるとの主張をすることが考えられるでしょう。

これに対しては、拡散防止措置が強制力をもたない単なる要請にすぎないとの反論が考えられます。また、拡散防止措置がとられたとしても、本件条例5条3項により被処分者に告知聴聞の機会が与えられるため、措置に従わなかったからといってただちに公表がなされるとはいえず、公表の不利益の重大性が拡散防止措置の過剰性を基礎づけることとはならないとの反論も考えられます。さらに、本件条例5条による規制措置をとる前には必ず審査会の意見聴取が要求されており、規制権限の恣意的行使の危険は少ないとの反論も可能でしょう。

これらを考慮したうえで、いずれの結論をとるべきかを検討してみてください。

公表については、上記と同様に不利益の重大性ゆえに過剰との主張や、要件である本件条例2条の文言が曖昧であるとの主張が考えられます。

これに対しては、ヘイトスピーチによりマイノリティが被る不利益の重大性から、ヘイトスピーチの規制には高い必要性が認められることや、刑罰等に比して謙抑的な手段であることを考慮して、公表という制裁の相当性を検討しましょう。また、公表にあたっては本件条例6条に加え、5条3項の手続も要請されることから、恣意的な権限行使のおそれは拡散防止措置よりいっそう低いとの反論も考えられます。

　少なくともこれらの事情は考慮したうえで、合憲性を判断してみましょう。

【参考文献】
試験対策講座9章2節④、3節①・②。条文シリーズ21条③2(4)。

第22問 A　営利的言論の自由

　国会は、主に午後6時から同11時までの時間帯における広告放送時間の拡大が、多様で質の高い放送番組への視聴者のアクセスを阻害する効果を及ぼしているとの理由から、この時間帯における広告放送を1時間ごとに5分以内に制限するとともに、この制限に違反して広告放送を行った場合には当該放送事業者の放送免許を取り消す旨の法律（以下「本件法律」という）を制定した。この結果、放送事業者としては、東京キー局の場合、1社平均で数十億円の減収が見込まれている。本件法律に含まれる憲法上の問題点について論じなさい。

　なお、国家賠償法に関する問題点については、言及しなくてよい。

【解答へのヒント】

1　放送事業者による広告放送は、広告主であるスポンサー企業から利益を得る目的で行われる営利的言論です。営利的言論の自由は表現の自由の一環として保障されるのか、それとも経済的自由にすぎないのか、広告を受け取る視聴者の存在に留意しつつ検討しましょう。

2　制約が正当化されるかを判断する審査基準を立てる際には、営利的言論と非営利的言論の性質の違いに着目しましょう。

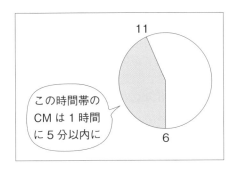

1　本件法律は、放送事業者が広告放送をする自由を侵害し、 →問題提起
　　違憲ではないか。

　(1)　まず、上記自由は、表現の自由を定める憲法21条1項 論営利的言論の自由
　　　（以下法名省略）により保障されるか。広告放送は放送事
　　　業者が広告料を得る対価として、スポンサー企業の商品の　5
　　　宣伝等を行う営利的言論であるところ、このような営利的
　　　言論は経済的自由として22条1項で保障されるにとどまる
　　　とも思えるため、問題となる。

　　　　この点について、広告のような営利的言論の場合であっ
　　　ても、国民一般が消費者として広告を通じてさまざまな情　10
　　　報を受け取ることの重要性にかんがみ、表現の自由の一環
　　　として21条1項で保障されるものと解する。したがって、
　　　上記自由は21条1項により保障される。
　　　　そして、法人であっても1個の社会的実体として活動す
　　　るものであるから、法人は権利の性質上可能なかぎり人権　15
　　　の享有主体となりうると解するところ、権利の性質上、放
　　　送事業者もこのような自由の享有主体となる。
　　　　したがって、放送事業者に上記自由が憲法上保障される。

　(2)　さらに、本件法律は、放送事業者が午後6時から同11時
　　　までの時間帯における広告放送を、放送免許の取消しとい　20
　　　う処分を背景に、1時間ごとに5分以内に制限するもので
　　　あり、放送事業者は事実上自由に広告放送を上記制限を超
　　　えて行うことができなくなっていることから、上記自由を
　　　制約している。

　(3)　もっとも、このような自由も無制約ではなく、「公共の　25
　　　福祉」（12条後段、13条後段）による制約を受ける。では、
　　　上記制約は正当化されるか。違憲審査基準が問題となる。
　　　ア　まず、表現の自由は、個人が言論活動を通じて自己の
　　　　　人格を発展させるという自己実現の価値と、言論活動に
　　　　　よってみずから政治的意思決定に関与するという自己統　30
　　　　　治の価値という重要な価値が内在する権利である。また、
　　　　　本件法律は、広告放送そのものを禁止してはいないもの
　　　　　の、時間制限に違反して広告放送を行った場合に放送免
　　　　　許の取消しがなされるという強力な制約を伴うものであ
　　　　　る。　35
　　　　　　もっとも、広告のような営利的言論の場合、自己統治
　　　　　の価値は非営利的言論よりも希薄であるため、保障の程
　　　　　度は相対的に低くなると解される。
　　　　イ　そこで、非営利的言論よりゆるやかな審査基準で判断
　　　　　すべきであり、具体的には、目的が重要で、手段が効果　40 →規範
　　　　　的かつ過度でない場合には、上記制約が正当化されると
　　　　　解する。

　(4)　これを本問について検討する。 →あてはめ
　　　　ア　まず、本件法律の立法目的は、多様で質の高い放送番

組への視聴者のアクセスを阻害することを防止する点に 45
ある。情報の受け手である視聴者が番組を通じて質の高
いさまざまな情報を取得する機会を確保することは、視
聴者の人格発展に資するため、立法目的は重要といえる。
イ　次に、番組枠に含まれる広告放送の時間を制限するこ
とにより、番組の放送時間が増え、多様で質の高い放送 50
番組の制作が可能となる。そうだとすれば、手段は目的
達成のために効果的とも思える。
　　しかし、「午後6時から同11時まで」という時間帯は、
高い視聴率を獲得できる時間帯である。このような時間
帯には多くの広告収入が見込めるところ、広告放送が制 55
限されると、東京キー局の場合で1社平均数十億円の減
収が見込まれているように、制限によって制作費が減少
し、かえって番組の多様性と質が低下するおそれがある。
　　そうだとすると、手段は目的達成のために効果的とは
いえない。 60
ウ　また、制限に違反した放送事業者に対し是正の勧告等
を行うといった段階的な手段を採ることもなく、ただち
に放送免許の取消しという手段を採ることは、放送事業
者にとっては廃業を意味するため、放送事業者の被る不
利益はあまりにも大きく、手段は目的との関係で過度で 65
あるといえる。
2　よって、本件法律は21条1項に反し、違憲である。 ➡結論
　　　　　　　　　　　　　　　　　　　　　　　　　以上

70

75

80

85

本問は、旧司法試験2006（平成18）年度第1問を基にした問題であり、広告放送という営利的言論を制限する法律の憲法適合性を検討することになる。営利的言論に関しては、表現の自由のなかに含まれるのか、含まれるとしてもその保障の程度が非営利的言論とは異なるのではないかという論点が存在する。送り手にとっての営利的言論の意味と受け手にとっての知る権利の側面の両面から考えてもらいたい。

論点

営利的言論の自由

答案作成上の注意点

1 営利的言論の自由

1 意義

営利的言論（commercial speech）とは、一般には、利益目的または事業目的で、製品またはサービスを広告する言論をいうと解されています。本問で問題となる広告放送は、放送事業者が広告主であるスポンサー企業から利益を得る目的で行われるものであり、営利的言論にあたるといえます。

2 営利的言論の憲法上の保障

商業広告のような営利的言論は、表現の自由の一環として21条1項によって保障されるでしょうか。この点について、かつては、商品知識の啓蒙を目的としたもの、情報の伝達を主としたもの、意見広告が加味されたものなど、なんらかの表現活動に関わる広告は表現の自由の内容をなすが、純然たる営利広告は思想の自由市場と関係がなく、経済的自由として保障されるにとどまるとする学説が存在しました（二分説）。

しかし、近年の通説では、営利広告を含む営利的言論は表現の自由に含まれると考えられています。その理由としては、広告のような営利的な表現活動であっても、国民一般が、消費者として、広告を通じてさまざまな情報を受け取ることの重要性を考慮すべきであるという点があげられます。消費者の知る権利を重視した考え方といえます。

通説の立場に従うと、本問における広告放送の自由は営利的言論として21条1項の保障を受けるといえます。また、広告放送の主体は法人である放送事業者ですが、憲法上の人権規定は「性質上可能なかぎり、内国の法人にも適用される」とした判例（最大判昭和45年6月24日民集24巻6号625頁〔判例シリーズ5事件〕、八幡製鉄政治献金事件）に従うと、放送事業者が広告放送をする自由は憲法上保障されているといえるでしょう。

3 保障の程度

本問において、午後6時から同11時までの時間帯における広告放送を、1時間ごとに5分以内に制限する本件法律が、放送事業者が広告放送をする自由を制約することは明らかです。

では、このような制約は「公共の福祉」（12条後段、13条後段）によるものとして正当化されるでしょうか。違憲審査基準が問題となります。

違憲審査基準を定立するにあたっては、営利的言論の自由の保障の程度を検討する必要があります。なぜなら、営利的言論と非営利的言論の性質の違いから、営利的言論の自由の保障の程度は非営利的言論のそれより低いのではないか、という問題意識があるからです。

この点については、営利的言論も表現の自由の一形態として、一般の言論と同じ程度に保障され、それを制約する立法には同じ厳格な審査基準が適用されるとする見解があります。この見解の根拠としては、商品やサービス宣伝のための純然たる営利広告であっても、消費者の側からみ

れば重要な生活情報のひとつであり、消費者の知る権利を充足させるという点や、営利的言論と非営利的言論とで保障の程度に差があるとすれば、営利的言論に表現の自由の保障が及ぶとすることの実質的な意味が失われてしまうといった点があげられます。

　これに対して、営利的言論の自由の保障の程度は、非営利的言論のそれよりも低く、営利的言論に対する制限の合憲性審査は、厳格度をゆるめた審査基準で足りるとする見解があります。この見解は、表現の自由を支える価値を、個人が言論活動を通じて自己の人格を発展させるという自己実現の価値と、言論活動によって国民が政治的意思決定に関与するという自己統治の価値という二元的なものと捉えたうえで、表現の自由は自己実現の価値を基礎においた自己統治の価値によって支えられていると考えて、政治的言論と比べて自己統治の価値との関わりが希薄である営利的言論の自由の保障の程度は低いとするものです。また、商品の効用等の内容の真実性については客観的な判定が容易であることから、国家による規制の恣意的濫用のおそれが少ないという点もこの見解の根拠となりえます。

　答案例では、後者の見解に立ち、中間的な審査基準を定立しています。具体的には、目的が重要で、手段が効果的かつ過度でない場合に、制約が正当化されるとしました。

4　あてはめ

　まず、本件法律の立法目的は、問題文から読み取れるように、多様で質の高い放送番組への視聴者のアクセスを阻害することを防止する点にあります。情報の受け手である視聴者が番組を通じて質の高いさまざまな情報を取得する機会を確保することは、視聴者の人格発展に資するものであって、視聴者の知る権利の観点から上記目的は重要であるといえます。

　しかしながら、本件法律が対象とする「午後6時から同11時まで」という時間帯は、一般に放送事業者にとって高視聴率が見込まれ、多くの広告収入を獲得できる時間です。そして、本件法律による広告放送の制限により、東京キー局の場合、1社平均で数十億円の減収が見込まれているという問題文の事情をも考慮すると、制限による減収により、番組制作費も減少し、その結果番組の多様性と質が低下することが予想されます。そうだとすれば、手段は目的との関係で効果的とはいえないでしょう。

　さらに、本件法律は、放送事業者が制限に違反して広告放送を行った場合には、当該放送事業者の放送免許を取り消すと規定しています。放送免許の取消しは放送事業者にとって廃業を意味するため、放送事業者は著しく大きな不利益を受けることとなります。そうだとすれば、段階的な措置をとることをせず、ただちに放送免許の取消しを行うという手段は目的との関係で過度であるといえそうです。

　答案例では、このようなあてはめを行ったうえで、本件法律は21条1項に反し、違憲であると結論づけています。

2　判例

　営利的広告の制限が問題とされた判例として、きゅう適応症広告事件（最大判昭和36年2月15日刑集15巻2号347頁〔判例シリーズ30事件〕）があります。この事件では、あん摩師、はり師、きゅう師及び柔道整復師法（以下「法」という）7条が、一定事項以外の広告を許さず、適応症の広告をも禁止していることが、憲法21条に違反しないかが争われました。

　この事件で最高裁は、法7条による広告の制限の理由を、広告が「虚偽誇大に流れ、一般大衆を惑わす虞があり、その結果適時適切な医療を受ける機会を失わせる」ことを防ぐためであるとしたうえで、「このような弊害を未然に防止するため一定事項以外の広告を禁止することは、国民の保健衛生上の見地から、公共の福祉を維持するためやむをえない措置」であり、21条に違反しないと判断しました。

　もっとも、本判決は、営利的広告も広く表現の自由の保障の範囲に属するとしたうえで、法7条による禁止は「国民の保健衛生上の見地から、公共の福祉を維持するためやむをえない」制限だと解したのか、それとも、広告は経済的活動で21条の保障の外にあるという立場から立論しているのかが明確ではないと評価されています。

【参考文献】
試験対策講座5章4節③【1】、9章2節③。判例シリーズ5事件、30事件。条文シリーズ3章序説
④2(1)、21条③2(3)。

　Xは、Y県において憲法第9条改正反対のデモを行う旨を企画し、自己の主張を国民に強く印象づけたいとの思いから、約300名にも及ぶ人員を集め、Y県公安委員会にデモ行進許可申請書を提出したところ、同委員会はこれを許可した。そして、Xは、令和4年4月8日、午後3時ころから午後6時ころにかけて県道を占拠し、みずから約300名の群集を指導して、憲法第9条改正反対のデモ行進を行った。Xは、デモ参加者に対し、デモ行進中は拡声器等を使用しないこと、および路上にゴミを捨てないようにすることを徹底させた。デモ行進の様子は、テレビや新聞でも広く取り上げられ、多数の反響を集めたことから、Xは、第1回目と同一の内容・態様を予定して第2回目のデモ行進を行う計画を立て、参加予定人員を1,000人として許可申請をした。ところが、Y県公安委員会は、Y県公安条例第3条第4号（以下「本件条例」という）に該当する事由が認められるとして、当該申請を不許可とした。

　本件条例およびこれに基づく不許可処分は違憲か。

【参照条文】
○Y県公安条例

第1条　道路公園その他公衆の自由に交通することができる場所における集団による行進若しくは示威運動（以下「集団運動」という）は、公安委員会の許可を受けないで行ってはならない。

第2条　前条の許可を受ける際には、主催者は、集団運動を行う日時の72時間前までに次の事項を記載した許可申請書を公安委員会に提出しなければならない。

　一　主催者の住所、氏名

　二　集団運動の日時

　三　集団運動の進路、場所及びその略図

　四～六　（略）

　七　集団運動の目的及び名称

第3条　Y県公安委員会は、前条の規定による申請があったときは、当該申請に係る集団運動が次の各号のいずれかに該当する場合のほかは、これを許可しなければならない。

　一　官公庁の半径500メートル以内での集団運動が予定されているとき。

　二　銃器、凶器、その他の危険物の携帯が予定されているとき。

　三　日没後の集団運動が予定されているとき。

　四　集団運動の目的からして、平穏な生活環境が害されることが明らかなとき。

第4条　第2条の申請書を受理した公安委員会が、当該集団運動開始日時の24時間前までに許可を与えない旨の意思表示をしない時は、許可のあったものとして行動することができる。

【解答へのヒント】

　参照条文を読むと、本件条例は許可制を採用していることがわかります。デモ行進を許可制に付することには、一般的にいかなる問題があるでしょうか。そして、本件条例は、3条で不許可事由を限定し、4条では許可推定条項をおいています。これらの規定は、憲法上いかなる意味を有するでしょうか。

1　Y県公安委員会は、本件条例３条４号に該当する事由が認められるとして、Xの申請を不許可としているところ、本件条例は、Xのデモ行進を行う自由（以下「本件自由」という）を侵害し、違憲ではないか。

➡️問題提起
論 集団行動の自由

(1)　まず、デモ行進を行う自由は、他者に対する意見表明の側面をもつことから、「その他一切の表現の自由」として憲法21条１項（以下法名省略）により保障される。

5

⇨ 新潟県公安条件事件（百選Ⅰ 82事件）

(2)　本件条例は、デモ行進を許可制に付し、３条各号の事由がある場合に申請を不許可とするものであるから、本件自由を制約している。

10

(3)　もっとも、本件自由も無制約ではなく、「公共の福祉」（12条後段、13条後段）による必要最小限度の制約を受ける。では、上記制約は正当化されるか。違憲審査基準が問題となる。

ア　この点、デモ行進は純粋の言論と異なり、一定の行動を伴うものであるから、特に国民の権利・自由との調整を必要とする。

15

　　しかし、情報の送り手と受け手の分離・固定化が顕著になった現代社会において、デモ行進は、情報の受け手の地位におかれている国民が自己の思想を表明する貴重な手段であるから、本件自由はきわめて重要である。そして、本件条例は、許可制を採用しており、デモ行進を事前に規制する性質を有するから、その規制態様は強い。

20

イ　したがって、その規制は、目的が必要不可欠なもので、手段が必要最小限度のものでなければならないと解する。

25

➡️規範

(4)ア　本件条例の目的は、３条各号の要件の記載からすると、デモ行進の態様によっては住民の生命・身体に危険が及ぶことがあるため、デモ行進を規制することによって住民の生命・身体を保護するという点にあるところ、このような目的は必要不可欠であるといえる。

➡️あてはめ

30

イ　一方、その目的を達成する規制手段たる許可制というのは、その行為を事前に審査しその当否を決するという意味で事前抑制の性質を有している。事前抑制は表現が人々に届く途を閉ざしてしまうことから、原則として過度な措置にあたると考える。

35

　　そこで、許可制をとる公安条例が必要最小限度の規制といえるためには、①その内容が実質的には届出制といってよいほど許可基準が明確かつ厳格に限定されたもので、②裁判による救済手続が整っていることが必要である。

40

　　本件条例では、不許可となる事由が、３条１号から４号までに該当する場合に限定されている。そして、本件条例３条４号は、集団運動の内容に着目してその実施を不許可とするものであり、本件自由の重要性も加味すれ

ば、4号の「明らか」とは、客観的事実に照らして、他 45
者の生命・身体・財産等に対する明らかな差し迫った危
険の発生が具体的に予見される場合にかぎられると解す
べきである。さらに、本件条例4条は、その内容からし
て許可推定条項とみることができる。したがって、本件
条例は、①その内容が実質的には届出制といってよい程 50
許可基準が明確かつ厳格に限定されたものといえる。
　　加えて、Xは、Y県地方裁判所に許可の義務付けの訴
えの提起（行政事件訴訟法37条の3）および仮の義務付
けの申立て（行政事件訴訟法37条の5）を行うことがで
きるから、②裁判による救済手続が整っているといえる。 55
　　以上からすれば、本件条例の規制は、必要最小限度の
ものといえる。

(5)　したがって、本件条例は、合憲である。 　　　　　➡結論

2　そうだとしても、Y県公安委員会による本件不許可処分は 　➡問題提起
本件自由を侵害し、違憲ではないか。 60

(1)　Y県公安委員会は、本件条例3条4号に該当する事由が
認められるとして、当該申請を不許可としているところ、
本件は、「集団運動の目的からして、平穏な生活環境が害
されることが明らかなとき」に該当するか。

(2)　この点、同号の「明らか」とは、前述のように、客観的 65 ➡規範
事実に照らして、他者の生命・身体・財産等に対する明ら
かな差し迫った危険の発生が具体的に予見される場合にか
ぎられる。

(3)　これを本間についてみると、Xが、デモ参加者に対し、 　➡あてはめ
デモ行進中は拡声器等を使用しないこと、および路上にゴ 70
ミを捨てないようにすることを徹底させていることからし
ても、第1回目のデモ行進は、平穏な態様で行われたもの
ということができる。そして、第1回目と同一の内容・態
様によって行われることが予定されていることからすれば、
第2回目のデモ行進も、周辺住民の利益を害することなく 75
行われる可能性が高い。また、たしかに、第2回目のデモ
行進については、1,000人の参加が予定されており、その
規模からして交通秩序を害したり騒音を引き起こしたりす
るおそれが第1回目に比して高いとも思えるが、第1回目
で拡声器等を使用せず、路上にゴミを捨てないようにして 80
いたことから、第2回目でも同様の対応をとる可能性が高
いといえる。したがって、客観的事実に照らして、他者の
生命・身体・財産等に対する明らかな差し迫った危険の発
生が具体的に予見されるとはいえない。

(4)　よって、本件条例3条4号に該当する事由は認められな 85 ➡結論
いから、本件不許可処分は違憲である。

以上

本問は、新潟県公安条例事件（最大判昭和29年11月24日刑集 8 巻11号1866頁〔百選 I 82事件〕）を参考にして作成した。デモ行進の自由については、司法試験2013（平成25）年および2021（令和 3 ）年にて出題されており重要度は高い分野といえる。この機会に理解をしよう。

論点

集団行動の自由

答案作成上の注意点

1 権利保障について

デモ行進の自由は、21条 1 項の表現の自由の一種として保障されると考えられています（通説）。判例も「行列行進又は公衆の集団示威運動……は、公共の福祉に反するような不当な目的又は方法によらないかぎり、本来国民の自由とするところ」としており、デモ行進の自由を認めています（前掲新潟県公安条例事件）。

もっとも、条文上の根拠については争いがあります。この点については、①「動く公共集会」として集会の自由に含まれるという説と、②他者に対する意見表明の側面をもち、他の表現の自由と同様に自己実現・自己統治の価値を有することから「その他一切の表現の自由」に含まれるという説があります。どちらの立場に立っても権利の重要性についての違いは生じないため、いずれを採用してもかまいませんが、その際には、条文の文言に引きつけて保障根拠を考えるという視点を忘れないようにしましょう。答案例では、②説を採用しています。

2 制約について

本件条例は、デモ行進を許可制に付し、 3 条各号の事由がある場合に申請を不許可とするものです。そして、実際にY県公安委員会は、 3 条 4 号に該当する事由が認められることを根拠にXの申請を不許可としています。そのため、本件条例が本件自由を制約していることは明らかです。

3 違憲審査基準について

説得力のある違憲審査基準を定立するためには、保障される権利の性質および本件におけるその制約の態様を深く吟味、把握することが必要です。

前述のとおり、デモ行進の自由は「その他一切の表現の自由」によって保障されているところ、このように、問題文で主張されている表現の自由等として憲法上保障されるとした場合には、単に精神的自由であるから重要などとするのではなく、そのような人権がいかなる点で重要といえるのかを意識して、その重要性を具体的に論述していく必要があります。第24問も集会の自由についての問題ですので、権利の重要性をどのように表現しているのか参考にしてください。

デモ行進の自由は、情報の送り手と受け手の分離・固定化が顕著になった現代社会において、情報の受け手の地位におかれている国民が自己の思想を表明する貴重な手段となります。また、本問のデモ行進は政治的な意見表明の性質を有しており、国民が政治的意思決定に参画するという自己統治の価値が妥当します。本問では、保障される権利の性質についてこのように述べ、本件自由はきわめて重要であるとしました。

一方で、制約の態様について、本件条例 3 条は許可制を採用しています。公安条例による許可制は、デモ行進を事前に規制する性質を有しており、表現行為に対する事前抑制であるといえます。そして、表現に対する事前抑制は、原則として禁止されます。表現に対する事前抑制が原則として禁止されることについては、第 9 問の解説の審査基準の箇所で触れていますので、あわせて確認し

てみてください。

　以上より、違憲審査基準としては、厳格な基準をとるべきであり、目的が必要不可欠で、手段が必要最小限度のものでなければならないと解すべきでしょう。

　なお、本問と同様に、デモ行進を規制の対象とした条例の憲法21条適合性が問題となった東京都公安条例事件（最大判昭和35年7月20日刑集14巻9号1243頁〔判例シリーズ44事件〕）において、判例は「集団行動による思想等の表現は、単なる言論、出版等によるものとはことなって、現在する多数人の集合体自体の力、つまり潜在する一種の物理的力によって支持されていることを特徴とする。かような潜在的な力は、あるいは予定された計画に従い、あるいは突発的に内外からの刺激、せん動等によってきわめて容易に動員され得る性質のものである。この場合に平穏静粛な集団であっても、時に昂奮、激昂の渦中に巻きこまれ、甚だしい場合には一瞬にして暴徒と化し、勢いの赴くところ実力によって法と秩序を蹂躙し、集団行動の指揮者はもちろん警察力を以てしても如何ともし得ないような事態に発展する危険が存在すること、群集心理の法則と現実の経験に徴して明らかである」としています。この集団暴徒化論によれば、審査基準をゆるやかにすることも考えられます。

4　あてはめについて

　本件条例の目的は、デモ行進の態様によっては住民の生命・身体に危険が及ぶこともあることから、デモ行進を規制して住民の生命・身体を保護することにあります。この目的は必要不可欠なものであるといえます。

　手段としては、許可制ではなく届出制で足りるという主張が考えられます。集団行動の届出制は、集団行動それ自体はまったく自由であるという前提をとり、その自由を行使するには公安委員会への通知で足り、公安委員会はそれを原則として受理する義務を負い、ただこれに対応する交通整理等の措置を講ずることが認められるにとどまるといった制度です。一方で、許可制は、行為を一般的に禁止しておき、その行為を行わせても弊害が生じない特定の場合において、個別的に禁止を解除して当該行為を行うことを許す処分を行う制度です。デモ行進の許可制は公安条例による集団行動の事前規制を意味することになりますが、表現の自由の重要性や、検閲を禁止した21条2項の趣旨に照らすと、表現の事前抑制は原則として禁止されます。新潟県公安条例事件でも「単なる届出制を定めることは格別、そうでなく一般的な許可制を定めてこれを事前に抑制することは、憲法の趣旨に反し許されない」としています。そこで、条文上は許可制が採用されていると読むことができる場合に、手段が必要最小限度であるといえるためには、①その内容が実質的には届出制といってよいほど許可基準が明確かつ厳格に限定されたもので、②裁判による救済手続も整っていることが必要です。

　これをふまえて本件条例をみてみると、①について、デモ行進の不許可事由が3条1号から4号までに該当する事由に限定されています。4号は、デモ行進が不許可とされる場合として「集団運動の目的からして、平穏な生活環境が害されることが明らかなとき」をあげていますが、「明らかなとき」とは、デモ行進の自由の重要性からすれば、客観的事実に照らして、他者の生命・身体・財産等に対する明らかな差し迫った危険の発生が具体的に予見される場合にかぎられると解すべきです。さらに、本件条例4条は、許可推定条項とみることができます。許可推定条項とは、許可を与えない旨の意思表示をしないときは許可があったものとして行動することができると定める条項のことです。この場合には、許可権者の許可という処分が考えられないため、届出制と同様の状況となります。以上からすれば、本件条例はその内容が実質的には届出制といってよいほど許可基準が明確かつ厳格に限定されたものということができます。

　②について、具体的には、集団行進の申請に対して、公安委員会が不許可にしたり、進路変更の条件をつけたりした場合に、裁判所による迅速な救済が必要となります。この点、Xとしては、Y県地方裁判所に対し、許可処分の義務付け訴訟の提起（行政事件訴訟法37条の3）および仮の義務付けの申立て（行政事件訴訟法37条の5）を行うことができます。そうだとすれば、裁判による救済手続も整っているといえます。

　よって、本件条例は合憲であると考えられます。

⑤ 不許可処分の合憲性について

　本件条例が合憲であるとしても、不許可処分の合憲性については別途検討する必要があります。本件不許可処分は、本件条例3条4号に基づいてなされているため、本問におけるデモ行進が「平穏な生活環境が害されることが明らかなとき」にあたらなければ、不許可処分は違憲となります。

　前述のように、本件条例3条4号の規定する「明らかなとき」とは、客観的事実に照らして、他者の生命・身体・財産等に対する明らかな差し迫った危険の発生が具体的に予見される場合にかぎられます。本問におけるデモ行進では、Xが、デモ参加者に対し、デモ行進中は拡声器等を使用しないこと、および路上にゴミを捨てないようにすることを徹底させており、第1回目のデモ行進は、平穏な態様で行われたものということができます。そして、第2回目のデモ行進も、第1回目と同一の内容・態様によって行われることが予定されていることからすれば、第2回目についても周辺住民の利益を害することなく行われる可能性が高いといえます。

　たしかに、第2回目のデモ行進については、1,000人の参加が予定されており、その規模からして交通秩序を害したり騒音を引き起こしたりするおそれが第1回目に比して高いとも思えます。しかし、第1回目で拡声器等を使用せず、路上にゴミを捨てないように徹底させていたことから、第2回目でも、同様の対応をとる可能性が高いと考えられます。したがって、他者の生命・身体・財産等を侵害するとまではいえないでしょう。

　したがって、「平穏な生活環境が害されることが明らかなとき」とはいえないため、本件不許可処分は違憲であると考えられます。

【参考文献】
試験対策講座9章4節①【1】・【2】。判例シリーズ43事件、44事件。条文シリーズ21条③4(1)・(2)。

第24問 A 集会の自由

Xらは、Y市立市民会館で令和4年4月24日に開催する「○○基地建設反対全国総決起集会」のため、同年2月23日にY市に対し、市立Y市民会館条例第6条（以下「本件条例」という）に基づき、使用団体名を「全○○実行委員会」として、使用許可の申請をした。

これに対して、Y市長は、本件集会の実体は、過激な組織活動を行う団体Aが主催するものであり、団体Aに本件会館を使用させると周辺住民の平穏な生活が脅かされるおそれがあること、団体Aと対立中である団体Bが本件集会に乱入するなどして、付近一帯が大混乱に陥るおそれがあることなどを理由に、本件条例第7条第1号の「公の秩序をみだすおそれがある場合」に該当するとして不許可処分をした。

なお、団体Aは、過去にも数回、○○基地建設への反対運動を呼び掛ける集会を開催したが、その当時団員らが暴力行為に及んだことはなかった。しかし、同年2月12日、団体AがY市の街頭で○○基地建設の反対を呼び掛ける演説を行っていたところ、団体Bの団員が野次を飛ばしたため、両者の間で小競り合いに発展し、住民から騒音を理由とする苦情が数件入ったことから、警察が臨場してその場を収めた事件が発生していた。また、団体Aは、同日以降、団体Aの活動に反対する団体Bをあおったり、その活動方針を過激に批判したりする内容のビラを大量に発行し、住宅のポストに立て続けに投函していた。

この事例における、憲法上の問題点について論じなさい。

なお、条例の規定自体は合憲であるとする。

【解答へのヒント】

Y市民会館条例に基づく不許可処分の結果として、Xらは、Y市民会館を集会のために利用することができなくなっています。そこで、公共施設を集会のために利用する自由が侵害されているようにも思えますが、そもそもそのような利益は、憲法上保護に値するのでしょうか。かりに、Xらが、憲法上保護に値する利益を有しているとすれば、本件不許可処分は、そのような利益を不当に侵害するものといえるのでしょうか。

答案例

1　本件条例7条1号に基づくY市長による不許可処分（以下「本件不許可処分」という）は、Xらの集会のために市民会館を使用する自由を侵害し、違憲ではないか。

(1)　まず、集会を行う自由は、多数人が1箇所に集合して講演者の表現活動を共有するものであるから、集会の自由（憲法21条1項。以下法名省略）として保障されると解する。

そして、市立Y市民会館（以下「本件会館」という）は、地方自治法（以下「法」という）244条1項にいう「公の施設」であり、いわゆるパブリック・フォーラムにあたるから、住民の権利行使の場を保障する見地より、Y市は、原則として、その使用を拒んではならない（法244条2項参照）。

したがって、集会のために市民会館を使用する自由は、21条1項により保障される。

(2)　次に、本件不許可処分は、本件条例7条1号の「公の秩序をみだすおそれがある場合」にあたるとして、本件会館の使用を不許可とするものであるから、上記自由を制約している。

(3)　もっとも、「正当な理由」（法244条2項）が認められる場合には、公の施設たる市民会館の使用を拒否できるところ、本件不許可処分は、21条1項および法244条2項に違反しないか。

ア　市民会館のような公の施設は、情報の受け手に固定化された国民が集会を開くために表現活動を行うための貴重な場である。そして、集会は、個人がさまざまな意見や情報に接することにより、自己の思想や人格を形成、発展させる場として必要であり、さらに、対外的に意見を表明するための有効な手段でもあるから、集会の自由は民主主義社会における重要な人権である。

団体Aが過去に犯罪行為に及んだことのない平穏な団体であることも考慮すれば、設備等の点で利用を不相当とする事由がある場合を除き、利用を拒否しうるのは、競願の場合のほかは、施設をその集会に利用させることによって、他の基本的人権が侵害され、公共の福祉が損なわれる危険がある場合にかぎられると解する。

イ　そこで、本件条例7条1号の「公の秩序をみだすおそれがある場合」とは、集会の自由を保障する重要性よりも、本件会館で集会が行われることにより公共の安全が損なわれる危険を防止する必要性が優越する場合をいうものと解すべきである。

具体的には、単に危険な事態が生じる蓋然性があるというだけでは足りず、客観的事実に照らして、明らかに差し迫った危険の発生が具体的に予見されることが必要

└　　　と解する。

➡あてはめ

(4)　これを本問についてみると、たしかに、本件会館の使用
　許可の申請の直前に、団体Aと団体Bの団員の間で小競り
　合いが発生し、住民から騒音を理由とする苦情が数件入っ
　たことを契機として、警察が臨場してその場を収めている
　こと、および団体Aが同日以降、団体Aの活動に反対する
　団体Bをあおったり、その活動方針を過激に批判したりす
　る内容のビラを大量に発行し、住宅のポストに投函してい
　ることからすれば、団体Bが集会の開催を実力で妨害しよ
　うとして本件会館周辺に押し掛け、周辺の交通が混乱する
　おそれは抽象的には認められうる。

　　しかし、上記の小競り合いは、団体Bの一部の団員によ
　って引き起こされたものにすぎないし、苦情は騒音にとど
　まり、物損や傷害に発展した事実はないのであるから、か
　りに団体Bの団員が本件集会に乱入するようなことがあっ
　たとしても、負傷者を生む争いに発展するとはかぎらない。
　むしろ、本件小競り合いが警察の臨場によって解決してい
　ることからすれば、事前の警備によれば混乱を未然に防止
　できる可能性が高いと評価できる。

　　また、ビラの投函についても、団体Aが一方的に行って
　いるものであり、これに対して団体Bが具体的な行動にで
　た事実も認められないことからすれば、本件集会に乱入す
　るなどして、団体Bが報復行為に及ぶおそれは高くない。
　さらに、団体Aが、過去にも本件集会と同内容の集会を数
　回開催しているにもかかわらず、団員らが暴力行為に及ん
　だ事実がないのだから、本問においても平穏な集会が行わ
　れることが想定される。

⇨上尾市福祉会館事件（最判平
成8年3月15日民集50巻3号
549頁）

　　以上の事実をふまえれば、本問においては、警察の警備
　等によってもなお混乱を防止することができないなどの特
　別な事情は認められず、近隣住民や通行人の生命・身体・
　財産にまで危害が及ぶおそれは低いといえる。

　　したがって、客観的事実に照らして、明らかな差し迫っ
　た危険の発生が具体的に予見されるとはいえないから、本
　問は、本件条例7条1号の「公の秩序をみだすおそれがあ
　る場合」に該当せず、法244条2項の「正当な理由」は認
　められない。

➡結論

2　よって、本件不許可処分は、21条1項および法244条2項
　に反し違憲・違法である。

以上

本問は、泉佐野市民会館事件（最判平成7年3月7日民集49巻3号687頁〔判例シリーズ43事件〕）を題材にして出題した。地方自治法における「公の施設」と集会については、パブリック・フォーラム論なども絡んでくる重要な問題となっている。この機会に理解をしてほしい。

論点

集会の自由

答案作成上の注意点

① 権利保障について

Xらは、本件条例7条1号に基づく本件不許可処分により、本件会館で集会を行うことができなくなっています。そこで、端的に「集会を行う自由」を表現の自由の一種として憲法上保障される権利として設定し、その制約の合憲性を論じていけばいいようにも思えます。

もっとも、Xらの「市民会館で集会を行う自由」は、集会のための場所の提供を市に要求する点で、請求権的性格を有しているといえ、一方で、憲法上保障される表現の自由は、本来、その行使を妨げられないという意味で自由権的な性格を有することを前提としています。以上をふまえれば、市民会館の使用を許可するか否かは、あくまで市長の裁量に委ねられるものであって、「市民会館で集会を行う自由」は憲法上保障されないようにも思えます。

そうだとすれば、答案上も、市長の裁量をいかに統制すべきかについて論述するのが筋であることにもなりそうですが、泉佐野市民会館事件は、そのような構成をとっていません。「市民会館で集会を行う自由」を憲法上保障された権利として設定することは、本当にできないのでしょうか。そこで、地方自治法の条文を参照してみてください。本件会館は、地方自治法244条1項の「公の施設」に該当します。そして、244条2項は、「正当な理由」がないかぎり、普通地方公共団体が、住民による「公の施設」の利用を拒否することを禁止しています。であれば、集会のために市民会館を使用することは、原則として保障されているといえます。

もっとも、集会のために市民会館を使用することは、地方自治法上は保障されているとはいえますが、依然として憲法上保障されているとまではいえません。そこで、地方自治法244条2項を参照するにあたってパブリック・フォーラム論を経由する必要があるのです（パブリック・フォーラム論について、第18問参照）。市民会館は、市民の集会のために用いることができる施設として公権力が設置したものであり、そうである以上、表現の自由の行使の場を住民に保障する見地から、その使用は原則的に認められなければならず、244条2項は、その趣旨を明文で確認したものであると解釈するのです。そうであるとすれば、「集会のために市民会館を使用する自由」は、憲法上保障された権利として構成できるのであり、本件条例7条1号の規定や、1号に基づく本件不許可処分は、上記権利を制約していると解する余地がでてくるのです。かなり難易度の高い構成ですが、以上が泉佐野市民会館事件の正しい読み方であると学説上理解されているので、これを機にしっかり習得しておきましょう。

② 制約について

次に、本件条例7条1号に基づく本件不許可処分が、「集会のために市民会館を使用する自由」を制約しているとして、憲法21条1項および地方自治法244条2項に違反するのではないかが問題となります。本件条例7条1号は、「公の秩序をみだすおそれがある場合」に、本件会館の使用を不許可とするものであり、本件不許可処分が上記自由を制約していることは明らかですから、この点は端的に論じればよいでしょう。

③ 違憲審査基準について

　制約されている人権の重要性と、制約の強度をふまえて、違憲審査基準を定立することになります。そこで、「公共の福祉」（憲法12条後段、13条後段）に基づく必要最小限の制約として正当化されるかという観点から、集会の自由の重要性および本件不許可処分の制約の強度を考慮して、いわゆる厳格な基準を定立することも可能ですが、答案例では、泉佐野市民会館事件に従って、本件不許可処分を行う「正当な理由」が認められるかという観点から、本件不許可処分の合憲性を論述しています。人権の保障範囲を論ずるにあたって地方自治法244条2項を参照した以上、同項の文言に照らしてその制約の合憲性を判断していくほうが望ましいでしょう。

　ところで、いわゆる厳格な基準を用いないとすれば、制約の合憲性を論ずるにあたって、集会の自由の重要性をいかにして考慮すればよいのでしょうか。ここでひとつ思いつくのが、「正当な理由」が認められる範囲をなるべく狭く解釈して、本件不許可処分がその範囲に収まるかどうかを判断するという発想です。いかなる場合に「正当な理由」が認められると判断してよいのかについては、まず集会の自由の重要性を論ずる必要があるため、この点を検討してみましょう。

　権利の重要性を論じる場合、そのような人権がいかなる点で重要といえるのかを意識して、具体的に論述していく必要があります。その際には、表現の自由の優越的地位を支える根拠である、①個人が言論活動を通じて自己の人格を発展させるという、個人的な価値（自己実現の価値）と、②言論活動によって国民が政治的意思決定に関与するという、民主政に資する社会的な価値（自己統治の価値）という2つの価値を、当該人権がいかなる意味で有しているといえるのかという視点をもっておくことが有効でしょう。答案例では、成田新法事件（最大判平成4年7月1日民集46巻5号437頁〔判例シリーズ61事件〕）の文言を参照して、集会の自由の重要性を論じました。前掲最大判平成4年7月1日は、適正手続の保障に関する判例として整理されることが多いですが、集会の自由の保障根拠についても触れていますので、この判例を想起できなかったならば、これを機に判決文にあたってみてください。

　そのうえで、泉佐野市民会館事件の文言に従って、「正当な理由」の認められる範囲を限定していくことになります。ここで、本判決の特徴的な点は、条例の文言を憲法適合的に限定して解釈しているということです。具体的には、本問でいえば、本件条例7条1号の規定を、地方自治法244条2項の「正当な理由」を具体化した規定であると解したうえで、集会の自由の重要性に照らして同号の「公の秩序をみだすおそれがある場合」を合憲限定解釈しているということです。そこで、客観的事実に照らして、明らかな差し迫った危険の発生が具体的に予見されることが必要という有名な文言が登場するわけです。判例を参照する際には、その文言を漫然と記憶するのではなく、その導き出すための過程や具体的な論述の流れを意識して理解に努めるほうが記憶の定着がよくなります。なお、合憲限定解釈については、その限界をめぐる問題がありますが、本問では、条例の規定が合憲であることを前提にしてよいので、この論点について言及する必要はありません。

　次に、泉佐野市民会館事件の文言を詳しくみていきましょう。判例は、前述の基準に言及する以前に、「利用の希望が競合する」場合には、市民会館の利用を不許可とすることが許される旨述べています。これは、いわゆる「時・場所・方法による規制」に類似した発想とみることができます。なぜなら、利用の希望が競合する場合に市民会館の利用を不許可とすることは、集会の内容やその危険性を許可の判断の前提にしない点で、表現内容中立規制と評価することができるからです。逆に、競願の場合以外に市民会館の利用を不許可とすることは、集会の内容やその危険性を許可の判断の前提にする点で、表現内容規制そのものといえますから、その規制態様は強度であるということができます。そこで、前述した集会の自由の重要性もふまえて、本件条例7条1号の「公の秩序をみだすおそれがある場合」とは、「明らかな差し迫った危険の発生が具体的に予見される場合」であると、限定的に解釈していくことになるのです。そして、判例は、その危険性の程度を「客観的な事実に照らして」判断するとしています。つまり、許可権者の主観を基準にするのではなく、裁判所自身が判断代置して事実関係を検討するということです。この点でも、泉佐野市民会館事件が、相当厳格な基準で「正当な理由」の有無を判断していることがわかるでしょう。

4 あてはめについて

　本件で「正当な理由」が認められるかどうかについては、問題文の具体的な事情をどう評価するかがポイントとなります。

　たしかに、団体Aと団体Bの団員同士で小競り合いが起きたことや、団体Aが団体Bをあおったり、批判したりする内容のビラを住宅のポストに大量に投函していたことからすれば、団体Aと対立抗争中である団体Bが本件集会に乱入するなどして、付近一帯が大混乱に陥る抽象的なおそれはあるといえます。一方で、上記の小競り合いは、野次を飛ばす等した団体Bの一部の団員によって引き起こされたものにすぎず、警察の臨場によって解決しています。また、ビラの投函についても、団体Aが一方的に行っているものであり、これに対して団体Bが具体的な行動にでた事実はありません。これらの事情をふまえれば、団体Bの団員が一斉に本件会館に押し掛ける可能性は高いとはいえないと評価するのが自然でしょう。さらに、団体Aが、過去にも本件集会と同内容の集会を数回開催しているにもかかわらず、団員らが暴力行為に及んだ事実がないことからすれば、本件においても平穏な集会が行われることが想定されます。そのため、かりに団体Aの活動内容に批判する団体Bの団員が本件集会に乱入するようなことがあったとしても、その規模は小さいものにとどまり、その態様も激しいものにはならないと思われます。

　そうであれば、本件集会の開催自体を不許可とするのではなく、万一の事態に備えて警察の警備をある程度強化すれば、集会の当日に生じうる混乱は十分に防止できるといえます（最判平成8年3月15日民集50巻3号549頁、上尾市福祉会館事件参照）。したがって、客観的事実に照らして、明らかな差し迫った危険の発生が具体的に予見されるとはいえないから、本問は、本件条例7条1号の「公の秩序をみだすおそれがある場合」に該当せず、「正当な理由」は認められないということになります。

　よって、本件不許可処分は、憲法21条1項および地方自治法244条2項に反し違憲・違法であるという結論になります。

【参考文献】
試験対策講座9章4節 ① 【1】・【2】。判例シリーズ43事件、61事件。条文シリーズ21条 ③ 4(1)・(2)。

　令和5年、特定の集団が複数回にわたり、商店のショーウィンドウを破壊する、ゴミ箱に火をつける、無関係の市民に対し暴力を振るうといった暴動行為を起こす事件が発生していた。このような暴動行為については、計画段階における密行性が高く対策が難航していた。そこで、国はこのような暴動行為に対し歯止めをかけるべく、暴動行為を行った団体に対し規制を課す法律案（以下「本件法律案」という）の検討を行った。

　本件法律案は、刑法上の暴行罪（第208条）、傷害罪（第204条）、殺人罪（第199条）や放火罪（第108条、第109条、第110条）、器物損壊罪（第261条）等に該当する行為を「公共の安全を害する行為」としたうえで、一定の割合以上の構成員が当該団体の活動として公共の安全を害する行為を行った団体について、A₁委員会が観察処分にすることができるとしている。そして、観察処分を受けた団体は、役職者、その他全構成員の氏名、住所をA₂庁に対して報告する義務を負う。また、A₂庁は観察処分を受けている団体の活動状況を明らかにするため、団体への必要な立入調査をすることができる。

　本件法律案に対しては、報告義務の内容が重すぎるとの意見や、「公共の安全を害する行為」は適用対象として広すぎるとの意見が述べられた。

　あなたは、法律家として本件法律案が憲法第21条第1項に違反しないかについて検討を求められた者である。この点についてあなたの意見を述べなさい。

【解答へのヒント】
1　本件法律案が対象としている「公共の安全を害する行為」の対象は、比較的対象が広いですがこのことが憲法上どのような問題があるかを検討してみましょう。
2　本件法律案が構成員の氏名、住所など構成員のプライバシーに関する情報について報告義務を団体に負わせることが憲法上どのような問題があるかを検討してみましょう。

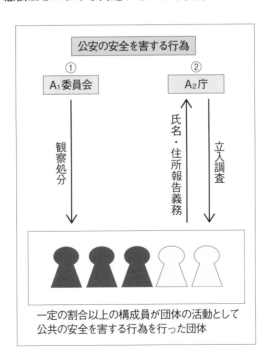

1　本件法律案は、観察処分を受けた団体の団体として活動する自由（以下「本件自由」という）を侵害し、違憲ではないか。

→問題提起

(1)　まず、憲法21条1項（以下法名省略）は結社の自由を保障しているところ、「結社」には表現を目的とする結社のみならずすべての結社が含まれている。また、団体として活動する自由も結社の自由には含まれている。

論結社の自由

5

したがって、本件自由は21条1項により保障されている。

(2)　次に、本件法律案は、観察処分を受けた団体について全構成員の氏名、住所の報告義務を課し、必要な場合にA₂庁が立入調査を行うとするものであり、団体としての活動を直接禁止するものではない。

10

しかし、全構成員についての報告義務や立入調査は団体としての活動に対する抑止効果のあるものである。

したがって、本件自由に対する制約がある（以下「本件制約」という）。

15

(3)　次に、本件自由は「公共の福祉」（12条後段、13条後段）により制約を受けうるものである。では、本件制約は正当化されるか。違憲審査基準が問題となる。

ア　本件自由の重要性についてであるが、結社の自由は自己実現の価値を有する重要な権利である。そして、団体を結成しても団体として活動する自由がなければ、同じ目的をもつ者同士で共同して目的達成をより容易にするという団体結成の目的が達成されない。

20

したがって、本件自由は重要である。

25

次に、規制態様については、本件法律案の報告義務や立入調査はあくまで団体としての活動そのものを直接規制するものではないから、規制態様は弱いとの見解もありうる。

しかし、全構成員の情報の報告を義務づけ、立入検査を行うことは、団体の活動への強度の委縮につながるものであり、団体の活動は強度に制限される。

30

したがって、規制態様は強いといえる。

イ　そこで、厳格な審査基準をとり、目的が必要不可欠であり、手段が目的との関係で必要最小限度といえる場合に本件制約は正当化されると解する。

→規範

35

(4)　これを本問について検討する。

→あてはめ

ア　本件法律案の目的は、特定の集団による暴動行為を防止することにある。暴動行為は、それによって人の生命、身体、財産を侵害する行為であるところ、人の生命、身体（13条前段）、財産（29条1項）を保護することは必要不可欠であるから、目的は必要不可欠である。

40

イ　次に、本件制約が目的との関係で必要最小限度といえるかについてであるが、一定の割合以上の構成員が当該

団体の活動として公共の安全を害する行為を行った団体 45
に対して、役職員の氏名、住所、役職名などを報告する
義務を課すだけでも、団体の構成員は団体内の中枢部の
情報という重要な情報を報告せざるをえなくなる。そう
だとすると、このような義務を課すだけでも、暴動行為
の防止には本件制約と同等の効果がある。そして、役職 50
員の氏名、住所、役職名の報告を義務づける場合、本件
制約と異なり、全構成員のプライバシーが害されるわけ
ではない。そうすると、本件制約にはより軽微な代替手
段がある。

　したがって、本件制約は、目的との関係で必要最小限 55
度といえない。

2　よって、本件制約は正当化されず、本件法律案は、21条1　　　**⇒結論**
　項に反し、違憲である。

以上 60

本問は、東京地判平成13年6月13日判時1755号3頁および2021（令和3）年の司法試験を参考にした問題である。結社の自由は司法試験2016（平成28）年、2021（令和3）年、予備試験2014（平成26）年で出題されており、頻出の分野である。本問をとおしてしっかりと理解してほしい。

論点

結社の自由

答案作成上の注意点

① はじめに

本問は、一定の割合以上の構成員が当該団体の活動として公共の安全を害する行為を行った団体に対し、情報の報告を義務づけ、また場合によっては立入検査を行う権限を認める法律案が21条1項に違反しないかを検討する問題です。

21条1項は集会の自由、結社の自由、表現の自由の3つを保障していますが、本問では結社の自由に対する侵害の有無が問題となります。結社の自由については、基本的に保障──制約──正当化の三段階審査で書けばよいでしょう。制約がどのように団体に影響を与えるのかを考えるのはもちろん、団体の全構成員に対してもどのような影響を与えるのかについて触れられると高い評価を得られます。

② 保障

1 結社の自由の内容について

21条1項は「集会、結社及び言論、出版その他一切の表現の自由は、これを保障する。」と規定しており、結社の自由を保障しています。「結社」というのは一般的に、継続的に多数の者が団体を結成し、その団体によって活動を行うことを意味します。この「結社」の範囲については、政治的結社といった表現を目的とした結社に限定する見解と、そのような結社のみならず経済的、宗教的、学問的、芸術的、社交的などすべての結社が含まれるとする見解があります。この見解によれば、宗教的結社の自由、労働組合結成の自由は20条1項前段、28条により重ねて保障されていることになります。通説は、すべての結社が含まれるとする後者の見解です。

結社の自由については団体の結成のみならず、加入、運営、団体としての活動について公権力から干渉を受けないという内容も含まれています。また、団体を結成しない自由、加入しない自由についても消極的結社の自由として保障されています。たとえば、一定の団体への加入を義務づける場合（強制加入団体）には、消極的結社の自由を侵害しないかが問題となりうるでしょう。

2 答案例について

本件法律案は、一定の割合以上の構成員が当該団体の活動として公共の安全を害する行為を行った団体に対し、情報の報告を義務づけ、また場合によっては立入検査を行う権限を認めるものですが、制約対象の人権として想定できるのは、観察処分を受けた団体が団体として活動を行う自由でしょう。答案例でもそのようにしています。

そのうえで、本件自由が結社の自由として保障されるかについてですが、「結社」の範囲を、表現を目的とした結社に限定する見解によるならば、制約される団体の目的いかんによっては結社の自由として保障されないことになるでしょう。しかし、すべての結社が含まれるとする見解に立つならば、結社の自由として保障されます。答案例では、後者のすべての結社が含まれるとする見解に立ち、本件自由が含まれるとしました。ただし、この見解の対立を多く論述する必要はありません。後者の見解に立つ場合は、触れなくてもかまいませんし、触れるにしても最小限

にすませましょう。

　また、本件自由は団体としての活動を行う自由ですから、団体の結成ではないものの結社の自由として保障されます。

③　制約

1　結社の自由に対する制約について

　前述のとおり、結社の自由は、団体の結成、加入、運営、団体としての活動についての自由や、消極的結社の自由も含む幅広いものです。そのため、制約態様もさまざまです。以下の表で人権ごとに想定される制約態様をまとめました。参考にしてください。

	想定される制約態様
団体の結成、加入の自由	○一定の団体の結成の禁止 ○一定の団体への加入の禁止 ○解散命令（最決平成８年１月30日民集50巻１号199頁〔判例シリーズ21事件〕、宗教法人オウム真理教解散命令事件、ただし、この事案は宗教的結社の自由に対する制約として争われている）　など
団体の運営、団体としての活動の自由	○解散命令 ○団体としての一定の活動の禁止 ○一定の情報の報告の義務づけ　など
消極的結社の自由	一定の団体への加入の義務づけ　など

　現行法で結社の自由への制約が問題となっているものとして、破壊活動防止法による解散命令と無差別大量殺人行為を行った団体の規制に関する法律（以下「団体規制法」という）による観察処分があげられます。破壊活動防止法は、公安審査委員会が「団体の活動として暴力主義的破壊活動を行った団体に対して、当該団体が継続又は反覆して将来さらに団体の活動として暴力主義的破壊活動を行う明らかなおそれがあると認めるに足りる十分な理由があるとき」に集会、集団行進などの活動を制限することができ（破壊活動防止法５条１項）、場合によっては解散の指定ができるとしています（破壊活動防止法７条１項）。この制約は結社の自由に対する直接的な制約であり、あまりにも規制が強度であるので合憲かどうかが問題視されており、実際に適用された事例はありません。

　また、団体規制法は、「その団体の役職員又は構成員が当該団体の活動として無差別大量殺人行為を行った団体」（団体規制法５条１項）について、一定の要件をみたした場合に役職者の氏名・住所などの報告や（団体規制法５条２項）、公安調査官の立入検査等の調査を受ける場合があること（団体規制法14条）などを規定しています。前掲東京地判平成13年はこの規制の合憲性が争われ、合憲とされました。

2　答案例について

　本件法律案は、観察処分を受けた団体に対し、全構成員の情報の報告を義務づけ、場合によっては立入検査を行うことを規定しています。これは団体の活動を萎縮させるものです。したがって、制約はあるでしょう。答案例もそのように論述しています。それほど争いがある部分ではないので端的に認定しましょう。

④　正当化

1　審査基準について

　団体を結成し、団体として活動することで、人々は同じ目的を有する他者と協力して、より有効に目的を達成することができるため、結社の自由は重要なものといえます。したがって、自由の重要性は高いです。

　他方、本件法律案は団体を解散させるものや、団体の活動を直接的に制限するものではありません。したがって、規制態様としては弱いという見解もありうるでしょう。一方、全構成員の情

報の報告を義務づけ、立入検査を行うことは団体の活動を強度に萎縮させることにつながるとして規制態様が強いとの見解もありえます。答案例では後者の見解を採用しました。また、自由の重要性が高いことに加え、規制態様は強いため厳格な審査基準を採用するとしました。

　　　かりに、規制態様が弱いとした場合には、中間審査基準を採用することになります。

2　あてはめについて

　　　以下の解説は、答案例で採用した厳格な審査基準を前提としたものです。

⑴　本件目的は暴動行為の防止です。暴動行為は人の生命、身体（13条後段）、財産（29条1項）を侵害する行為であり、これを防止するという内容の本件目的は必要不可欠であるといえます。

⑵　本件制約が目的との関係で適合性があるかについてですが、一定の割合以上の構成員が当該団体の活動として公共の安全を害する行為を行った団体に対し、全構成員の情報の報告義務を課し、場合によっては立入検査を行う規制をすればそのような団体の構成員による暴動行為が継続的に行われることを防止できますし、行おうとしているものに対する抑止にもつながります。したがって、適合性があるといえます。

⑶　本件制約が目的との関係で必要最小限度といえるかについてですが、ここで着目すべきは規制の範囲と規制の態様です。類似の現行法である団体規制法は無差別殺人行為を行ったとされる団体について規制しています。一方、本件法律案は公共の安全を害する行為に関連する団体を対象としており、その範囲は比較的広いといえるでしょう。また、類似の事案である司法試験令和3年では、報告義務が課された情報のなかに構成員に関する情報はありません。本件法律案は全構成員に関する情報も含まれており、規制の態様も比較的強いと評価できます。これらの点をふまえて解答する必要があります。

　　　まず、全構成員の情報の報告を義務づけなくとも、団体の活動の報告のほか、役職員の情報の報告のみを義務づければ暴動行為の防止には十分といえそうです。また、全構成員の情報の報告の義務づけは構成員が団体に所属していることを明かす点で構成員の内心の自由に関わるものであり、不利益が大きいといえます。したがって、より軽微な代替手段があるといえます。

　　　これらの点から答案例は、本件制約は必要最小限度とはいえないとしました。

5　プライバシー権との関係

　本問では21条1項違反について検討するよう求められていたため、問題となりませんでしたが、単に合憲性について問われていた場合、団体のプライバシー権を害さないか、構成員のプライバシー権を害しないかが問題となります。プライバシー権については第6問で扱っていますので、参考にしつつ検討してみてください。

【参考文献】
試験対策講座9章4節①【3】。判例シリーズ21事件。条文シリーズ21条③4⑶。

A市では、近年暴走族による被害が深刻化していた。そこで、暴走族の取締りのため「A市暴走族追放条例」を制定することを検討している。

　そして、A市暴走族追放条例案（以下「本件条例案」という）においては、「暴走族」が一定の行為を行った際に中止命令等を行うことが予定されており、これに従わない場合、本件条例案第19条により「6月以下の懲役又は10万円以下の罰金に処する。」と定められている。

　本件条例案第19条の規定は合憲か。罰則の要件を規定する下記の他の本件条例案も加味して、A市から合憲性の検討を求められた弁護士の立場に立って検討しなさい。なお、実質的審査は不要とする。

【参照条例案】

第1条　この条例は、暴走族による暴走行為、……示威行為が、市民生活や少年の健全育成に多大な影響を及ぼしている……ことから、……暴走族の……行為等を規制することにより、市民生活の安全と安心が確保される地域社会の実現を図ることを目的とする。

第2条　この条例において、次の各号に掲げる用語の定義は、それぞれ当該各号に定めるところによる。

　一～六　（略）

　七　暴走族　暴走行為をすることを目的として結成された集団又は公共の場所において、公衆に不安若しくは恐怖を覚えさせるような特異な服装若しくは集団名を表示した服装で、い集、集会若しくは示威行為を行う集団をいう。

第16条　暴走族は、次に掲げる行為をしてはならない。

　一　公共の場所において、当該場所の所有者又は管理者の承諾又は許可を得ないで、公衆に不安又は恐怖を覚えさせるようない集又は集会を行うこと。

　二～四　（略）

第17条　前条第1項第1号の行為が……行われたときは、市長は、当該行為者に対し、当該行為の中止又は当該場所からの退去を命ずることができる。

施行規則

（中止命令等の判断基準）

第3条

　一　暴走、騒音、暴走族名等暴走族であることを強調するような文言等を刺しゅう、印刷等をされた服装等特異な服装を着用している者の存在

　二～五　（略）

【解答へのヒント】

　あてはめでは、参照条文をどのように考慮すればいいのかという点を意識しながら検討してみましょう。

答案例

1　本件条例案2条7号は、憲法21条1項（以下法名省略）の集会の自由として保障される、暴走族として活動する自由を制約している。

➡️問題提起

それにもかかわらず、2条7号の暴走族の定義が明確性を欠いているとして21条1項、31条に反し違憲とならないか。 5
いかなる場合に明確性の原則に反するかが問題となる。

論明確性の原則

(1)　この点につき、明確性の原則の趣旨は、行政による法令の恣意的運用の防止と、国民の表現行為に萎縮的効果を与えることを防ぐ点にある。

そこで、通常の判断能力を有する一般人の理解において、 10
具体的場合に当該行為がその適用を受けるものかどうかの判断を可能ならしめるような基準が読み取れない場合に、明確性の原則に反すると解する。

➡️規範

⇨徳島市公安条例事件（判例シリーズ45事件）

(2)　これを本問について検討する。

➡️あてはめ

ア　本件条例案2条7号は、「暴走行為をすることを目的 15
として結成された集団又は公共の場所において、公衆に不安若しくは恐怖を覚えさせるような特異な服装若しくは集団名を表示した服装で、い集、集会若しくは示威行為を行う集団」としている。

この定義からすると、暴走族にかぎらず、社会通念上 20
の暴走族以外の人間も「暴走族」にあたるとして、中止命令等（本件条例案17条）が発せられうる。そのため、本件条例案2条7号のみに照らせば、規制の対象は過度に広範で、適用の有無の判断を可能ならしめる程度の基準は読み取れないといえる。 25

そうすると、本件条例案19条は、その要件が明確性を欠く以上違憲とも思われる。

イ　しかし、目的規定である本件条例案1条を見ると、暴走行為、示威行為を行う集団で、少年の健全育成に多大な影響を及ぼす集団と規定しており、社会通念上の暴走 30
族に合致した集団を対象としていることが読み取れる。

そして、中止命令等の判断基準を定める施行規則3条1号についても、「暴走、騒音、暴走族名等暴走族であることを強調するような文言等を刺しゅう、印刷等をされた服装等」を着用した者の存在を掲げている。 35

この規定からは、特に暴走行為をすることを目的として結成された集団、すなわち社会通念上の暴走族によく見受けられる特徴を備えた者を命令の対象として想定していることが読み取れる。

これらを総合すれば、本件条例案19条の要件となって 40
いる本件条例案2条7号にいう「暴走族」とは、その文言にもかかわらず、暴走行為を目的として結成された集団である本来的な意味における暴走族、および服装等の点においてこれに類似し社会通念上これと同視すること

ができる集団にかぎられるものと解するのが相当である。
　　　そうであれば、上述の基準も読み取れる。
　　ウ　したがって、本件条例案19条は、明確性の原則に反しない。
２　よって、本件条例は、21条１項、31条に反せず、合憲である。

　　　　　　　　　　　　　　　　　　　　　　　　　　　　以上

➡結論

　本問は、広島市暴走族追放条例事件（最判平成19年９月18日刑集61巻６号601頁〔百選Ⅰ84事件〕）を題材とする、明確性の原則に関する問題となっている。問題文で合憲の方向で検討するように求めているところ、これは判例の考えに従い、他の規定を参酌したうえで合憲限定解釈により結論をだしてもらうことを想定したものである。また、合憲限定解釈をするにあたってはみずから当該文言の限定解釈を提示する必要がある。判例と一致しなくてよいので、しっかりと考えてみよう。そして、解いた後には判例を確認し、どのようにして限定解釈を行っているのかを確認してみよう。

論点

明確性の原則

答案作成上の注意点

① はじめに

　本問は、本件条例案19条の法令違憲を問う問題ですので、適用違憲の問題とは区別し、法令の規定のみから合憲性を判断することを意識しましょう。そのうえで、まず19条の要件である２条７号の「暴走族」の定義が曖昧であるために、明確性の原則に反するかの検討を行います。２条７号の文言自体が曖昧なので、２条７号と19条のみに着目した場合には、明確性の原則に反すると考えてよいでしょう。もっとも、それでは参照条例として示されている他の規定を使うことができません。しっかりと他の条文も考慮したうえで、「暴走族」の意義を限定的に解釈し、合憲とすることができないかを検討しましょう。

　合憲限定解釈は、これを主要な論点として出題する問題は多くはありません。しかし、2019（令和元）年司法試験の出題趣旨では、明確性の原則について論じることを求めるのみならず、合憲限定解釈の可能性についても言及していますので、その処理方法については理解しておくべきでしょう。本問についても、形式的審査の問題だからと手を抜かず、何度も復習して処理方法を身につけましょう。

② 明確性の原則について

　明確性の原則とは、精神的自由を規制する立法は明確でなければならないとする原則をいいます。この原則に違反する場合には、憲法21条１項、31条に反し違憲無効となります。31条が問題となるのは刑罰法規が関係するときですが、表現行為の規制について、刑罰、行政罰をもってのぞまないという事態も考えにくいことから、基本的に21条のみならず31条も適用（類推適用）条文として掲げても問題はないでしょう。

　次に、明確性の原則には２つの異なった内容が存在します。それは、法文が漠然としているがゆえに何が禁止行為なのか不明確な場合である漠然性のゆえに無効の法理、そして法文が本来規制可能な行為を超えて、規制することが違憲となるような行為まで規制対象としている場合である過度の広汎性ゆえに無効の法理です。

　明確性の原則の趣旨は手続の適正を確保するとともに、表現行為に対する萎縮効果を防ぐ点にあるところ、過度に広汎な規定はその存在自体表現行為に対する萎縮効果が大きい点で、漠然不明確な法規と異ならないので、明確性の原則に反するとされています。

　本問は、明確性の原則のなかでも、過度の広汎性ゆえに無効の法理に関する問題です。そのため、適用範囲が限定的といえるかという観点から検討できるとよいでしょう。

　次に、判断基準をいかに解するかという点については徳島市公安条例事件（最大判昭和50年９月10日刑集29巻８号489頁〔判例シリーズ45事件〕）がリーディングケースとなっており、この判例で示

された規範に従って検討するのが適切でしょう。当該判決においては、「通常の判断能力を有する一般人の理解において、具体的場合に当該行為がその適用を受けるものかどうかの判断を可能ならしめるような基準が読みとれるかどうかによってこれを決定すべきである」とされていますので、この規範に従って明確性の原則に反するか否かを検討していくこととなります。

③ あてはめについて

1 広島市暴走族追放条例事件の判示内容

　本問の題材判例である広島市暴走族追放条例事件は、暴走族追放条例2条7号の「暴走族」の定義について「暴走族の定義において社会通念上の暴走族以外の集団が含まれる文言となっていること、禁止行為の対象及び市長の中止・退去命令の対象も社会通念上の暴走族以外の者の行為にも及ぶ文言となっていることなど、規定の仕方が適切ではな」いとしており、もっぱら7号の文言のみでは過度に広範であると判断しています。

　もっとも、「本条例の目的規定である1条は、『暴走行為、い集、集会及び祭礼等における示威行為が、市民生活や少年の健全育成に多大な影響を及ぼしているのみならず、国際平和文化都市の印象を著しく傷つけている』存在としての『暴走族』を本条例が規定する諸対策の対象として想定するものと解され、本条例5条……も、少年が加入する対象としての『暴走族』を想定している」「また、本条例の委任規則である本条例施行規則3条は、『暴走、騒音、暴走族名等暴走族であることを強調するような文言等を刺しゅう、印刷等をされた服装等』の着用者の存在（1号）……を本条例17条の中止命令等を発する際の判断基準として挙げている。」としています。

　そのうえで、これらの事情を総合考慮すれば、「『暴走族』は、本条例2条7号の定義にもかかわらず、暴走行為を目的として結成された集団である本来的な意味における暴走族の外には、服装……などにおいてこのような暴走族に類似し社会通念上これと同視することができる集団に限られるものと解され」ると判示し、条例を合憲と判断しています。

2 合憲限定解釈の方法について

　これはいわゆる合憲限定解釈という、法律の違憲判断を回避する技法です。この技法を用いた判決としては、本問の題材判例のほかにもいくつか存在していますが、そのうち税関検査事件（最大判昭和59年12月12日民集38巻12号1308頁〔判例シリーズ36事件〕）は、限定解釈が可能な場合について規範を定立しています。具体的には、①合憲限定「解釈により、規制の対象となるものとそうでないものとが明確に区別され、かつ、合憲的に規制し得るもののみが規制の対象となることが明らかにされる場合でなければならず」、②「一般国民の理解において、具体的場合に当該表現物」、表現行為「が規制の対象となるかどうかの判断を可能ならしめるような基準をその規定から読みとることができるものでなければならない」としています。

　しかしこの基準は、①の後段が実質的審査と論理的に順序が逆転していますので、実質的審査の要求される通常の試験問題では考慮する必要はないでしょう。また、①②で重複する部分もあり、事実の書き分けが非常に難しくなっています。そのため、この規範をそのまま覚えるのは受験生としては妥当とはいえません。

　それでは、受験生はいかにして合憲限定解釈を行うべきでしょうか。

　そもそも、合憲限定解釈は上述のとおり法律の違憲判断を回避する技法ですから、結果として導き出される解釈は、上述の徳島市公安条例事件の規範（明確性の原則に関する規範）に合致するものでなければなりません。このことは、税関検査事件の規範②とも合致します。そこで、ⓐ限定解釈の内容は、当該規範に合致する具体的なものとなる必要があります。また、題材判例の判旨にもあるとおり、条例の全体から読み取ることのできる趣旨、および施行規則の規定等を考慮したうえで、ⓑ規制の目的を達しうる限定解釈を示さなければなりません。そこで、合憲限定解釈は、形式的審査のなかで、明確性の原則のあてはめとして、ⓐ、ⓑの点を考慮しながら行うべきでしょう。

3 上記方法に従った、本問を題材とする合憲限定解釈の具体例

　試しに本件にあてはめて考えてみましょう。まず、本件条例1条からして、市民生活の平穏や

少年の健全育成を保つ点が本件条例の趣旨となります。そうであれば、市民生活を脅かし、少年の健全育成を害するような、社会通念上悪印象のある暴走族に限定されるような定義を自分で考えることが必要となるでしょう。

　暴走族が周辺住民や少年に悪影響を与える原因は、暴走行為そのものの危険性や、その騒音、更には威圧的な印象を与える服装である、いわゆる特攻服をそろって着ることで人々の恐怖感をあおり生活の平穏を害する点にあると考えられます。そして、本件条例2条7号、16条1号や、施行規則の3条1号からしても、本件条例は「暴走族」について暴走行為や示威行為を行う集団であること、およびその服装に特徴があるものを念頭においていると考えられます。そうであれば、問題となっている「暴走族」の特徴は、暴走行為や、その服装にあると考えることができるでしょう。そこで、答案例は、判例と同様とはなりましたが、「暴走行為を目的として結成された集団である本来的な意味における暴走族、および服装等の点においてこれに類似し社会通念上これと同視することができる集団」と解釈内容を決定しました。

　この流れは、条例の目的に沿った規定の解釈を検討したうえで（ⓐ）、最後に示す限定解釈はⓑに合致するような文言にするといった方法となっています。

　その後に、条例の趣旨や、施行規則も含めた他の規定に加えた評価を理由として答案に提示することとなるでしょう。

　このように、問題となっている条文の含まれる法令を先に確認し、当該法令の目的に沿った限定解釈の内容を確定させ、その解釈内容を結論として導くためにはどのようにほかの規定を評価、参照すればいいかを考えるという、逆算的な思考方法が必要といえるでしょう。

4　おわりに

　本問の主題は合憲限定解釈です。解説や答案例では、明確性の原則に合致するかの審査において、当該規定の文言のみではこれに反するおそれがあるとしたうえで、合憲限定解釈を行い、明確性の原則に反しないという結論を導いています。しかし、この手法も確立されたものではなく、合憲限定解釈と明確性の原則の関係、その判断方法について述べている基本書は今もなおあまり多くはありません。ですから、本問の解説等を参考にして、自分なりの処理方法を身につけておきましょう。

　また、本問は明確性の原則に焦点をあてた問題ですが、題材判例は条文の合憲性について実質的審査まで行っています。明確性の原則の処理、考え方を身につけた後には、実質的審査についてもみずから検討し、自分の判断と判例の判断とを見比べてみましょう。

【参考文献】
試験対策講座9章3節②【2】。判例シリーズ36事件、45事件。条文シリーズ21条③3(2)(b)。

　A市でスーパーマーケットを経営していたXは、当該スーパーマーケットで医薬品の一般販売を行うため、知事のYに許可を申請した。薬事法（以下「本件法律」という）では、医薬品の一般販売を行うには都道府県知事の許可を必要とし、競争が激化し、経営が不安定となり、法規違反が生じて不良医薬品が供給される危険を想定し、設置場所が配置上適正であることが許可条件（以下「適正配置基準」という）とされており、その具体的基準は各都道府県条例に委任されていた。Yは既存の薬局との間に最短距離でおおむね100メートルとする適正配置基準を定める条例（以下「本件条例」という）第3条に適合しないとして、不許可（以下「本件不許可処分」という）とした。医薬品の販売に関しては、監視員をおくなど行政上の監督手段が整っており、法規違反に対しては制裁が設けられている。そして、一定の場合には立入り検査もすることが可能である。

　本件不許可処分の憲法上の問題点について論じなさい。なお、条例に対する委任の可否や法律と条例の関係については述べなくてよい。

【参考資料】
○薬事法（昭和50年法律第37号による改正前のもの）（抜粋）

（目的）
第1条　この法律は、医薬品、医薬部外品、化粧品及び医療用具に関する事項を規制し、その適正をはかることを目的とする。

（開設の許可）
第5条　薬局は、その所在地の都道府県知事の許可を受けなければ、開設してはならない。
2　（略）

（許可の基準）
第6条　次の各号のいずれかに該当するときは、前条第1項の許可を与えないことができる。
　一　その薬局の構造設備が、厚生省令で定める基準に適合しないとき。
　一の二　その薬局において薬事に関する実務に従事する薬剤師が厚生省令で定める員数に達しないとき。
　二　申請者（申請者が法人であるときは、その業務を行う役員を含む。……）が、次のイからホまでのいずれかに該当するとき。
　　イ　第75条第1項の規定により許可を取消され、取消の日から3年を経過していない者
　　ロ　禁錮以上の刑に処せられ、その執行を終わり、又は執行を受けることがなくなった後、3年を経過していない者
　　ハ　イ及びロに該当する者を除くほか、この法律、麻薬取締法（昭和28年法律第14号）、毒物及び劇物取締法（昭和25年法律第302号）その他薬事に関する法令又はこれに基づく処分に違反し、その違反行為があった日から2年を経過していない者
　　ニ　禁治産者、精神病者又は麻薬、大麻、あへん若しくは覚せい剤の中毒者
　　ホ　その性癖素行に照らして、薬局を管理する薬剤師の第9条に規定する義務の遂行を著しく阻害することが明白である者
2　……その薬局の設置の場所が配置の適正を欠くと認められる場合には、前条第1項の許可を与えないことができる。（略）
3　（略）
4　第2項の配置の基準は、住民に対し適正な調剤の確保と医薬品の適正な供給を図ることができるように、都道府県が条例で定めるものとし、その制定に当たっては、人口、交通事情その他調剤及び医薬品の需給に影響を与える各般の事情を考慮するものとする。

（一般販売業の許可）

第26条　一般販売業の許可は、店舗ごとに、その店舗の所在地の都道府県知事が与える

2　前項の許可については、第6条の規定を準用する。（略）

3・4　（略）

○薬局等の配置の基準を定める条例（昭和ＸＸ年△△県条例第○○号）

第1条　この条例は、薬事法……第6条第4項……の規定に基づき、薬局並びに一般販売業
　　及び薬種省販売業の店舗（以下「薬局等」という。）の設置場所の配置の基準について、必
　　要な事項を定めるものとする。

第3条　法第6条第2項……の薬局等の設置場所の配置の基準は、薬局開設の許可等を受け
　　ている適用地域内の既設の薬局等……の設置場所から新たに薬局開設の許可等を受けよう
　　とする薬局等の設置場所までの距離がおおむね100メートルに保たれているものとする。た
　　だし、知事は、この適用に当たっては人口、交通事情、その他調剤及び医薬品の需給に影
　　響を与える各般の事情を考慮し、△△県薬事審議会の意見を聞かなければならない。

2　前項の距離は、当該相互の薬局等の所在する建築物のもよりの出入口……間の水平距離
　　による最短距離とする。

【解答へのヒント】

1　本問では、いかなる憲法上の権利が問題となっているのでしょうか。検討してみましょう。

2　本問では、許可制を採用し、その許可の基準として適正配置基準を定めています。許可制およ
　　びその基準の内容は適正なのでしょうか。検討してみましょう。

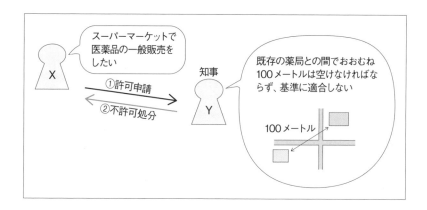

答案構成用紙

　　Yは、本件法律および本件条例の適正配置基準をみたさない
ことを根拠に、Xの申請を不許可とした。そこで、本件法律お
よび本件条例の許可制および適正配置基準は、Xのスーパーマ
ーケット（以下「本件スーパー」という）で医薬品を販売する
自由（以下「本件自由」という）を侵害し、違憲ではないか。　　5

➡️問題提起

1　憲法22条1項（以下法名省略）は職業選択の自由を保障し
ているが、選択した職業を自由に遂行できないと、職業選択
の自由を保障した意味がなくなる。したがって、22条1項は
営業の自由も保障していると解する。

論営業の自由
**⇨小売市場距離制限事件（判例
シリーズ49事件）**

　　そして、医薬品の販売はスーパーマーケットにおける営業
の一環であり、同じ店舗で販売するので、新たな知識や人員　　10
は必要となるものの、新たに多額の経費がかかるわけでもな
く、別の事業とはいえないので、本件自由は営業の自由とし
て保障される。

2　適正配置基準をみたさなければ、許可が得られず、医薬品　　15
の販売を行えないので、許可制および適正配置基準は、本件
自由を制約している。

3　もっとも、本件自由も無制約ではなく、「公共の福祉」（12
条後段、13条後段、22条1項）による必要最小限度の制約を
受ける。では、上記制約は正当化されるか。違憲審査基準が　　20
問題となる。

4　許可制について

論許可制

(1)　この点、規制の目的は積極目的から消極目的まで多岐に
わたり、規制される職業の種類や規制の程度は多種多様で
ある。そこで、規制の目的、必要性、内容、制限される職　　25
業の自由の性質、内容および制限の程度を考慮して決すべ
きである。

(2)　営業の自由のような経済的自由は、金銭での回復も可能
であり、社会相互関連性も大きく、公権力による規制の要
請も強いのでゆるやかに審査すべきとも考えられる。　　30

**⇨薬局距離制限判決（判例シリ
ーズ51事件）**

　　しかし、職業は自己の個性を全うすべき場であり、個人
の人格的価値とも不可分の関連を有するので重要な権利と
いえる。また、本件での目的は、医薬品等に関する事項を
規制し、その適正を図ることであり、医薬品は国民の健康
および生命を維持するうえで不可欠なものなので、上記目　　35
的は国民の生命身体を保護する消極目的であり、裁判所の
判断がしやすく、裁量の余地が少ない。また、許可制は単
に販売の方法を規制するだけでなく、販売そのものを妨げ
ているので制約は強い。

(3)　そこで、目的が重要で、手段が効果的かつ過度でない場　　40
合に、制約は正当化されると解する。

➡️規範

(4)　前述したように、医薬品は国民の健康や生命を維持する
うえで必要不可欠なため、医薬品等に関する事項を規制し、
その適正を図るという許可制の目的は重要である。

➡️あてはめ

また、医薬品は専門的知識が必要なので、供給業者を一 45
定の資格要件を具備する者に限定すれば、不良医薬品の販
売防止につながるので、許可制は効果的であるし、消費者
側が医薬品の判断をすることが困難なので、供給者側を制
約する必要があるから、生命身体の保護という重要性を考
慮すれば過度でない。 50

(5) したがって、許可制は違憲とはいえない。 ➡結論

5 適正配置基準について 論適正配置基準

(1) 適正配置基準の目的については、過当競争からの経営弱
者の保護という目的も考えられる。この目的は積極目的と
いえ、社会政策的配慮が必要となり、ゆるやかに審査すべ 55
きとも考えられる。しかし、薬事法1条にこのような目的
はなく、許可の基準をみても、販売者の人格や構造設備、
薬剤師の数に着目しており、これは適正に医薬品を販売で
きるかという視点が中心になっているので、過当競争の防
止は、国民の生命身体を保護するための手段にすぎない。 60
したがって、目的は許可制と同様である。また、前述のよ
うに、制約される権利は重要でないとはいえない。さらに、
適正配置基準は販売場所に関する制約であり、販売そのも
のを妨げているわけではないので規制は強くないとも考え
られるが、特定場所での開業不能は、開業そのものの断念 65
にもつながりうるものであって、職業選択の自由に対する
大きな制約にあたるといえる。

そこで、目的が重要で、手段が効果的かつ過度でない場 ➡規範
合に、制約は正当化されると解する。

(2) 先述と同様の理由で目的は重要といえる。適正配置基準 70 ➡あてはめ
を設けたのは競争が激化し、経営が不安定となり、法規違
反が生じて不良医薬品が供給される危険があるからである。
たしかに、距離制限がなければ薬局が偏在し、競争が生じ
て経営が不安定な者が現れるのは想定できる。しかし、経
営の不安定による経済的理由から設備や管理に不備が生じ、 75
医薬品の質が低下するということは観念上の危険にとどま
り、確実な根拠があるわけではないので、効果的とはいえ
ない。また、一定の場合には立入り検査が認められており、
これによって設備や管理上の不備を見つけることは可能で
あるし、監視員の数に限度があっても、偏在地域の監視を 80
重点的に強化することは可能であり、法規違反には制裁も
設けられている。そして、これらの手段でも経営の不安定
から生じる不良医薬品の販売は防止できるので過度ともい
える。

(3) よって、適正配置基準は違憲であり、このような規定に 85 ➡結論
基づいてなされた本件不許可処分は違憲である。

以上

本問は、薬局距離制限判決（最大判昭和50年４月30日民集29巻４号572頁〔判例シリーズ51事件〕）を題材にした営業の自由に関連した問題である。職業選択の自由に関する問題は直近では、司法試験2020（令和２）年および予備試験2014（平成26）年で出題されている。営業の自由は、違憲審査基準において、目的二分論など多数の考え方があり、理解を深めてもらうために出題した。多数の判例がだされているので、ぜひこの機会に確認してほしい。

論点

1　営業の自由
2　許可制
3　適正配置基準

答案作成上の注意点

① 権利保障について

　Yは、本件法律および本件条例の適正配置基準をみたさないことを根拠に、Xの申請を不許可としました。したがって、許可制または適正配置基準が違憲であれば、それを根拠とした本件不許可処分も違憲となります。そして、本問では、Xの医薬品の販売が問題となっているので、Xの医薬品販売の自由（以下「本件自由」という）を許可制と適正配置基準が侵害し、違憲とならないかが問題となります。

　22条１項は、職業選択の自由を保障しています。もっとも、職業を自由に選択することができたとしても、その職業を自由に遂行できなければ、職業を自由に選択できる意味がありません。そこで、22条１項は、営業の自由も保障していると解されています。

　小売市場距離制限事件判決（最大判昭和47年11月22日刑集26巻９号586頁〔判例シリーズ49事件〕）も、「職業選択の自由を保障するというなかには、広く一般に、いわゆる営業の自由を保障する趣旨を包含しているものと解すべきであ」るとしています。

　そして、スーパーマーケットにおいて医薬品を販売することは営業の自由の一環なので、本件自由は22条１項で保障されています。

　なお、医薬品の販売には特別な知識が必要であり、そのために新たな人員が必要となる場合があります。そこで、別の事業とみなし、医薬品の販売を従来のスーパーマーケット事業とは異なる別の事業と考えることもできます。一方で、同じ店舗で販売するし、スーパーマーケットで医薬品が販売されることは多々あるので、別の事業とはいえないとも考えられます。

② 制約について

　適正配置基準をみたさなければ、許可が得られず、医薬品の販売を行えないので、許可制および適正配置基準は本件自由を制約しています。

③ 違憲審査基準について

　ここからは許可制と適正配置基準を分けて論じていきます。許可制とその条件が問題となる場合は、特段の指示がないかぎり、分けて論じたほうが整理しやすいでしょう。
1　許可制について
　職業選択の自由に対する規制の審査では、規制の目的を積極目的規制と消極目的規制の２つに分けて、目的に応じて審査基準を決定（目的二分論）していくのが、従来の判例（小売市場距離制限事件判決、薬局距離制限判決）・通説でした。

積極目的規制とは、福祉国家の見地から、経済の調和のとれた発展を確保し、特に社会的・経済的弱者を保護するためになされた規制であり、社会・経済政策の一環としてとられる規制をいいます。そして、積極目的規制はゆるやかに審査していくことになります。なぜなら、積極目的規制は当時の社会的状況をふまえて、政策的・経済的判断に基づいてなされるので、専門的な判断が必要であり、この点についての裁判所の判断能力には限界があるからです。また、国家は経済的弱者を保護する責務を負っているので、積極目的規制については立法・行政府に広範な裁量が認められるべきだからです。

　次に、消極目的規制とは、国民の生命および健康に対する危険を防止するための規制であり、一般的に警察規制とよばれています。消極目的規制は、積極目的規制よりも厳格に審査されます。なぜなら、消極目的規制は、生命・健康に関する規制なので専門的判断が不要であり、裁判所の判断が比較的容易だからです。また、警察比例の原則がはたらくので、制約は必要最小限である必要があるからです。

　しかし、近時では、この目的二分論に対して、目的が相対化していることや、規制態様や程度、制約される人権が異なるのに、目的のみに着目して一律に審査基準を定立することに否定的な意見が増えています。そこで、規制の目的、必要性、内容、規制される権利の性質、内容および制限の程度を考慮して審査基準を決すべきとの見解が有力です。答案例では、この見解を採用しました。もちろん、目的二分論を用いてもかまいませんが、上記の見解では多くの事情を考慮できるため、より説得的な答案となるでしょう。

　一般的には、消極目的規制や規制態様として強い部類に入る許可制は厳格な方向に、積極目的規制や営業態様の規制はゆるやかな方向に審査基準を設定するうえではたらいていきます。ただし、営業態様の規制でも、実質的に営業を困難としている場合は、厳格な方向に傾く場合もあります。たとえば営業場所や営業時間の規制でも、特定の場所や時間で営業をすることが重要である場合や特定の場所・時間以外の営業は困難な場合等があげられます。表現の自由における内容規制や内容中立規制と似たような考え方といえるでしょう。

　まず、一般的に経済的自由は精神的自由に比べてゆるやかな基準が用いられます（二重の基準論）。なぜなら、経済的自由は金銭での回復が可能であるなど、民主政の過程で回復が可能であるという性質を有していると考えられているからです。また、経済的自由に対する規制は、社会的相互関連性が大きく、政策的配慮も必要となってくるので、立法・行政の判断を尊重する必要があるからです。もっとも、職業が自己の個性を全うする場ともなるなど、精神的自由と混合する場合もあり、ただちにゆるやかな基準を用いるべきではありません。本件での目的は、医薬品等に関する事項を規制し、その適正を図ることであり、医薬品は国民の健康および生命を維持するうえで不可欠なものなので、上記目的は国民の生命身体を保護する消極目的で裁判所の判断が比較的容易ですし、許可制は販売そのものを妨げる点で制約が強いです。

　そこで、答案例では、目的が重要で、手段が効果的かつ過度でない場合に、制約は正当化されると解することにしました。

2　適正配置基準について

　本問の題材となった判例では、過当競争や経営の不安定などからの薬局等の経営保護という目的があるかが争われました。この目的は、経済弱者の保護という社会政策的な目的を有するので、積極目的にあたります。この事情は違憲審査基準をゆるやかにする事情といえます。

　そして、上記のような積極目的も有すると判断した場合には、規制目的が積極的、消極的の両方が併存することになります。目的が併存した場合、可能ならば、どちらが主たる目的かをまず判断するのもよいでしょう。そのうえで、主目的のみで判断することなく、規制態様等を考慮して判断していくことになります。

　薬事法をみてみると、1条の目的にはこのような目的は記載されていません。また、許可の基準は、設備や薬剤師の数に着目しています。これは、適正に医薬品を販売できる環境であることを求める趣旨であると評価できます。さらに、申請者の前科や薬物の中毒性等にも着目しており、申請者が医薬品を適正に販売する資質を有することを確認していると考えられます。以上からす

ると、許可の基準は適正に医薬品を販売できるかということが中心となっており、過当競争から経営が不安定化し、それによって不良医薬品が販売されることを防止しようとしているだけで、究極的な目的は国民の生命身体の保護です。上記判例は過当競争の防止もこの目的を達成するための手段にすぎないと判断しています。よって、目的は許可制と同様に消極目的といえます。もっとも、適正配置基準は販売場所に関する制約であり、販売そのものを妨げているわけではないので規制は強くないとも考えられます。しかし、Xは本件スーパーの営業の一環で薬品を販売しようとしており、本件スーパーで販売できなければ薬品の販売そのものを断念しなければなりません。したがって、規制は強いと考えることも可能です。そこで、答案例では許可制と同様の審査基準を用いました。

4　あてはめについて

1　許可制

前述したように、医薬品は国民の健康や生命を維持するうえで必要不可欠なので、医薬品等に関する事項を規制し、その適正を図るという本件の目的は重要です。

また、医薬品は専門的知識が必要なので、供給業者を一定の資格要件を具備する者に限定すれば、不良医薬品の販売防止につながるため、許可制は効果的といえます。また、消費者側が医薬品の判断をすることは困難なので、供給者側を制約する必要があるし、生命身体の保護という重要性を考慮すれば許可制は過度ではないでしょう。

2　適正配置基準

目的は許可制と同様の理由で重要と判断してよいでしょう。

薬局距離制限判決は「薬局の開設等について地域的制限が存在しない場合、薬局等が偏在し、これに伴い一部地域において業者間に過当競争が生じる可能性がある……このような過当競争の結果として一部業者の経営が不安定となるおそれがあることも、容易に想定されるところである。被上告人は、このような経営上の不安定は、ひいては当該薬局等における設備、器具等の欠陥、医薬品の貯蔵その他の管理上の不備をもたらし、良質な医薬品の供給をさまたげる危険を生じさせると論じている。確かに、観念上はそのような可能性を否定することができない。しかし……不良医薬品の販売の現象を直ちに一部薬局等の経営不安定、特にその結果としての医薬品の貯蔵その他の管理上の不備等に直結させることは、決して合理的な判断とはいえない。殊に、常時行政上の監督と法規違反に対する制裁を背後に控えている一般の薬局等の経営者、特に薬剤師が経済上の理由のみからあえて法規違反の挙に出るようなことは、きわめて異例に属すると考えられる。このようにみてくると、競争の激化―経営の不安定―法規違反という因果関係に立つ不良医薬品の供給の危険が、薬局等の段階において、相当程度の規模で発生する可能性があるとすることは、単なる観念上の想定にすぎず、確実な根拠に基づく合理的な判断とは認めがたいといわなければならない。……仮に右に述べたような危険発生の可能性を肯定するとしても、更にこれに対する行政上の監督体制の強化等の手段によって有効にこれを防止することが不可能かどうかという問題がある。この点につき、被上告人は、薬事監視員の増加には限度があり、したがって、多数の薬局等に対する監視を徹底することは実際上困難であると論じている。このように監視に限界があることは否定できないが、しかし、そのような限界があるとしても、例えば、薬局等の偏在によって競争が激化している一部地域に限って重点的に監視を強化することによってその実効性を高める方途もありえないではなく、また、被上告人が強調している医薬品の貯蔵その他の管理上の不備等は、不時の立入検査によって比較的容易に発見することができるような性質のものとみられること、更に医薬品の製造番号の抹消操作等による不正販売も、薬局等の段階で生じたものというよりは、むしろ、それ以前の段階からの加工によるのではないかと疑われること等を考え合わせると、供給業務に対する規制や監督の励行等によって防止しきれないような、専ら薬局等の経営不安定に由来する不良医薬品の供給の危険が相当程度において存すると断じるのは、合理性を欠くというべきである。」と述べています。この判例を意識したあてはめができれば十分合格答案になるでしょう。

ここで、ひとつ重要なのが、適正配置基準は必ずしも効果的ではないとはいえないということです。公衆浴場の適正配置規制に関して判例（最大判昭和30年1月26日刑集9巻1号89頁〔判例シリーズ52事件〕、公衆浴場距離制限事件）は、「多数の国民の日常生活に必要欠くべからざる、多分に公共性を伴う厚生施設である。そして、若しその設立を業者の自由に委せて、何等その偏在及び濫立を防止する等その配置の適正を保つために必要な措置が講ぜられないときは、その偏在により、多数の国民が日常容易に公衆浴場を利用しようとする場合に不便を来たすおそれなきを保し難く、また、その濫立により、浴場経営に無用の競争を生じその経営を経済的に不合理ならしめ、ひいて浴場の衛生設備の低下等好ましからざる影響を来たすおそれなきを保し難い。このようなことは、上記公衆浴場の性質に鑑み、国民保健及び環境衛生の上から、出来る限り防止することが望ましいことであり、従って、公衆浴場の設置場所が配置の適正を欠き、その偏在乃至濫立を来たすに至るがごときことは、公共の福祉に反するものであって、この理由により公衆浴場の経営の許可を与えないことができる旨の規定を設けることは、憲法22条に違反するものとは認められない。」として、適正配置基準を適法としているからです。したがって、適正配置基準が問題となったからといって、ただちに違憲という方向で考えないようにしましょう。

　以上から、本問においては、適正配置基準は本件自由を侵害し違憲となります。したがって、適正配置基準を根拠にした本件不許可も違憲といえます。

【参考文献】

試験対策講座10章1節。判例シリーズ49事件、51事件、52事件。条文シリーズ22条3 1。

第28問 A　職業選択の自由⑵

　国は、養蚕業者の所得を確保し、その保護を図るため、生糸について外国からの輸入を規制し、その価格の安定を図る措置を講ずる法律（以下「本件法律」という）を制定した。

　Xは、生糸を原料として商品を製造する織物業者であるが、法による規制措置のため外国から自由に安く輸入できず、コスト高による収益の著しい低下に見舞われた。そこで、Xは、本件法律は生糸を外国から輸入する自由を侵害し、憲法第22条第1項に違反すると主張した。

　Xの主張は認められるか。

【解答へのヒント】
1　本件法律の目的は積極目的と消極目的のいずれにあたるでしょうか。
2　その目的が違憲審査基準にいかなる影響を及ぼすのでしょうか。検討してみましょう。

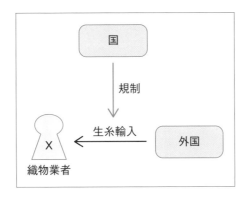

答案例

1　本件法律は、生糸を外国から輸入する自由（以下「本件自由」という）を侵害し、違憲ではないか。　　　　　　　　　　➡問題提起

(1)　まず、憲法22条1項（以下法名省略）は職業選択の自由を保障しているところ、選択した職業を自由に遂行できないと、職業選択の自由を保障した意味がなくなる。　　　5　🔲営業の自由

したがって、22条1項は、営業の自由も保障していると解する。

そして、業者が原材料を外国から輸入することは営業の一環といえるので、本件自由は営業の自由として22条1項で保障される。　　　　　　　　　　　　　　　　　10

(2)　本件法律により、Xは生糸を海外から安く輸入できなくなっており、事実上輸入を断念せざるをえなくなっている。

したがって、本件法律は本件自由を制約している。

(3)　もっとも、本件自由も無制約のものではなく、「公共の福祉」（12条後段、13条後段、22条1項）による制約を受　15
ける。では、上記制約は公共の福祉によるものとして正当化されるか。違憲審査基準が問題となる。

ア　この点、規制の目的は積極目的から消極目的まで多岐にわたり、規制される職業の種類や規制の程度は多種多様である。　　　　　　　　　　　　　　　　　　20

そこで、規制の目的、必要性、内容、制限される職業の自由の性質、内容および制限の程度を考慮して決すべきである。

イ　まず、職業は自己の個性を全うすべき場であり、個人　　⇨ 薬局距離制限判決（判例シリ
の人格的価値とも不可分の関連を有するから、本件自由　25　　ーズ51事件）
は重要なものである。

しかし、職業はその性質上、社会的相互関連性が大きいものであるから、公権力による規制の要請が強く、制約の必要性が内在する権利である。

次に、本件法律の目的は、養蚕業者の所得を確保し、　30
その保護を図るという、社会的経済的弱者救済の積極目的にある。そして、積極目的の場合、裁判所は立法府の社会政策的判断を尊重すべきである。

さらに、本件法律は、安く輸入することを規制するにすぎず、輸入それ自体を禁止するものではない。そうす　35
ると、輸入の自由に対する制約として強度のものとはいえない。

ウ　そこで、当該規制が著しく不合理であることが明白で　　➡規範
ある場合にかぎり、違憲となると解する。

(4)　これを本問についてみると、海外から安く輸入すること　40　➡あてはめ
を規制すれば、従来輸入に頼っていた業者も国内の養蚕業者から生糸を仕入れる方針に切り替えることは容易に想定できる。そして、国内の養蚕業者からの購入者が増加することにより、生糸の国内価格の安定が図られるから、国内

の養蚕業者は安定した収入を確保できるようになる。そう 45
だとすれば、本件法律による規制は目的達成のためにある
程度有効なものといえ、目的との関係で適合性が認められ
る。
　　したがって、ある程度の合理性が認められる以上、当該
　　規制が著しく不合理であることが明白であるとはいえない。50
2　よって、本件法律は、正当化され、22条1項に反せず合憲 ➡結論
　である。

以上 55

60

65

70

75

80

85

本問は、西陣ネクタイ事件（最判平成2年2月6日訴月36巻12号2242頁〔判例シリーズ50事件〕）を題材にした営業の自由に関連する問題である。積極目的規制を題材にした問題は、旧司法試験1985（昭和60）年度第1問においても出題されている。積極目的規制に関する判決としては、小売市場距離制限事件判決（最大判昭和47年11月22日刑集26巻9号586頁〔判例シリーズ49事件〕）も著名であるので確認されたい。また、近時、あん摩マッサージ指圧師、はり師、きゅう師等に関する法律19条の憲法適合性についての判決（最判令和4年2月7日民集76巻2号101頁）も現れ、重要なテーマであるといえる。本問をとおして、積極目的規制の違憲審査基準の定立について理解を深めてもらいたい。

論点

1　営業の自由
2　職業選択の自由の違憲審査基準

答案作成上の注意点

1　保障について

第27問で説明したように、営業の自由は憲法22条1項で保障されます（通説）。そして、業者が原材料を外国から輸入することは営業の一環といえるので、本件自由は22条1項で保障されます。

2　制約について

本件法律により、Xは生糸を海外から安く輸入できなくなっており、事実上輸入を断念せざるをえなくなっています。したがって、本件法律は本件自由を制約しているといえます。

3　違憲審査基準について

第27問で述べたように、規制の目的、必要性、内容、制限される職業の自由の性質、内容および制限の程度を考慮して審査基準を定立します。もっとも、本問において、本件法律の目的は、養蚕業者の所得を確保し、その保護を図ることであり、規制の目的が積極目的であることは明白です。そして、小売市場事件判決など積極目的規制に関する判決は、目的手段審査をせず、規制が著しく不合理であることが明白である場合にかぎり違憲とする方法（明白性の原則）を採用しています。明白性の原則とは、立法府の広い裁量を認め、規制立法の合理性の有無の審査をゆるやかに行うものです。そのため、二分論を採用し、規制態様等には着目せずに、積極目的であることのみをもって明白性の原則を導いても誤りではありません。

答案例では、判例に沿って、明白性の原則を採用しましたが、目的が正当で、手段が合理的関連性を有するという基準（合理的根拠の基準）を定立し、目的手段審査をしてもかまいません。

次に、基準定立の根拠となる事実をみていきます。

まず、規制の目的を検討すると、本件法律の目的は、養蚕業者の所得を確保し、その保護を図るという社会的経済的弱者救済の積極目的にあります。そして、積極目的の場合、裁判所は立法府の社会政策的判断を尊重すべきであるため、合憲性はゆるやかに審査すべきです。

次に、職業はその性質上、社会的相互関連性が大きいので、公権力による規制の要請が強く、制約の必要性が内在する権利です。そして、本件法律は、安く輸入することを規制するにすぎず、輸入それ自体を禁止するものではありません。したがって、輸入の自由に対する制約として強度のものとはいえません。

④ あてはめについて

生糸を海外から安く輸入することができなくなれば、業者は国内の養蚕業者から仕入れる方針に切り替えることが予想されます。そして、国内の養蚕業者からの購入者が増加することにより、生糸の国内価格の安定が図られ、国内の養蚕業者は安定した収入を確保できるようになります。結果として、国内の養蚕業者の保護につながるでしょう。

したがって、本件法律による規制は、国内の養蚕業者の所得を確保し、その保護を図るという目的達成のためにある程度有効なものといえ、目的との関係で適合性が認められます。

また、補助金支出による国内生産者の保護など他の政策をとるより、輸入規制措置をとるほうが、国内の養蚕業者から仕入れるインセンティブが高まるため、必要性も認められます。もっとも、ゆるやかな審査基準の場合の手段のあてはめにおいては、手段の適合性の検討だけで足り、手段の必要性の検討は不要とする考え方もあります。答案例では、この考え方に基づき、手段の必要性の検討はしていません。

よって、ある程度の合理性が認められる以上、当該規制が著しく不合理であることが明白であるとはいえません。

以上から、本件法律は22条1項に反せず合憲であるといえます。

⑤ あん摩マツサージ指圧師、はり師、きゆう師等に関する法律19条の憲法適合性に関する判決

前述した最判令和4年の判例について、参考までに概要を解説します。

1 事案

専門学校を設置する原告が、あん摩マツサージ指圧師、はり師、きゆう師等に関する法律（以下「法」という）に基づき、あん摩マツサージ指圧師にかかる養成施設で視覚障害者以外の者を養成するものについて法2条1項の認定を申請したところ、厚生労働大臣から、視覚障害者であるあん摩マツサージ指圧師の生計の維持が著しく困難とならないようにするため必要があるとして、法19条1項（以下「本件規定」という）により認定をしない処分を受けたため、本件規定は憲法22条1項等に違反して無効であると主張して、本件処分の取消しを求めた事案です。すなわち、あん摩マツサージ指圧師養成施設を設立するには厚生労働大臣の認定が必要である（法2条1項）ところ、大臣は、当分の間、視覚障害者であるあん摩マツサージ指圧師の生計の維持が著しく困難とならないようにするために必要があると認める場合には、その認定をしないことができると規定されています（同法附則19条）。この規定が、職業選択の自由に反するとして争われました。

2 審査基準の定立

本判決はまず、憲法22条1項が「狭義における職業選択の自由」のみならず、「職業活動の自由」も保障していること、職業の自由に対する規制措置の同項適合性は、規制の目的、必要性、内容、これによって制限される職業の自由の性質・内容および制限の程度を検討・比較衡量したうえで「慎重に決定」することを確認しましょう。そして、このような検討と衡量は立法裁量の問題であるから、規制措置の必要性と合理性については、立法府の「合理的裁量の範囲にとどまる限り」尊重すべきであるが、その合理的裁量の範囲についても「事の性質」上、広狭がありうるとしています。

次に、本件における「事の性質」として、本件規定が許可制であることと、経済的弱者である視覚障害者の保護という立法目的のためのものであることに着目しましょう。その際、前者からは、許可制が狭義における職業選択の自由に制約を課すもので、「職業の自由に対する強力な制限である」ことに基づき、薬事法判決を引用して、合憲性を肯定するためには、「原則として、重要な公共の利益のために必要かつ合理的な措置であることを要する」と示しています。一方、後者からは、経済的弱者の保護という目的のための規制措置の適切妥当性を判断するにあたり、正確な基礎資料の収集と将来予測を含む専門的・技巧的な評価に基づき、「国政全般からの総合

的な政策判断を行うことを必要とする」ので、「規制措置の必要性及び合理性については、立法府の政策的、技術的な判断に委ねるべき」としています。その結果、本件規定は、「重要な公共の利益のために必要かつ合理的な措置であることについての立法府の判断が、その政策的、技術的な裁量の範囲を逸脱し、著しく不合理であることが明白な場合でない限り」、違憲とはいえないという判断基準を定立しています。

3　目的審査

立法目的は典型的な積極目的であるとし、「公共の福祉に合致することは明らか」であるとしています。そのうえで、あん摩マッサージ指圧師は視覚障害者の数や割合が減少傾向にあるとしつつもいまだ視覚障害者にとっての主要な職種のひとつとするとともに、あん摩マッサージ指圧師のうち視覚障害者以外の数や割合等が増加傾向にあり、あん摩マッサージ指圧師たる視覚障害者の収入はほかの者よりも顕著に低いとし、加えて、障害者にその障害に適した就業機会を保障することは自立および社会参加の促進という意義を有するので、「重要な公共の利益」であると評価します。そして、視覚障害者の職域確保のために、視覚障害者以外のあん摩マッサージ指圧師の増加を抑制する必要性を認めた立法者の判断を「不合理であるということはできない」としています。

4　手段審査

立法手段については、視覚障害者以外のあん摩マッサージ指圧師の増加抑制のため、視覚障害者以外の養成施設等の不認定またはその定員増加の不承認ができるとすることに、「手段として相応の合理性」を認めています。一方で、養成施設の設置または定員増加の全面禁止ではなく、文部科学大臣または厚生労働大臣が「必要があると認めるときに限り」不認定または不承認ができるにとどまるとされ、その処分の適正さを担保するため学識経験者の意見を聴かなければならないとされていることが、視覚障害者以外の者には既存の養成施設等での教育・養成を受けるという代替経路があり、その定員に対する受験者数の割合も著しく高くないことと相まって、視覚障害者以外の者の職業の自由に対する制限の程度は「限定的」であるという評価につながっています。

5　結論

結論として、「本件規定について、重要な公共の利益のために必要かつ合理的な措置であることについての立法府の判断が、その政策的、技術的な裁量の範囲を逸脱し、著しく不合理であることが明白であるということはでき」ず、「本件規定が憲法22条1項に違反するものということはできない。」としました。

このように、本判決は、職業の自由に関する従来の判例におおむね沿ったものといえます。

【参考文献】
試験対策講座10章1節。判例シリーズ49事件、50事件、51事件。条文シリーズ22条③1。

第29問 A 職業選択の自由⑶

コンビニエンスストアを経営するXは、新たに酒類販売を始めるため、所轄の税務署長Yに酒類販売業の免許を申請した。これに対して、Yは、酒税法第10条第10号に該当するとしてXの免許申請を拒否した。そこで、Xは酒税法第9条第1項および第10条第10号は、憲法第22条第1項に反すると主張した。

Xの主張は憲法上認められるかを論じなさい。

なお、酒税法立法当時は、酒税が国税全体に占める割合および酒類の販売代金に占める酒税の割合が高かったが、Xが免許を申請した当時は、酒税の国税全体に占める割合が相対的に低下するにいたっていた。また、酒類販売免許制度の採用の前後において、酒税の滞納率に顕著な差異は認められなかった。

【参考条文】
○酒税法（昭和28年法律第6号）（抜粋）

第9条 酒類の販売業……をしようとする者は、……所轄税務署長の免許……を受けなければならない。

2・3 （略）

第10条 ……前条第1項の規定による……免許の申請があつた場合において、次の各号のいずれかに該当するときは、税務署長は、……免許を与えないことができる。

一〜九 （略）

十 ……酒類の販売業免許の申請者……の経営の基礎が薄弱であると認められる場合

十一・十二 （略）

【解答へのヒント】
1 本問の自由は憲法上保障されるでしょうか。検討してみましょう。
2 本問はいかなる目的で制約が生じているのでしょうか。

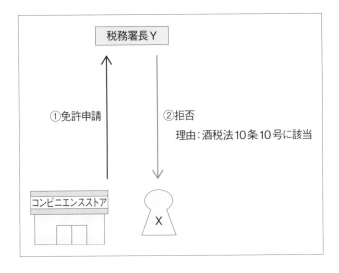

1　税務署長Yは、酒税法（以下「法」という）9条1項に基づくXの免許申請に対して、法10条10号に該当するとしてXの免許申請を拒否した。そこで、法9条1項および10条10号は、Xの酒類販売の自由（以下「本件自由」という）を侵害し、違憲ではないか。

→問題提起

(1)　憲法22条1項（以下法名省略）は、職業選択の自由を保障しているが、選択した職業を自由に遂行できないと、職業選択の自由を保障した意味がなくなる。したがって、22条1項は営業の自由を保障していると解する。

論営業の自由

　　　そして、コンビニエンスストアでの酒類販売は営業の一環といえるので、本件自由は、営業の自由として22条1項で保障される。

(2)　法9条1項は酒類の販売を免許制とし、法10条10号は拒否事由を定めており、これらの規定によって、酒類の販売を自由に行えなくなっているので、上記法は本件自由を制約している。

(3)　もっとも、本件自由も公共の福祉（12条後段、13条後段、22条1項）による制約を受ける。では、上記制約は正当化されるか。違憲審査基準が問題となる。

ア　この点、規制の目的は積極目的から消極目的まで多岐にわたり、規制される職業の種類や規制の程度は多種多様である。そこで、規制の目的、必要性、内容、制限される職業の自由の性質、内容および制限の程度を考慮して決すべきである。

イ　営業の自由のような経済的自由は金銭での回復も可能であり、かつ、社会相互関連性を有することから、公権力による規制の要請が強いので、ゆるやかに審査すべきとも考えられる。

⇨酒類販売免許制事件（判例シリーズ53事件）

　　　また、本件での目的は、租税の適正かつ確実な賦課徴収を図る点にある。租税に関しては、国の財政事情を考慮しなければならないので、裁量が認められる。

　　　しかし、職業は自己の個性を全うすべき場であり、個人の人格的価値とも不可分の関連を有するので重要な権利といえる。

　　　また、免許制は営業そのものを妨げるので、制約が強い。

ウ　そこで、目的が重要で、手段が効果的かつ過度でない場合に上記制約は正当化される。

→規範

(4)ア　本件での目的は、租税の適正かつ確実な賦課徴収を図る点にある。租税は国の財政を支えているし、平等が求められるので、上記目的は重要といえる。

→あてはめ

イ　そして、酒類の販売を免許制にすることで監督体制を整えられるので、酒税の徴収を容易にすることができ、効果的といえる。

ウ　また、立法当時は、酒税が国税全体に占める割合およ　45
　　　び酒類の販売代金に占める酒税の割合が高かった。そう
　　　だとすれば、酒税の徴収の要請は高いといえ、免許制を
　　　採用しても過度でないといえそうである。
　　　　しかし、現代では酒税の国税全体に占める割合が相対
　　　的に低下しており、酒類の販売を免許制にして監視する　50
　　　必要まであるかは疑問である。また、酒類販売免許制度
　　　の採用の前後において、酒税の滞納率に顕著な差異が認
　　　められないことからすれば、酒類の販売そのものを妨げ
　　　てまで免許制にする必要はない。税金の滞納には事後的
　　　に一定の措置が認められているのでその措置でも対応で　55
　　　き、事前に制限する必要はない。
　　　　したがって、免許制を採用することは、手段として過
　　　度である。
　2　よって、法9条1項および10条10号はXの本件自由を侵害　　➡結論
　　し、違憲であるので、Xの主張は認められる。　　　　　　　60

　　　　　　　　　　　　　　　　　　　　　　　　　　　　　以上

本問は、酒類販売免許制事件（最判平成4年12月15日民集46巻9号2829頁〔判例シリーズ53事件〕）を題材としている。本件での制約の目的は積極目的とも消極目的とも割り切れないので、このような問題に対応していただきたく出題した。

論点

営業の自由

答案作成上の注意点

1 保護範囲

法は酒類提供に関する法律なので、法がXの酒類提供の自由（以下「本件自由」という）を侵害し、違憲ではないかが問題となります。

第27問、第28問で説明したように、営業の自由は22条1項で保障されます（通説）。そして、コンビニエンスストアでの酒類の提供は営業の一環といえるので、本件自由は22条1項で保障されます。

2 制約

法9条1項は酒類の販売を免許制としており、法10条10号は拒否事由を定めています。これらの規定によって、自由に酒類の販売を行えなくなっているので、上記法は本件自由を制約しているといえます。

3 違憲審査基準

第27問で説明したように、規制の目的、必要性、内容、制限される職業の自由の性質、内容および制限の程度を考慮して審査基準を定立していきます。争いはありますが、本問では後述のように消極目的と積極目的が並存しているので、規制目的二分論を用いるよりもわかりやすいでしょう。

まず、営業の自由のような経済的自由は金銭での回復も可能だし、社会相互関連性が大きく、公権力による規制の要請が強いのでゆるやかに審査すべきとも考えられます。次に、本件での目的は、租税の適正かつ確実な賦課徴収を図る点にあります。これは、いわゆる消極目的でも積極目的でもありません。そこで、このような目的が審査基準をゆるやかにする事情か厳格にする事情かは、目的の性質を考慮していく必要があります。そして、租税に関しては、国の財政事情を考慮しなければならないので、専門的知識が必要となり、裁量が認められるといえるでしょう。そうだとすれば、これは審査基準をゆるやかにする事情といえます。もっとも、これだけで判断してはいけません。規制態様等の他の事情も考慮しなくてはなりません。

この点、職業は自己の個性を全うすべき場であり、個人の人格的価値とも不可分の関連を有するので重要な権利といえます。また、免許制は営業そのものを妨げるので、強い制約があります。これらの事情を考慮すれば中間審査基準を採用することも可能です。答案例では、目的が重要で、手段が効果的かつ過度でない場合に上記制約は正当化されるとしました。

4 あてはめ

本件での目的は、租税の適正かつ確実な賦課徴収を図る点にあります。租税は国の財政を支えているし、平等が求められるので、上記目的は重要といってよいでしょう。

そして、酒類の販売を免許制にすることで監督体制を整えられるので、酒税の徴収を容易にすることができ、効果的といえます。

立法当時は、酒税が国税全体に占める割合および酒類の販売代金に占める酒税の割合が高かったので、酒税の徴収の要請は高いといえ、免許制を採用しても過度ではなかったと考えることもできます。

　しかし、現代では酒税の国税全体に占める割合が相対的に低下しています。酒類の販売を免許制にして監視する必要まであるかは疑問です。また、酒類販売免許制度の採用の前後において、酒税の滞納率に顕著な差異が認められないことからすれば、酒類の販売そのものを妨げてまで免許制にする必要まではないと考えられます。税金の滞納には事後的に一定の措置が認められているのでその措置でも対応でき、事前に制限する必要もあるかも疑問です。

5　酒類販売免許制事件

　本問は、前述のとおり、最判平成4年12月15日の酒類販売免許制事件が題材となっています。そのため、以下ではこの判例について解説します。

1　事案

　この事件は、Xが税務署長Yに対して、酒税法9条1項に基づき酒類販売業免許の申請をしたにもかかわらず応答がなされなかったため、不作為の違法確認訴訟を提起したところ、Yから申請の拒否処分がだされたため取消訴訟に変更し、酒類販売業免許制は憲法22条1項の職業選択の自由を制約するものであり違憲であるとの主張を行ったものです。

2　最高裁の判断

　最高裁は「憲法は、租税の納税義務者、課税標準、賦課徴収の方法等については、すべて法律又は法律の定める条件によることを必要とすることのみを定め、その具体的内容は、法律の定めるところにゆだねている（30条、84条）。租税は……国民の租税負担を定めるについて、財政・経済・社会政策等の国政全般からの総合的な政策判断を必要とするばかりでなく、課税要件等を定めるについて、極めて専門技術的な判断を必要とすることも明らかである。したがって、租税法の定立については……立法府の政策的、技術的な判断にゆだねるほかはなく、裁判所は、基本的にはその裁量的判断を尊重せざるを得ないものというべきである」。「以上のことからすると、租税の適正かつ確実な賦課徴収を図るという国家の財政目的のための職業の許可制による規制については、その必要性と合理性についての立法府の判断が、右の政策的、技術的な裁量の範囲を逸脱するもので、著しく不合理なものでない限り、これを憲法22条1項の規定に違反するものということはできない」として、職業選択の自由における制約の種類として、従来主張されていた積極目的や消極目的といった側面ではなく、財政目的という新しい視点から、制約の許容性について判示しました。そして、財政目的は、立法府の政策的専門技術的判断に委ねなければならないということから、制度が著しく不合理な場合には違憲になるという、立法裁量を広く認める判断をしました。

　財政目的や税の仕組みと違憲審査基準の定立については、園部逸夫裁判官による補足意見も重要です。この補足意見では、「財政目的による規制は、いわゆる警察的・消極的規制ともその性格を異にする面があり、また、いわゆる社会政策・経済政策的な積極的規制とも異なると考える。……そして、そのような酒税の重要性の判断及び合理的な規制の選択については、立法政策に関与する大蔵省及び立法府の良識ある専門技術的裁量が行使されるべきであると考える」としました。また、それと関連して酒税における免許制も、もっぱら財政目的の見地から維持されるべきものであって、特定の業種の育成保護が消費者ひいては国民の利益の保護に関わる場合に設けられる、経済上の積極的な公益目的による営業許可制とは異なるとしています。

　そのため、答案を作成する際も、営業許可制という文言から積極目的に飛びつかないように注意しましょう。

6　最後に

　違憲審査基準の考慮要素を参考にあげておきます。

審査基準を厳格にする事情 （目的・規制態様）の具体例	審査基準をゆるやかにする事情 （目的・規制態様）の具体例
○消極目的規制 ○許可制等の職業の参入そのものを妨げる規制 ○単なる営業方法の規制でも、実質的に当該職業を行うことを著しく困難にしているといえる場合（距離制限がある場合に、特定の場所で営業を行うことに意味があり必要不可欠といえる場合等） ○制裁が厳しい場合（罰則が定められている場合や許可の取消しが認められている場合等） ○勧告や命令等なしに、いきなり罰則や許可の取消しがされる場合（直接罰。制裁がゆるやかな場合は一考を要する） ○制裁の際に、被処分者の権利・利益に配慮する手続等が定められていない場合（手続の内容や制裁の内容によっては、厳格にする事情とはいえない場合もある） ○自分の努力でクリアできない客観的な規制	○積極目的規制 ○単なる営業方法の規制のうち、実質的にみて当該規制があっても当該職業を行うこと自体は困難といえない場合（設置するのが容易な設備の設置を求めている場合等） ○制裁がゆるい場合（制裁が法的拘束力のない単なる行政指導にとどまる場合等〔公表がある場合は公表の内容によっては、厳格にする事情となる場合がある〕） ○制裁の処分がまず勧告がなされる等、段階的になされている場合（間接罰。これだけではただちにゆるやかにする事情とはいえない。たとえば、制裁があまりにも厳しい場合等） ○制裁の際に、聴聞手続等の被処分者に手続関与の機会を与え、被処分者の権利・利益に配慮がある場合（内容によってはゆるやかにする事情とはいえない場合もある） ○自分の努力でクリアできる主観的な規制

【参考文献】

試験対策講座10章1節。判例シリーズ53事件。条文シリーズ22条③1。

第30問 B　居住移転の自由

　日本国民であるXは、A国で行われる国際会議への出席を渡航目的とする、A国行きの一般旅券の発給申請をした。しかし、外務大臣Yは、Xの渡航目的が当時日本とは経済体制を異にするA国で行われる国際会議の出席であるとして、旅券法第13条第1項第7号を根拠に、旅券発給拒否処分を行ったため、Xは当該国際会議に出席することができなかった。

　この場合において、旅券法第13条第1項第7号およびYの旅券発給拒否処分（以下「本件処分」という）の憲法上の問題について論じなさい。

【参考条文】
○旅券法（昭和26年法律第267号）（抜粋）
第13条　外務大臣又は領事官は、一般旅券の発給又は渡航先の追加を受けようとする者が次の各号のいずれかに該当する場合には、一般旅券の発給又は渡航先の追加をしないことができる。
　一〜六　（略）
　七　前各号に掲げる者を除くほか、外務大臣において、著しく、かつ、直接に日本国の利益又は公安を害する行為を行うおそれがあると認めるに足りる相当の理由がある者
　2　（略）

【解答へのヒント】
1　本問では、どのような人権が問題となり、その人権は憲法上保障されているのでしょうか。検討してみましょう。
2　Xの渡航を妨げた旅券法は合憲でしょうか。
3　Xは旅券法の適用を受けるのでしょうか。

1　旅券法13条1項7号（以下「法」という）は、海外渡航の
　自由（以下「本件自由」という）を侵害し、違憲とならない
　か。

　　（1）　この点、憲法22条2項（以下法名省略）は外国移住の自
　　　由を保障している。そして、永住のための出国を保障しな
　　　がら、一時的な旅行のための出国を認めていないと解する
　　　ことは不合理である。
　　　　また、22条は国内に関連するものを1項に、国外に関連
　　　するものを2項に規定している。
　　　　そうだとすれば、22条2項の「外国に移住」するとの文
　　　言には、一時的に海外渡航することも含まれると解される。
　　　　したがって、本件自由は、22条2項によって保障されて
　　　いる。

　　（2）　そして、法13条1項を根拠に、旅券発給拒否処分が行わ
　　　れれば海外渡航が不可能になるので、法は本件自由を制約
　　　している。

　　（3）　もっとも、本件自由も無制約ではなく、「公共の福祉」
　　　（12条後段、13条後段）による制約を受ける。では、上記
　　　制約は正当化されるか。違憲審査基準が問題となる。

　　　　たしかに、海外渡航の自由などの居住・移転の自由は歴
　　　史的背景より経済的自由の性質を有しており、経済的自由
　　　は民主政の過程で回復が可能なのでゆるやかに審査すべき
　　　とも考えられる。しかし、居住・移転の自由は、身体拘束
　　　を解く意義をもっているので、人身の自由とも密接に関連
　　　する。また、海外に渡航することで見聞を広めることがで
　　　きるので、人格の形成に深く関与し、精神的自由の側面も
　　　存在する。
　　　　一方で、本件法律を根拠に、旅券発給拒否処分が行われ
　　　れば海外渡航自体を妨げられるので規制態様は強い。そう
　　　だとすれば、ゆるやかに審査すべきではない。
　　　　そこで、目的が重要で、手段が目的との関係で効果的か
　　　つ過度でない場合にかぎり、上記制約が正当化される。

　　（4）ア　法13条1項7号の目的は、日本の利益または公安の維
　　　　持であるところ、国民の人権を保障するには、日本の利
　　　　益および公安を維持することが不可欠なので、目的は重
　　　　要である。
　　　イ　そして、著しく、かつ、直接に日本国の利益または公
　　　　安を害する行為を行うおそれがある者の海外渡航を制限
　　　　すれば、渡航先での上記利益を害する行為を防止し日本
　　　　の利益と公安の維持に役立つので、手段は目的との関係
　　　　で効果的といえる。
　　　ウ　もっとも、「外務大臣において、著しく、かつ、直接
　　　　に日本国の利益又は公安を害する行為を行うおそれがあ
　　　　ると認めるに足りる相当の理由がある者」との文言は抽

5

10

15

20

25

30

35

40

➡ 問題提起

論 海外渡航の自由

⇨ 帆足計事件（判例シリーズ58
事件）

➡ 規範

➡ あてはめ

象的であり、恣意的な運用がなされるおそれがあるので 45
過度ともいえそうである。

　　しかし、本件自由は性質上、外交関係、国際関係が関
わっているので、行政庁に一定の裁量を認めるべきであ
り、ある程度、文言は抽象的にならざるをえない。また、
前述した権利の重要性や規制の強さからすれば適用は限 50
定的であるべきである。

　　そこで、「外務大臣において、著しく、かつ、直接に
日本国の利益又は公安を害する行為を行うおそれがある
と認めるに足りる相当の理由がある者」とは、原則とし
て犯罪行為、たとえば内乱罪、外患罪、国交に関する罪、55
麻薬および向精神薬取締法などの重大な犯罪行為を行う
明白なおそれがある者をさし、その範囲内でしか適用さ
れないので過度とはいえず、合憲といえる。

(5)　以上から本件法律は違憲でない。　　　　　　　　　　　　→結論

2　そうだとしても、本件処分は適法か。Xが「著しく、かつ、60　→問題提起
直接に日本国の利益又は公安を害する行為を行うおそれがあ
ると認めるに足りる相当の理由がある者」といえるかが問題
となる。

(1)　前述したように、「著しく、かつ、直接に日本国の利益　　　→規範
又は公安を害する行為を行うおそれがあると認めるに足 65
る相当の理由がある者」とは、原則として犯罪行為、た
えば内乱罪、外患罪、国交に関する罪、麻薬および向精神
薬取締法などの重大な犯罪行為を行う明白なおそれがある
者と解する。

(2)　この点、日本とは経済体制を異にするA国で行われる国 70　→あてはめ
際会議へ出席すれば、国際関係に影響を及ぼす可能性を否
定はできない。しかし、XはA国で行われる国際会議への
出席を渡航目的としているので、正当な目的を有しており、
犯罪行為との関連性も見出せない。そして、Yの拒否処分
は、Xの渡航目的が当時日本とは経済体制を異にするA国 75
で行われる国際会議への出席であることにのみ基づいてい
る。これは、単に渡航の目的地や会議の性質を理由に拒否
処分をしており、Xが犯罪を行うかという観点からなされ
ていない。

　　したがって、Xには犯罪行為を行う明白なおそれがある 80
と認められない。

(3)　よって、本件処分は、Xの本件自由を侵害し、違憲であ　　　→結論
る。

　　　　　　　　　　　　　　　　　　　　　　　　以上

85

　本問は、帆足計事件（最大判昭和33年９月10日民集12巻13号1969頁〔判例シリーズ58事件〕）を題材に、居住移転の自由のうち、海外渡航の自由をテーマにした問題である。居住移転の自由は、歴史的には純粋な経済的自由とされてきた。しかし、近年では、人身的自由や精神的自由の要素をも含む複合的人権と考える見解が有力である。そこで、このような複合的人権の理解を深めてもらうために、本問を出題した。なお、移転の自由は、司法試験2020（令和２）年で出題されている。

■ 論点 ■

海外渡航の自由

■ 答案作成上の注意点 ■

① 法令違憲について

　旅券法を根拠とした本件処分により、XはA国に渡航できなかったので、Xの海外渡航の自由（以下「本件自由」という）が問題となります。まず、法令違憲から検討していきます。
1　人権保障について
　22条１項の「移転の自由」は、国の内外を問わずに旅行の自由を保障しているとする見解や13条で保障されるとの見解もあります。しかし、帆足計事件判決は「憲法22条２項の『外国に移住する自由』には外国へ一時旅行する自由を含むものと解すべきである」としており、22条２項によって、保障されるとしています。
　22条２項は、外国移住の自由を保障しています。外国での居住のための出国を保障しながら、一時的な旅行のための出国を認めていないと解することは不合理です。
　また、22条は、国内に関連するものを１項に、国外に関連するものを２項に規定しています。そうだとすれば、22条２項の「外国に移住」するとの文言には、一時的に海外渡航することも含まれると解されます。
　したがって、本件自由は22条２項によって保障されると解するのが通説です。
2　制約について
　旅券法を根拠に、旅券発給拒否処分が行われると海外に渡航できなくなるので、旅券法は本件自由を制約しています。法令違憲と適用違憲の両方を検討する場合、法令違憲の段階では一般的・抽象的な法令そのものが問題となり、具体的処分は適用違憲で問題となるので、本問の法令違憲の検討の段階では、本件処分を制約の根拠としないほうが好ましいでしょう。もっとも、一概にこのようにいえるとはかぎらないので、問題によってどの部分を制約の根拠とするかをしっかり見分けることが重要となってきます。
3　違憲審査基準について
　上記制約は「公共の福祉」（12条後段、13条後段）による制約として正当化されるのでしょうか。違憲審査基準が問題となります。
　海外渡航の自由などの居住・移転の自由は歴史的背景からすると、経済的自由の性質を有しています。そして、一般的に経済的自由は民主政の過程で回復が可能なのでゆるやかに審査すべきとも考えられます。
　しかし、居住・移転の自由は、自由に移動するなど身体拘束を解く意義をもっているので、人身の自由と密接に関連します。また、海外に渡航し、さまざまな接触をとおして見聞を広めることができるので、精神的自由の側面も存在します。そして、身体が拘束されたり、見聞を広める機会が奪われたりした場合、金銭での回復は困難です。そうだとすれば、ゆるやかに審査すべきではありません。さらに、旅券法を根拠に、旅券発給拒否処分が行われれば海外渡航自体を妨げ

られるので規制態様は強いともいえます。

そこで、答案例では、①目的が重要で、②手段が目的との関係で効果的で過度でない場合にかぎり、上記制約が正当化されるとしました。

4　あてはめ

本件処分の目的は、日本の利益または公安の維持です。国民の人権を保障するには、日本の利益および公安を維持することが不可欠となりますので、目的は重要といえます。

また、著しく、かつ、直接に日本国の利益または公安を害する行為を行うおそれがある者の海外渡航を制限すれば、日本の利益と公安の維持に役立つので、手段は目的との関係で効果的といえるでしょう。

もっとも、「外務大臣において、著しく、かつ、直接に日本国の利益又は公安を害する行為を行うおそれがあると認めるに足りる相当の理由がある者」との文言は抽象的であり、漠然性のゆえに無効か、過度の広汎性ゆえに無効かの問題となります。詳しくは第26問を参照してください。

この点については、①海外渡航の自由が精神的自由の側面を有することから、漠然かつ不明確であるので、文面上違憲とする説、②犯罪行為、たとえば内乱罪、外患罪、国交に関する罪、麻薬及び向精神薬取締法違反などの重大犯罪行為を行う明白なおそれがある者と限定解釈をする説、③適用違憲とする説などがあります。

答案例では、過度の広汎性ゆえに無効の問題とし、限定解釈をしたうえで、適用違憲の検討をしましたが、漠然性のゆえに無効の問題とすることも可能です。

旅券法は文言が抽象的で恣意的な運用がなされるおそれもあり、適用範囲が広く過度とも考えられます。しかし、本件自由は性質上、外交・国際関係が関わっているので、専門的・政策的な配慮が必要となるため、行政庁に一定の裁量を認めるべきであり、ある程度文言が抽象的になるのも仕方がありません。もっとも、権利が重要であることや規制態様が強いことから、適用は限定的にすべきです。

そこで、「外務大臣において、著しく、かつ、直接に日本国の利益又は公安を害する行為を行うおそれがあると認めるに足りる相当の理由がある者」とは、原則として犯罪行為、たとえば内乱罪、外患罪、国交に関する罪、麻薬及び向精神薬取締法違反などの重大犯罪行為を行う明白なおそれがある者であるとの合憲限定解釈をすれば、適用範囲が限定的であるので過度とはいえず、合憲といえるでしょう。

この点について、帆足計事件判決は、「日本国の利益又は公安を害する行為を将来行う虞れある場合においても、なおかつその自由を制限する必要のある場合のありうることは明らかであるから、同条をことさら所論のごとく『明白かつ現在の危険がある』場合に限ると解すべき理由はない」と述べています。

これほどまでに狭く解する必要はないかもしれません。しかし、前述した海外渡航の自由の重要性にかんがみれば、文言について検討したほうがよいでしょう。

② 適用違憲について

旅券法が合憲だとしても、旅券法を根拠に本件処分が行われています。そこで、次は本件処分の合憲性を検討していきます。

1　規範

適用違憲を検討する場合には、まず根拠となった法令の解釈を行い、その法令が適用できるかを検討していきます。

本問では、旅券法の解釈をしていくことになりますが、前述したように、「著しく、かつ、直接に日本国の利益又は公安を害する行為を行うおそれがあると認めるに足りる相当の理由がある者」とは、原則として犯罪行為、たとえば内乱罪、外患罪、国交に関する罪、麻薬および向精神薬取締法違反などの重大な犯罪行為を行う明白なおそれがある者と解されます。

2　あてはめ

帆足計事件判決は「原判決の認定した事実関係、とくに占領治下我国の当面する国際情勢の下

においては、上告人等がモスコー国際経済会議に参加することは、著しくかつ直接に日本国の利益又は公安を害する虞れがあるものと判断して、旅券の発給を拒否した外務大臣の処分は、これを違法ということはできない旨判示した原判決の判断は当裁判所においてもこれを肯認することができる。なお所論中、会議参加は個人の資格で、しかも旅券の発給は単なる公証行為に過ぎず、政府がこのことによって旅行目的を支持支援するものではなく、かつ政治的責任を負うものではないから、日本国の利益公安を害することはあり得ない旨るる主張するところあるが、たとえ個人の資格において参加するものであっても、当時その参加が国際関係に影響を及ぼす虞れのあるものであったことは原判決の趣旨とするところであって、その判断も正当である。その他所論は、原判決の事実認定を非難し、かつ原判決の判断と反対の見地に立って原判決を非難するに帰し、いずれも採るを得ない。次に原判決が、本件拒否処分につき外務大臣の判断の結果が、かりに誤りであったとしても国家賠償法1条1項にいう故意又は過失はない旨を判示したのは、本来必要のない仮定的理由を附加したにとどまるものであって、その判断の当否は判決の結果に影響を及ぼすものではない」と述べています。この判例は、答案例のように限定的に解釈をしたわけではないので、限定解釈をしなかった場合にはこのように考えることもできるでしょう。

　しかし、本問では、XはA国で行われる国際会議への出席を渡航目的としています。これは正当な目的であり、犯罪行為との関連性も見出せず、犯罪を行うことを目的としているとはいえません。Yは、Xの渡航目的が当時日本とは経済体制を異にするA国で行われる国際会議への出席であることに基づいて、本件処分を行っています。これは、単に渡航の目的地や会議の性質を理由に拒否処分をしているといえ、犯罪を行うおそれがあるかという観点から処分がされたわけではありません。したがって、Xには犯罪行為を行う明白なおそれがあると認められないので、答案例のように解釈すれば法を適用できる事案ではありません。

　このように考えるならば、Xには旅券法を適用できないのに適用しているので、本件処分は本件自由を侵害し、違憲となります。

【参考文献】
試験対策講座10章2節[2]。判例シリーズ58事件。条文シリーズ22条[3]3。

第31問 B　財産権

　2030年、各地の子どもの人口が増加傾向に切り替わり、既存の小学校のみではすべての児童に適切な教育を施すことが困難となる自治体がでてくるという問題が顕在化した。そこで、国は、全国で一定の教育水準を保つことができるように各自治体による小学校建設を推進するために、学校を新設するための用地取得に際して、当該都市に所在する私有の遊休土地を市場価格よりも安く収用することができる法律（以下「本件法律」という）を制定した。
　本件法律の憲法上の問題点を論じなさい。

【解答へのヒント】
1　土地の収用を定めた本件法律は、収用対象となる土地の所有者の財産権を侵害し違憲とならないでしょうか。検討してみましょう。
2　収用の対価が市場価格よりも安くなっている点で、違憲とならないでしょうか。検討してみましょう。

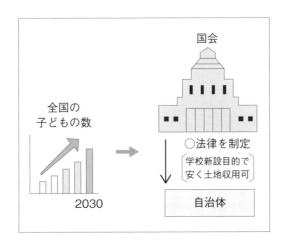

1 本件法律は収用対象の土地所有者の財産権を侵害し違憲と →問題提起
ならないか。

(1) まず、憲法29条1項（以下法名省略）は、私有財産制度
とともに、個人の具体的な財産権をも保障していると解す
る。そして、土地所有者の所有権は民法206条により認め 5
られている以上、29条1項の財産権として保障される。

(2) そして、本件法律は対象となっている土地を収用するも
のであり、財産権に対する制約がある。

(3) もっとも、財産権も「公共の福祉」（29条2項）による
制約を受ける。そこで、いかなる場合に上記制約は正当化 10
されるか。違憲審査基準が問題となる。

ア 財産権に対する規制は、財産権の種類、性質等が多種
多様であり、規制の目的もさまざまである。そこで、規
制の目的、必要性、内容、その規制によって制限される
財産権の種類、性質および制限の程度等を比較考量して 15
決する。

イ 検討すると、たしかに、財産権は、個人の経済的基盤
を確保し、個人の尊厳を保つために重要であることから
すれば、ただちにゆるやかに審査すべきでない。

しかし、財産権は金銭による回復が可能であり、29条 20
2項は「公共の福祉に適合するやうに、法律でこれを定
める」としており、立法裁量が予定されている。そして、
本件法律の目的は小学校を設立して、一定の教育水準を
確保するというものであり、どのようにして教育水準を
確保するかについては専門的技術的判断が必要となるこ 25
とから、広い裁量が認められる。また、子どもの教育を
受ける権利にも資するので小学校を設立する必要性は高
い。さらに、一般的に土地は価値が高く、収用は所有権
を奪うものではあるが、本件法律の対象は遊休土地であ
り生活の本拠を奪う等生活に与える影響は大きくなく、 30
制約はそれほど強くない。

ウ そこで、目的が正当で手段が合理的関連性を有する場 →規範
合に、合憲と解する。

(4) 本問での目的は、前述のとおりであり、教育を受ける権 →あてはめ
利に資するので、正当といえる。 35

また、小学校を建設するためには比較的広大な土地が要
求されるところ、上記目的を満たすためには私有地を収用
することがもっとも効果的な方法といえるから、目的との
関係で適合性が認められる。

もっとも、一般的に土地は価値が高く、生活の基盤とな 40
る場合もあることから、これを失うことで所有者にとって
多大な損害が生じる可能性もあるので、不利益が大きいと
考えられる。

しかし、本件法律の対象はすべて使用収益されていない

土地であり、買上げによって生活の基盤を失う等生活に与 45
える影響は大きくないので、多大な損害を被るとはいえず、
不利益は大きいといえない。

　　また、本件での目的は教育を受ける権利に資するので重
要な目的といえ得られる利益は大きい。以上から、手段は
目的と合理的関連性を有する。 50

(5)　したがって、本件法律は、土地所有者の財産権を侵害し　　➡結論
ない。

2　次に、本件法律で定められている買収対価は市場価格より　　➡問題提起
も低いものであるところ、29条3項の「正当な補償」のもと
に公用収用を認めた同条に反し、違憲ではないか。まず、本 55　論損失補償の要否
件法律に基づく収用が「正当な補償」が必要となる場面かが
問題となる。

(1)　まず、本件法律による収用は、小学校を設立するためな
ので、広く社会公共の利益のために私有財産の収用等を行
うことなので、「公共のために用ひる」といえる。 60

(2)　また、同項の趣旨は、特定の者に課される不平等の是正
と具体的財産の侵害の塡補にあるので、特定の者に特別な
犠牲を課す場合に補償は必要となる。そして、上記趣旨か　　➡規範
らすれば特別な犠牲にあたるかは、①侵害行為の対象が一
般人か特定人か、②侵害行為が財産権の本質的内容を侵害 65
するほど強度のものか否かをあわせて判断すべきである。

(3)　本件法律の収用は、遊休土地に対して行われるところ、　　➡あてはめ
所有者はかぎられていることから、対象は一般的ではなく
特定人である。また、空き地とはいえ、土地の買上げは所
有権を剥奪するものなので財産権の本質的内容を侵害する 70
ほど強度のものといえる。

(4)　したがって、「正当な補償」が必要となる。

3　もっとも、29条3項を直接の根拠として正当な補償の請求　　➡問題提起
が可能であれば、「正当な補償」を定めない本件法律は29条
3項に反しない。そこで、29条3項を直接の根拠として補償 75　論29条3項を直接の根拠とした
請求できるかが問題となる。　　　　　　　　　　　　　　　　　　　　損失補償の可否

　　この点、29条3項自体が私有財産を公共のために用いた場　　➡あてはめ
合の救済規定であるし、損失補償の額は立法裁量が必要とな
る場面ではなく、裁判上確定できる。

　　したがって、同項を直接の根拠として、「正当な補償」に 80
足りない金額は請求できる。

4　よって、本件法律は、29条3項に違反せず、違憲とはいえ　　➡結論
ない。

以上

85

▌出題趣旨 ▌

　本問は財産権をテーマにした問題である。財産権が問われる場合、具体的な財産権に関してだけでなく、損失補償の要否や29条3項を直接の根拠として請求できるかまで問われることがある。そこで、この流れを理解してもらうことを意識して出題した。財産権は予備試験の2017（平成29）年でも出題されている。

　なお、本問では「正当な補償」の内容までは問われていない。論文で聞かれることはあまりないが、短答で聞かれる場合もあるし、財産権を理解するうえで重要となるのでこの機会に確認しておいてほしい。

▌論点 ▌

1　損失補償の要否
2　29条3項を直接の根拠とした損失補償の可否

▌答案作成上の注意点 ▌

1　本件法律は個人の具体的な財産権を侵害するか

　本件法律による収用が実行されれば、対象の土地所有者はその土地の所有権を失うことになります。

　そのため、本件法律が、土地所有者の財産権を侵害し違憲とならないかが問題となります。

1　財産権の保障について

　財産は人が日常生活を送るうえで必要不可欠なので、29条1項は私有財産制度とともに個人が現に有する具体的な財産をも保障していると解すべきでしょう。森林法共有林分割制限事件判決（最大判昭和62年4月22日民集41巻3号408頁〔判例シリーズ54事件〕）も「私有財産制度を保障」するだけでなく、「社会的経済的活動の基礎をなす国民の個々の財産権につきこれを基本的人権として保障する」ものであるとしています。そして、本件土地も、その所有者が現に有する具体的財産なので、財産権として保障されています。

2　制約について

　本件法律は、土地を収用するというものであり、所有権そのものを剥奪するものとして、財産権を制約しています。

3　違憲審査基準について

　もっとも、財産権も「公共の福祉」（29条2項）による制約を受けます。そこで、いかなる場合に上記制約は正当化されるのでしょうか。違憲審査基準が問題となります。

　第27問で説明したとおり、職業選択の自由の違憲審査においては、従来、規制目的二分論が用いられており、これを財産権にも適用するとの見解もありました。

　しかし、規制目的は多種多様で、一律にその目的を確定できるわけではなく、積極目的と消極目的が併存している場合も少なくありません。そして、規制態様や制約される財産の種類や性質も異なるのにこれらの考慮なしに判断すべきではありません。

　証券取引法164条1項事件判決（最大判平成14年2月13日民集56巻2号331頁〔百選Ⅰ97事件〕）は、「財産権は、それ自体に内在する制約がある外、その性質上社会全体の利益を図るために立法府によって加えられる規制により制約を受けるものである。財産権の種類、性質等は多種多様であり、また、財産権に対する規制を必要とする社会的理由ないし目的も、社会公共の便宜の促進、経済的弱者の保護等の社会政策及び経済政策に基づくものから、社会生活における安全の保障や秩序の維持等を図るものまで多岐にわたるため、財産権に対する規制は、種々の態様のものがあり得る。このことからすれば、財産権に対する規制が憲法29条2項にいう公共の福祉に適合する

ものとして是認されるべきものであるかどうかは、規制の目的、必要性、内容、その規制によって制限される財産権の種類、性質及び制限の程度等を比較考量して判断すべきものである」として規制目的二分論を採用しませんでした。この判例がだされたこともあり、財産権では目的二分論は妥当しないとの見解もあり、答案例ではこちらを採用しました。

　財産権は金銭による回復が可能であり、また29条2項は「公共の福祉に適合するやうに、法律でこれを定める」としており、立法裁量が予定されているし、社会相互関連性があり、内在的制約があります。したがって、厳格に審査すべきではないとも考えられます。

　しかし、財産権も個人の経済的基盤を確保し、個人の尊厳を保つために重要なのでただちにゆるやかに審査すべきではありません。

　本件法律の目的は小学校を設立して、一定の教育水準を確保することにあり、教育的配慮が必要となります。したがって、専門的知識が必要となるので裁量が認められるといえるでしょう。しかも、子どもの教育を受ける権利に資するため、小学校を設立する必要性は高いです。経済的自由では、積極目的規制や消極目的規制という言葉が用いられることがほとんどですが、どちらの目的といえるか、曖昧な場面もあります。そこで、本問ではこれらの文言を用いませんでした。

　一方で、本件法律は土地の利用を制限するものではなく強制的に収用するものです。また、一般的に土地は価値が高く、土地の所有権を奪うことは制約が強いと考えられることもできます。しかし、本件法律では、遊休土地という土地所有者が使用収益をしていない土地を対象としていることから、生活の本拠を奪う等土地所有者に強い影響を与えるものでなく、制約はそれほど強くないとも考えられます。

　そこで、答案例では目的が正当で手段が合理的関連性を有する場合に、合憲と解するとしました。

4　あてはめ

　本問での目的は前述のとおりであり、教育を受ける権利に資するので正当といえます。

　また、自治体によっては今後すべての児童を既存の小学校で受け入れるのは困難であるため、土地を収用し小学校を設立するという手段は目的との関係で関連性を有するといえます。

　問題は、土地収用が合理的といえるかです。一般的に土地は価値が高く、生活の基盤となる場合もあり、これを失うことで多大な損害が生じる可能性もあるので不利益が大きいとも考えられます。

　他方で本件土地はすべて空き地であり、収用によって生活の本拠を奪うものではなく、生活に与える影響が小さいので、多大な損害を被るとはいえず、不利益が大きくないともいえます。また、本件での目的は教育を受ける権利に資するもので重要な目的といえるので、得られる利益は大きいです。

　以上の事情を考慮して説得的に論じていきましょう。

② 損失補償が必要か

　本件法律が定める取得対価は市場価格より低い価格とされていますが、これが「正当な補償」を定めた29条3項に違反しないかも問題となります。

　もっともこの問題を論じるにあたっては、そもそも「正当な補償」が必要な場面であるかの検討が必要になります。というのも、「正当な補償」が不要な場合には、民事上の問題は格別、29条3項には違反しないからです。なお、法律に補償に関する規定がない場合でも同様の流れで論じていきます。

1　まず、「公共のために用ひる」場合でなくてはなりません。そして「公共のために用ひる」とは公用収用にかぎられず、広く公共利益目的のために財産権を制限する場合一般を含むと解されます。

　そして、本件法律による土地の収用は小学校の設立という公共利益目的の制限ですから「公共のために用ひる」といえます。

2　補償が必要となる場合

　29条3項の趣旨は、特定の者に課される犠牲という不平等な負担の是正と具体的財産の侵害の塡補にあるので、特定の者に対して、特別な犠牲を課す場合に補償が必要となると解すべきでしょう。上記趣旨からすれば、特別な犠牲といえるかは、①侵害行為の対象が一般人か特定人か、②侵害行為が財産権の本質的内容を侵害するほど強度のものか否かをあわせて判断することになります。

3　本件法律による収用は、遊休土地に対して行われるもので、所有者はかぎられていることから、対象は一般的ではなく特定人であるといえます。また、空き地とはいえ、土地の収用は所有権を剥奪するものなので財産権の本質的内容を侵害するほど強度のものといえます。したがって、本件法律による収用は、財産権の本質的内容を侵害するほど強度のものといえるでしょう。

4　以上から、本件では補償が必要となります。

③　29条3項を直接の根拠として補償請求できるか

　法律を根拠にして「公共のために用ひる」ために土地等が収用され、補償が必要になる場面に、法律に基づく補償が29条3項にいう「正当な補償」にみたない場合であっても、同条を根拠にして補償を求めることができるのであれば、憲法に違反することにはなりません。そこで、29条3項を直接の根拠として、補償を請求できるかが問題となります。

　この点、29条3項自体が私有財産を公共のために用いた場合の救済規定であり、損失補償としての「正当な補償」の額は立法裁量が必要となる場面ではなく、裁判上確定することができます。したがって、同項を直接の根拠として、「正当な補償」に足りない金額は請求できるので、本件法律は29条3項に違反しません。

　河川附近地制限令事件（最大判昭和43年11月27日刑集22巻12号1402頁〔判例シリーズ57事件〕）も、「同令4条2号による制限について同条に損失補償に関する規定がないからといって、同条があらゆる場合について一切の損失補償を全く否定する趣旨とまでは解されず、本件被告人も、その損失を具体的に主張立証して、別途、直接憲法29条3項を根拠にして、補償請求をする余地が全くないわけではないから、単に一般的な場合について、当然に受忍すべきものとされる制限を定めた同令4条2号およびこの制限違反について罰則を定めた同令10条の各規定を直ちに違憲無効の規定と解すべきではない」とし、29条3項を直接の根拠として補償請求する余地があることを認めています。

④　最後に

　本問における「正当な補償」に関する問題提起の流れがわかりづらいので整理しておきます。

> **補償の要否について**
> 　本問において、法律に基づく補償は29条3項の「正当な補償」に足りていない（法律に補償の規定がない場合も同様である。また「正当の補償」に足りているかを検討する場合もある）→同項に違反するのでは？→しかし、そもそも「正当な補償」が必要なければ違反とならない→いかなる場合に「正当な補償」が必要か

　　　　　　　　結論…必要な場合　　　　　　　　結論…必要ない場合→29条3項に違反しない

> **29条3項を直接の根拠として補償請求できるかについて**
> 　「正当な補償」が必要であるのに足りていない（補償の規定がない）→同項違反では？→同項を根拠に直接請求できれば、結局「正当な補償」を請求できるので同項に反しない→同項を直接の根拠として「正当な補償」を請求できるか

【参考文献】
試験対策講座10章3節。判例シリーズ54事件、57事件。条文シリーズ29条。

第32問 B 行政手続と31条、35条、38条

　Xらは、Y空港の開港に反対し開港予定地に小屋（以下「本件小屋」という）を設置する等の反対運動を行い、開港予定の3か月前には空港敷地内に無断で進入したうえで過激な破壊活動を行った。国土交通大臣Aは、新たに制定されたY空港の安全確保に関する法律（以下「Y空港法」という）に基づき、本件小屋をY空港法3条1項1号の「多数の暴力主義的破壊活動者の集合の用」に供するものであると認定したうえで、Xに対し何ら弁明の機会を与えることなく、本件小屋の使用を禁止する命令を発した。そして、国土交通省の職員Bらは、命令の履行確保のため令状なく本件小屋に立ち入り、居合わせたXらに質問を発した。

　これらAおよびBらの行為について、憲法第31条、第35条、第38条との関係で憲法上問題となる点を論ぜよ。

【参考条文】
Y空港の安全確保に関する法律（抜粋）
第3条　国土交通大臣は、Y空港内の規制区域内に所在する建築物その他の工作物について、その工作物が次の各号に掲げる用に供され、又は供されるおそれがあると認めるときは、当該工作物の所有者、管理者または占有者に対して、期限を付して、当該工作物をその用に供することを禁止することを命ずることができる。
一　多数の暴力主義的破壊活動者の集合の用
二・三　（略）
2　国土交通大臣は、前項の禁止命令をした場合において、必要があると認めるときは、当該命令の履行を確保するため必要な限度において、その職員をして、当該工作物に立ち入らせ、または関係者に質問させることができる。
第4条　前条1項の規定による命令については、行政手続法第3章の規定は適用しない。
第5条　第3条第2項の規定による立入りを拒み、または妨げ、もしくは同項の規定による質問に対して答弁せず、または虚偽の答弁をした者は、5万円以下の罰金に処する。

【解答へのヒント】
　本問は、行政手続と31条、35条、38条の関係について問うものです。まず、これらの規定が刑事手続に適用されるということを示したうえで、これらの規定の準用の可否について論じましょう。

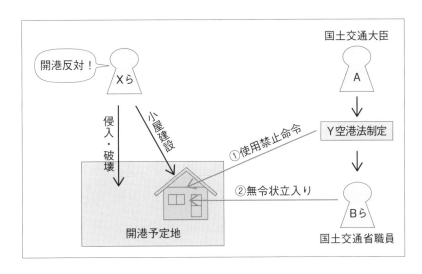

1　憲法31条（以下法名省略）との関係について

　本問では、国土交通大臣Aは、Xに対し何ら弁明の機会を
与えず、本件小屋の使用禁止命令を発している。これは、Y
空港法3条1項を根拠とした行政手続法の適用除外に基づく
不利益処分といえる（Y空港法4条）。　　　　　　　　　　5

　そこで、Y空港法3条1項、4条が行政手続法に規定され
ている告知聴聞を除外したことは、適正手続について規定し
た31条の法意に反しないかが問題となる。

⑴　まず、31条は、適正手続の内容として告知と聴聞を受け
　る権利を保障していると解される。　　　　　　　　　　10

⑵　そうだとしても、31条は文言、沿革から刑事手続に関す
　る規定であって、行政手続に直接適用することはできない。
　そこで、31条は行政手続に準用されるかが問題となる。

> ア　この点、31条の趣旨は、公権力を手続的に拘束し、人
> 　権を手続的側面から保障しようとするものである。そし　　15
> 　て、現代では、行政が国民の生活に介入するので、その
> 　趣旨は行政手続にも妥当する。したがって、31条は行政
> 　手続にも準用されうると解する。
> 　　もっとも、行政手続は刑事手続とその性質で差異があ
> 　り、行政手続は行政目的に応じて多種多様である。　　　20
> 　　そこで、事前の告知、弁解、防御の機会を与えるかど
> 　うかは、行政処分により制限を受ける権利利益の内容、
> 　性質、制限の程度、行政処分によって達成しようとする
> 　公益の内容、程度、緊急性等を総合較量して決定される
> 　べきと解する。　　　　　　　　　　　　　　　　　　25

　イ　Y空港法3条1項に基づく工作物使用禁止命令により
　　制限を受ける権利利益の内容、性質は、多数の暴力主義
　　的破壊活動者の集合の用に供する態様の使用であり、そ
　　の使用利益は保護の必要性は低い。
　　　一方で、上記命令により達成しようとする公益は、Y　30
　　空港の設置、管理等の安全という国家的、社会経済的、
　　公益的、人道的見地からその確保がきわめて強く要請さ
　　れるものであり、高度かつ緊急の必要性を有する。

　ウ　以上を総合較量すれば、上記命令にあたり、相手に対
　　し事前の告知、弁解、防御の機会を与える旨の規定がな　35
　　くても、Y空港法3条1項は31条の法意に反しない。

2　35条との関係について

　本問では、国土交通大臣Aは、命令の履行確保のため令状
なくXの小屋に職員を立ち入らせているところ、これはY空
港法3条1項、2項に基づく行政処分といえる。そこで、Y　40
空港法3条1項、2項は令状主義について規定した35条の法
意に反しないか、ここでも35条は行政手続に準用されるかが
問題となる。

> ⑴　この点、35条の趣旨は、司法的抑制、一般令状の禁止お

➡問題提起
論 行政手続と31条
**⇨ 第三者所有物没収事件（判例
シリーズ59事件）**

**⇨ 成田新法事件（判例シリーズ
61事件）**

➡規範

➡あてはめ

➡結論

➡問題提起
論 行政手続と35条

よび被捜索・押収者の防御権の保障を実現しようとする点 45
にあるところ、その趣旨は行政手続にも妥当する。そこで、
35条は行政手続にも準用されうると解する。

　　もっとも、行政手続は刑事手続とその性質において差異
があり、また、行政目的に応じて多種多様である。

　　そこで、当該立入りが、公共の福祉の維持という行政目 50
的を達成するために欠くことのできないものであるかどう
か、刑事責任追及のための資料収集に直接結びつくもので
あるかどうか、また、強制の程度、態様が直接的なもので
あるかどうかなどを総合判断して、裁判官の令状の要否を
決めるべきであると解する。 55

➡規範
⇨川崎民商事件（判例シリーズ
　62事件）

(2)　Y空港法3条2項に基づく立入りは、Y空港法3条1項
　に基づく命令の履行確保のため必要な限度においてのみ認
　められるものであり、行政目的を達成するために欠くこと
　のできないものであるし、対象者の刑事責任を追及する
　ための資料収集に直接結びつくものでもない。また、強制の 60
　程度、態様は事後的な罰金刑による間接的なものであって
　（Y空港法5条）、直接的なものではない。

　　以上を総合判断すれば、裁判官の令状を要求しなくても、
　Y空港法3条1項、2項は憲法35条の法意に反しない。

➡あてはめ

➡結論

3　38条との関係について 65
　　本問では、国土交通大臣Aは、職員をして居合わせたXら
　に対し質問を発しているところ、これはY空港法3条2項、
　5条に基づくものといえる。そこで、Y空港法3条2項、5
　条は不利益供述強要の禁止について規定する38条1項の法意
　に反しないか、ここでも38条1項は行政手続に準用されるか 70
　が問題となる。

➡問題提起
🔲行政手続と38条

(1)　この点、38条1項の趣旨は、何人も自己の刑事上の責任
　を問われるおそれのある事項について供述を強要されない
　ことを保障した点にあると解されるところ、その趣旨は行
　政手続にも妥当する。そこで、38条1項は行政手続に準用 75
　されうると解する。

　　もっとも、行政手続の性質が刑事手続のそれと差異があ
　ることは、前述した31条、35条の場合と同様である。

　　そこで、実質上、刑事責任追及のための資料の取得収集
　に直接結びつく作用を一般的に有するかどうかにより準用 80
　の有無が決せられると解する。

➡規範
⇨川崎民商事件（判例シリーズ
　62事件）

(2)　Y空港法3条2項、5条に基づく質問は、Y空港法3条
　1項に基づく命令履行確保のためにかぎって認められる質
　問であり、実質上、刑事責任追及のための資料の取得収集
　に直接結びつく作用を一般的に有するものではない。 85

➡あてはめ

(3)　よって、38条1項は準用されないので、Y空港法3条2
　項、5条は38条1項の法意に反しない。

➡結論

以上

本問は、成田新法事件（最大判平成4年7月1日民集46巻5号437頁〔判例シリーズ61事件〕）および川崎民商事件（最大判昭和47年11月22日刑集26巻9号554頁〔判例シリーズ62事件〕）をモデルとしたものである。行政手続における31条等の適正手続に関する憲法上の条文の準用については、2017（平成29）年、2019（令和元）年の司法試験で問われており、今後も出題が予想される分野である。本問を通じて思考過程をきっちりとおさえてほしい。

論点

1　行政手続と31条
2　行政手続と35条
3　行政手続と38条

答案作成上の注意点

1　はじめに

本問は、弁明の機会が付与されずになされたなど、一定の手続を欠く行政手続について合憲性を問う問題です。行政手続と31条から40条までの人身の自由について定めた条文との関係について論じていくことになります。このような問題で重要なのは、論述の基本的な流れをおさえておくことです。大まかな流れとしては、31条等の規定は刑事手続にのみ適用される──31条等の規定は行政手続にも準用される──行政手続に準用される場面は限定されているというものになります。

2　行政手続と31条

1　31条について

31条は「何人も、法律の定める手続によらなければ、その生命若しくは自由を奪われ、又はその他の刑罰を科せられない」と規定しており、適正手続の保障について保障しています。文言上は、手続の法定を要求しているにとどまりますが、通説は、より広い範囲の意味を含むとし、手続の法定、手続の適正、実体の法定、実体の適正も要求しているとしています。

そして、適正手続の内容として、31条は告知・聴聞の機会も要求しているとされています（最大判昭和37年11月28日刑集16巻11号1593頁〔判例シリーズ59事件〕、第三者所有物没収事件参照）。したがって、刑事手続において告知・聴聞の機会を付与しなかった場合、31条違反となる可能性が高いでしょう。

2　行政手続との関係

31条の規定は、その文言上刑事手続のみを対象とするものです。もっとも、行政手続にも適用あるいは準用されないかが問題となります。

この点について示した判例として、成田新法事件があります。この判例は、規制区域内において暴力主義的破壊活動者による工作物の使用を禁止する法律（新東京国際空港の安全確保に関する緊急措置法）に基づき使用禁止命令を発したところ、告知と聴聞の機会が与えられずに行政手続がなされたものであり、根拠法令が31条に違反するとして争われた事案です。判例は、「憲法31条の定める法定手続の保障は、直接には刑事手続に関するものであるが、行政手続については、それが刑事手続ではないとの理由のみで、そのすべてが当然に同条による保障の枠外にあると判断することは相当ではない」としたうえで、「しかしながら、同条による保障が及ぶと解すべき場合であっても、一般に、行政手続は、刑事手続とその性質においておのずから差異があり、また、行政目的に応じて多種多様であるから、行政処分の相手方に事前の告知、弁解、防御の機会を与えるかどうかは、行政処分により制限を受ける権利利益の内容、性質、制限の程度、行政処

分により達成しようとする公益の内容、程度、緊急性等を総合較量して決定されるべきものである」るとしています。

　このように行政手続については、準用というかたちで31条の保障が及ぶ場合があり、その肯否はさまざまな要素の総合較量によって決せられるというのが判例の考え方のようです。学説には直接適用されるとする見解や類推適用されるとする見解もあります。また、行政手続には31条は適用・準用等されず、13条後段の幸福追求権として保障されるとする見解もあります。

3　答案例について

　本問では、Y空港法4条が不利益処分における告知・聴聞に関する規定（行政手続法13条）の適用を排除しているので、使用禁止命令において告知・聴聞の機会が与えられていません。したがって、憲法31条に違反するのではないかが問題となるのです。

　答案例では、判例と同様、行政手続にも31条が準用される場合があるという見解をとりました。流れとしては、31条はあくまで刑事手続を対象としたものであるが、行政手続にも準用される場合があることを示したうえで、判例の総合較量の基準を示しています。あてはめ段階では、権利利益の内容、性質について、多数の暴力主義的破壊活動者の集合の用に供する態様の使用と認定し、これについて保護の必要性は低いとしました。また、保護しようとしている公益については、Y空港という国家的、経済的利益等に関わるものにおける治安の維持を図るものであるため、守るべき公益は大きいとしました。これらを総合的にみて、権利利益よりも公益保護の必要性が上回るため準用されないとしました。

　今回はそこまで大きく考慮しませんでしたが、緊急性も重要な要素になります。実際に出題された場合には、そのあたりにも注意して解答してください。

③　行政手続と35条

1　35条について

　35条1項は、「何人も、その住居、書類及び所持品について、侵入、捜索及び押収を受けることのない権利は、第33条の場合を除いては、正当な理由に基いて発せられ、且つ捜索する場所及び押収する物を明示する令状がなければ、侵されない」と規定しており、35条2項は、「捜索又は押収は、権限を有する司法官憲が発する各別の令状により、これを行ふ」と規定しています。すなわち、35条は、侵入・捜索・押収の場面における令状主義の保障について規定しているといえます。

2　行政手続への準用

　35条は、文言上、刑事手続に及ぶと思われますが、行政手続についても35条の保障が及ぶといえないでしょうか。この件について示したものとして、川崎民商事件があります。この判例は、旧所得税法の質問検査権に基づく調査を拒否して起訴された被告人が、質問検査が令状主義（35条）に反するとして争った事案です。判例は、「憲法35条1項の規定は、本来、主として刑事責任追及の手続における強制」を念頭においたものであるが、ある手続が「刑事責任追及を目的とするものでないとの理由のみで、その手続における一切の強制が当然に右規定〔35条1項〕による保障の枠外にあると判断することは相当ではない」としました。したがって、35条の保障が行政手続に及びうるということを示しています。

　もっとも、川崎民商事件は、この事案において35条の保障は及ばず、令状がなくとも質問検査をなしうるとしました。すなわち、質問検査は「刑事責任追及のための資料の取得収集に直接結びつく作用を一般的に有するもの」ではなく、強制の態様も検査を正当な理由なく拒む者に罰則を加えるという間接的なものにとどまるうえ、「所得税の公平確実な賦課徴収を図るという公益上の目的を実現するために収税官吏による実効性のある検査制度が欠くべからざるものである」ため、35条の保障は及ばないとしています。したがって、刑事責任追及のための資料の取得収集に直接結びつく作用を一般的に有するものではなく、強制の態様も間接的なものであり、その行為の必要性が強度の場合には、行政手続に35条の保障が及ばないことを示したといえるでしょう。

3 答案例について

　本問では、命令履行確保のため令状なくこの小屋に職員を立ち入らせ、居合わせたXらに質問を発しています。したがって、令状なく捜索を行ったといえ、35条に違反するのではないかが問題となっています。

　答案例では、行政手続にも準用される場合があるとしつつ、前述の判例を参考にしながら、公共の福祉の維持という行政目的を達成するために欠くべからざるものであるかどうか、刑事責任追及のための資料収集に直接結びつくものであるかどうか、また、強制の程度、態様が直接的なものであるかどうかを総合的に判断して35条の保障が及ぶか決するとしました。あてはめの段階では、命令の履行確保の点から欠くべからざるものであるということ、立入りの拒否に対しては罰金が課されるのみであるから強制の態様が間接的であるということなどから、準用されないとしました。

4 行政手続と38条

1 38条1項について

　38条1項は、「何人も、自己に不利益な供述を強要されない」と規定しており、黙秘権（供述拒否権）を保障しています。

2 行政手続への準用

　38条1項についても、31条、35条と同様、行政手続に保障の範囲が及ぶかが問題となります。具体的には、行政庁がなんらかの目的で記録・報告・答弁の義務を課し、それに応じない場合に一定の刑罰を科す行政法規の憲法適合性が問題となりうるでしょう。川崎民商事件は、「実質上、刑事責任追及のための資料の取得収集に直接結びつく作用を一般的に有する」かによって行政手続に保障が及ぶかを決するとしています。

3 答案例について

　本問では、Y空港法3条2項で質問検査権を認めており、答弁を拒絶または虚偽の答弁を行った場合には罰金が課せられることとなっています。したがって、黙秘権を侵害したとして38条に違反したといえないかが問題となるのです。

　答案例では、31条、35条と同様に行政手続にも準用されうるとしたうえで、判例を参考にし、実質上、刑事責任追及のための資料の取得収集に直接結びつく作用を一般的に有するかどうかにより準用の有無が決せられるとの基準を立てました。そのうえで、命令の履行確保のためだけに用いられるものであるので、刑事責任追及のための資料の取得収集に直接結びつく作用を有しないとして準用されないとしました。

【参考文献】
試験対策講座11章1節③、2節②【2】、3節①【4】。判例シリーズ59事件、61事件、62事件。条文シリーズ31条③2、35条②2、38条②1。

Xは、持病のリウマチのため働くことができず、生活保護を受けている者である。Xは、将来入院した際の付添看護師などの介護費用その他の出費に備える必要を感じ、生活費を切り詰めて、月10万円の生活保護費のなかから、合計80万円を貯金していた。Xの預貯金を知った福祉事務所は、これをすべてXの収入と認定し、生活保護法に基づき、生活扶助額を減額する処分（以下「本件処分」という）をした。

　　Xが本件処分の取消訴訟を提起する場合の、憲法上の問題点について論じなさい。

【参照条文】
生活保護法（昭和25年法律第144号）（抜粋）
第1条　この法律は、日本国憲法第25条に規定する理念に基き、国が生活に困窮するすべての国民に対し、その困窮の程度に応じ、必要な保護を行い、その最低限度の生活を保障するとともに、その自立を助長することを目的とする。
第56条　被保護者は、正当な理由がなければ、既に決定された保護を、不利益に変更されることがない。

【解答へのヒント】
1　本問の訴訟は、生存権に関する訴訟のうち、どの類型にあたるかを検討してみましょう。
2　本問の訴訟は、直接には行政処分が法律に違反していないかどうかが問題になりますが、その際に25条が法律の解釈原理になる点が重要です。25条は立法・行政・司法を法的に拘束するものであり、憲法に適合するように生活保護法を解釈・適用すべきだからです。そこで、生存権規定の法的性質、具体的立法に基づく処分の憲法適合性を判断するための枠組みに留意しつつ論述してみてください。

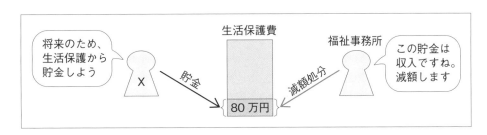

1　本件処分は、Xが従来どおりの額で生活保護給付を受ける　　　　■問題提起
　権利（以下「本件権利」という）を侵害し、違憲ではないか。
　(1)　本件権利が、憲法上保障されているかを検討する。　　　　　　■生存権規定の法的性格

　　ア　本件権利は、生活保護という健康で文化的な最低限度　　　5
　　　の生活を受ける権利に関わるものであり、憲法25条（以
　　　下法名省略）で保障される生存権としての性質を有する。
　　　　25条を解釈する前提として、この規定が法的拘束力を
　　　有するのかが問題となるところ、同条は「権利」を付与
　　　するものである以上、法的拘束力を有し、裁判規範たり
　　　うると解すべきである。　　　　　　　　　　　　　　　10
　　　　また、その内容は抽象的・相対的であることから、生　　　　■規範
　　　存権は法律による具体化を待ってはじめて具体的権利と
　　　なる抽象的権利であると解すべきである。

　　イ　生活保護法は、「日本国憲法第25条に規定する理念に
　　　基き、国が生活に困窮するすべての国民に対し、その困　　15
　　　窮の程度に応じ、必要な保護を行い、その最低限度の生
　　　活を保障するとともに、その自立を助長することを目
　　　的」として制定されたものである。これは、国民に対し
　　　て生存権を保障する25条を具体化したものといえるから、
　　　同法は生存権の具体化立法といえる。　　　　　　　　　20
　　ウ　したがって、同法に基づく本件権利は、生存権の一環
　　　として25条により保障されている。
　(2)　もっとも、本件処分に「正当な理由」（生活保護法56
　　条）が認められる場合には、すでに決定された保護を不利
　　益に変更されうる。そこで、「正当な理由」が認められる　　25
　　として、本件処分が合憲であるといえないか、「正当な理
　　由」の意義が問題となる。

　　ア　25条１項にいう「健康で文化的な最低限度の生活」な　　　　⇒総評サラリーマン税金訴訟
　　　るものは、きわめて抽象的・相対的な概念であって、そ　　　　　　（百選Ⅱ133事件）
　　　の具体的内容は、その時々における文化の発展の程度、　　30
　　　経済的・社会的条件、一般的な国民生活の状況等との相
　　　関関係において判断決定されるべきである。また、本件
　　　処分にあたっては、多方面にわたる複雑多様な、しかも
　　　高度の専門技術的な考察とそれに基づいた政策的判断を
　　　必要とする。　　　　　　　　　　　　　　　　　　　35
　　　　したがって、「正当な理由」の判断については、行政
　　　庁の合理的裁量に委ねられる。
　　　　もっとも、生存権は、まさに生きる権利そのものであ
　　　るから、司法による特別の保護が必要となる重要な権利
　　　である。また、最低限度の生活を営むのに必要かつ十分　　40
　　　なものとして一度定められた給付額を減額することは、
　　　最低限度の生活水準を下回ることになる蓋然性が高い。
　　　　そもそも生活保護法56条は、いったん実現した保護を
　　　削減することは、具体化し現実化した生存権を制限する

ことにほかならないことから、不利益変更に合理的な理由を要求したものである。

そこで、「正当な理由」とは、被保護者が健康で文化的な最低限度の生活を営むことに支障がないといえるような事情が判明した場合をいうと解すべきである。 ➡規範

　イ　月10万円の生活保護費は、健康で文化的な最低限度の生活を維持するために国が25条、生活保護法に基づいてXに支給したものである。これを原資とする預貯金は、Xが生活費を切り詰めることによって蓄えられたものである。 ➡あてはめ

Xは、リウマチという持病ゆえ、将来入院した際の付添看護師などの介護費用といった将来予想される不可欠な出費のために、貯金しておく必要性が高かった。

また、預貯金の額は80万円であり、将来の出費に対して必要かつ相当な金額といえるし、生活費以外の不可欠な事情に使用する予定の金銭である。

一方で、Xはリウマチのために働くことができない以上は、月10万円という高額とはいえない生活費でようやく最低限度の生活を営むことができる。そうだとすると、本件処分によって、Xは最低限度の生活を維持できなくなる。

したがって、Xに健康で文化的な最低限度の生活を営むことに支障がないといえるような事情はなく、「正当な理由」があるとはいえない。

2　よって、本件処分は、本件権利を侵害し、違憲である。 ➡結論

以上

生存権についてまでしっかりと学習している受験生はそれほど多くなく、苦手とする受験生も少なくないと思われる。生存権は、2010（平成22）年司法試験で出題されており、今後も出題が予想される。これを機にしっかりと確認してほしい。

論点

生存権規定の法的性格

答案作成上の注意点

1 はじめに

本問は、これまでの問題とは異なり、社会権である生存権について検討させる問題です。自由権と社会権はその歴史的な背景、国家観だけでなく、国家に対する主要な作用が異なり、その憲法適合性の判断枠組みも異なります。これまで自由権を制限する立法は、基本的に三段階審査に基づいて憲法適合性を検討してきました。これに対して、社会権の侵害が問題となる場合には、権利の内容が立法によってはじめて現実化することになります。

そこで、社会権の憲法適合性を考えるにあたっては、社会権が要求する内容または水準はどのようなものであるか、そして現実の立法・処分がそれを充足しているのかということが審査されなければなりません。本問に取り組む際には、この差を十分意識した論述を心掛ける必要があります。また、生存権に関する訴訟にはいくつか類型が存在するため、この点について最初に確認しておきましょう。

2 生存権訴訟の類型

1　行政処分

　　生活保護法のように、25条を具体化する法律を前提として、行政処分が当該法律に違反していると主張して、取消訴訟等を提起する類型が考えられます。生活保護法を前提に、それに基づく本件処分が生活保護法56条に違反していないかどうかを争う本問も、これにあたります。この類型には、生活保護費の減額が問題となった朝日訴訟（最大判昭和42年5月24日民集21巻5号1043頁〔判例シリーズ66事件〕）があります。

2　立法

　　法律自体が25条に違反しないかどうかを争うという訴訟が考えられます。所得税の課税が「健康で文化的な最低限度の生活」を侵害しているという証明がないとして、25条に違反しないとした総評サラリーマン税金訴訟（最判平成元年2月7日判時1312号69頁〔百選Ⅱ133事件〕）は、この類型にあたります。

3　立法不作為

　　生存権を具体化する法律が不十分であるとして、国家賠償訴訟のルートで争うという訴訟も考えられます。学生無年金障害者を何の救済措置も講じることなく放置した立法不作為が14条違反であるとして国家賠償を求めたものの、国民年金法の規定が25条にも14条にも反しないとした学生無年金障害者訴訟事件（最判平成19年9月28日民集61巻6号2345頁〔百選Ⅱ134事件〕）がこの類型にあたります。

4　その他、老齢加算の減額・廃止に伴う保護変更決定を争う訴訟（最判平成24年2月28日民集66巻3号1240頁〔百選Ⅱ135事件〕）などがあります。

③ 生存権規定の法的性格

25条を解釈する前提として、そもそもこの規定が法的拘束力を有するのか、それとも単なるプログラム規定にとどまるのかという問題があります。

憲法制定当初は、25条は単なるプログラム規定であり、国家に対する政治的義務以上のものは定めていないとするプログラム規定説が支配的でした。この立場によると、25条の存在意義が失われるとして、今日では賛成する学説は存在しないとされています。

これに対して、25条の法的拘束力を肯定する学説として、抽象的権利説と具体的権利説が存在します。抽象的権利説は、国民は必要な措置をとるよう国に要求する権利を有するものの、それが裁判で実現可能になるためには、具体的な立法が必要であるというものです。一方、具体的権利説は、25条の裁判規範性を認め、具体的な立法を待たずとも、国会が25条の義務の履行を怠っている場合には、裁判所に対して不作為の違憲確認訴訟を提起することができるというものです。現在では、これらの学説の内容は、論者によってかなりニュアンスに差があり、学説の対立も相対化しているとされています。

まとめると、現在では、25条が法的拘束力を有する法規範であることを前提として、そこから裁判で救済可能な個人の権利をどのようにして引きだすのかという問題へと、視点が移行しているということになります。本問でも、生存権規定の法的性格に関する抽象的権利説または具体的権利説を前提として、生活保護給付を受ける権利が憲法上保障されると論述することが求められます。

④ 正当化

1 ②で確認したように、本問は、25条を具体化する生活保護法に基づく生活扶助減額処分が、生活保護法56条に違反していないかどうかが争われていました。生活保護法56条は、「被保護者は、正当な理由がなければ、既に決定された保護を、不利益に変更されることがない」と規定しており、本問でも「正当な理由」が認められるとして、本件処分が憲法に適合するかどうかが問題となります。

朝日訴訟では、生活保護を受けていた原告が、実兄から毎月1,500円の仕送りを受けるようになったため、原告の生活扶助廃止等の保護変更決定をしたという事案において、傍論ではありますが、「何が健康で文化的な最低限度の生活であるかの認定判断は、いちおう、厚生大臣の合目的的な裁量に委されており、その判断は、当不当の問題として政府の政治責任が問われることはあっても、直ちに違法の問題を生ずることはない。ただ、現実の生活条件を無視して著しい基準を設定する等憲法および生活保護法の趣旨・目的に反し、法律によって与えられた裁量権の限界をこえた場合または裁量権を濫用した場合には、違法な行為として司法審査の対象となる」としています。

本問でも、朝日訴訟を参考にすれば、本件処分にあたって広範な裁量が認められ、「正当な理由」の判断についても行政庁の合理的裁量に委ねられることになりそうです。その際、答案例のように、行政裁量の審査密度を上げて、近年最高裁判所が採用しているといわれる判断過程審査で判断することも妨げられません。

2 25条1項と2項との関係

25条は、1項で、「健康で文化的な最低限度の生活を営む権利」をすべての国民に対して保障し、2項では、「国は、すべての生活部面について、社会福祉、社会保障及び公衆衛生の向上及び増進に努めなければならない」としています。

従来は、1項の国民の権利と2項の国家の義務は対になって1つの事柄について規定していると捉えられていましたが、堀木訴訟の控訴審判決（大阪高判昭和50年11月10日判時795号3頁）では、1項と2項を峻別して、2項は国の事前の積極的防貧施策をなすべき努力義務があることを、1項は事後的・補足的かつ個別的な救貧施策をなすべき義務があることを宣言したものである、としました。このことの帰結として、2項の防貧施策には広範な立法裁量が認められるため、その憲法適合性はゆるやかに審査され、他方、1項の救貧施策は厳格に審査されます。学説も、1項

と2項が異なる規範内容を有している点については同意するものが増えています。

　本問では、1項と2項を分離して考える上記の立場に立っても、2項の国の事前の積極的防貧施策をなす局面であることから、生活扶助額を減額する処分の際に、広範な立法裁量が認められることになります。なお、堀木訴訟の最高裁判決（最大判昭和57年7月7日民集36巻7号1235頁〔判例シリーズ67事件〕）においては、上記立場を採用していないので、注意が必要です。

【参考文献】
試験対策講座14章1節①・②。判例シリーズ66事件、67事件。条文シリーズ25条①、②1・2。

第34問 B 教育を受ける権利

A県立B高等学校の社会科教員Xは、20XX年度のみずからの担当科目において、所定の教科書を使用せず、かつ、高等学校学習指導要領（以下「学習指導要領」という）に定められた当該科目の目的、内容を逸脱した指導を行った。

これを理由に懲戒免職されたため、Xは懲戒処分の取消訴訟を提起した。

当該訴訟においてXは、学習指導要領の制定は、国家による不当な教育内容への介入であるとして違憲であるから、それに基づく懲戒処分も合理的理由を欠き、無効であるとの主張を行った。

このXの主張は正当か、学習指導要領の合憲性の点に絞って検討しなさい。

なお、学習指導要領は、全国的に共通なものとして教授されることが必要な最小限度の基準を定める大綱的基準であって、一方的な一定の理論または観念を生徒に教え込むことを強制するような点はまったく含まれていないものとして検討しなさい。

【解答へのヒント】

学習指導要領は国家による教育内容の決定という性格を有するところ、そもそも国家にそのような権能が認められるのでしょうか。そして、かりに認められるとした場合には、その権能はいかなる制限を受けるのかという点から検討してみましょう。

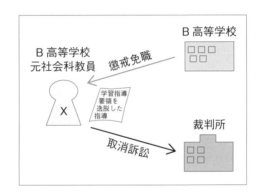

1　学習指導要領は、国家により教育内容を決定する制度であるところ、このような教育への国家の介入は憲法26条1項（以下法名省略）に反し、違憲ではないか。教育権の所在と関係して問題となる。

➡問題提起
論教育権の所在

(1)　この点について、同条の背後には、国民各自が独立の人格として成長するために必要な学習をする権利を有し、特にみずから学習することのできない子どもは教育を自己に対し要求する権利（学習権）を有するとの観念が存在する。

⇨旭川学テ事件（判例シリーズ68事件）

　　そうだとすれば、教育内容の決定権（教育権）の所在も、この観念に照らして決定すべきである。

　　そうすると、子どもの教育は、教育を施す者の支配的権能ではなく、子どもの学習権の充足を図りうる立場にある者の責務に属するものと考えるのが相当である。

　　そこで、直接子どもに接する教師や、学校選択の点で決定権を有する親など、国民の側に一定の範囲で教育権を認めるべきではあるが、それ以外の領域においては国家にも適切な教育を施すために教育権が認められるものと解する。具体的には、①子どもが自由かつ独立の人格として成長発展することを妨げるものではなく、②必要かつ相当といえる範囲で、国家にも教育権が認められると解する。

➡規範

(2)ア　これを本問についてみると、まず、学習指導要領は一方的な一定の理論や、観念を生徒に教え込むことを強制するような内容を含んでいない。

➡あてはめ

　　そうすると、国家が恣意的に子どもの発達について一定の方向へ誘導し、その自由かつ独立の人格としての成長を妨げる内容を含んでいるとはいえない（①充足）。

　イ　また、学習指導要領の目的は、普通教育の場においては、児童、生徒の側の判断能力が乏しく、教育の機会均等を図る必要もあることから、教育内容が中立かつ公正で全国的に一定の水準であることを確保することにある。

　　この目的を実現するためには、個々の教師にそれぞれ自由な教育を行わせるわけにはいかず、一定の方針を定めることが不可欠といえるから、必要性は認められる。

　　また、過度に具体的な基準を定めると、直接子どもに接する教師に認められる一定の教育権を害するし、それぞれの子どもに応じた適切な教育も図れない。そのため、大綱的な基準の設定にとどまるべきであると解されるところ、学習指導要領は最小限度の基準を定める大綱的基準にとどまる。

　　そうであれば、相当性も認められる（②充足）。

2　よって、学習指導要領は、26条1項に反せず、合憲である。

➡結論

以上

本問は、旭川学テ事件（最大判昭和51年5月21日刑集30巻5号615頁〔判例シリーズ68事件〕）および伝習館高校事件（最判平成2年1月18日民集44巻1号1頁〔百選Ⅱ137事件〕）を題材としている。教育を受ける権利は試験への出題可能性は高くないものの、教育権の所在をいかに解するかという論点は重要である。そして三段階審査による処理に馴染まない性質の問題であるから、本問をとおして処理方法を身につけておこう。

論点

教育権の所在

答案作成上の注意点

1 はじめに

学習指導要領が26条1項に反するか否かの判断にあたっては、教育内容に介入することにつながる学習指導要領を定めるために必要な、教育内容を決定する権利たる教育権を国家が有するかを検討する必要があります。そのうえで、国家の教育権も無限定ではなく、一定の制約に服しますから、具体的に学習指導要領がこれに適合し国家の権能として正当化されるかを検討することとなります。

2 教育権の所在

前提として、教育権は、その背後に子どもの学習権が存在すると考えられています。

旭川学テ事件も、「国民各自が、一個の人間として、また、一市民として、成長、発達し、自己の人格を完成、実現するために必要な学習をする固有の権利を有すること、特に、みずから学習することのできない子どもは、その学習要求を充足するための教育を自己に施すことを大人一般に対して要求する権利を有するとの観念が存在していると考えられる」と判示しています。

そのため、教育権の所在を考える際には、この学習権という観念を中心にすえて検討すべきこととなります。

子どもに対する教育の内容、方法を定める際には、国家の方針と教師、親権者の考え方が異なり、衝突する場合があります。そこで、このような場合にいずれの考え方を優先させるかというのが、教育権の所在という論点の意義です。

この論点については従来、教育内容について国家が関与決定する権能を有し、原則として教師の教育の自由を制約することが許されるとする国家教育権説、子どもの教育について責任を負うのは親、教師を中心とする国民全体であるから、教育権の主体は親を中心とする国民全体であるとする国民教育権説が対立していました。

もっとも、この点について判断した旭川学テ事件は、いずれの説も極端であるとして否定したうえで、折衷的な立場を採用しています。

まず、親権者の教育権については、「親は……子どもの将来に対して最も深い関心をもち、かつ、配慮をすべき立場にある者として、子どもの教育に対する一定の支配権、すなわち子女の教育の自由を有すると認められるが、このような親の教育の自由は、主として家庭教育等学校外における教育や学校選択の自由にあらわれる」としています。

次に、教師の自由については、「教師が公権力によって特定の意見のみを教授することを強制されないという意味において、また、子どもの教育が教師と子どもとの間の直接の人格的接触を通じ、その個性に応じて行われなければならないという本質的要請に照らし……ある程度自由な裁量が認められ……一定の範囲における教授の自由が保障される」が、普通教育における生徒の批判能力の欠如、全国的に一定の教育水準を保つ必要性、子どもの側の教師、学校の選択の余地が乏しいこと

に照らし、「普通教育における教師に完全な教授の自由を認めることは、とうてい許されない」と述べています。

　そのうえで、「それ以外の領域において……国は……必要かつ相当と認められる範囲において、教育内容についてもこれを決定する権能を有するものと解さざるをえず、これを否定すべき理由ないし根拠は、どこにもみいだせないのである」とし、加えて、「子どもが自由かつ独立の人格として成長することを妨げるような国家的介入、例えば、誤った知識や一方的な観念を子どもに植えつけるような内容の教育を施すことを強制するようなことは、憲法26条……の規定上からも許されない」と述べています。

　すなわち、国民教育権説に対しては、普通教育における生徒の批判能力の欠如、全国的に一定の教育水準を保つ必要性、子どもの側の教師、学校の選択の余地が乏しいことを理由として批判を加え、国家教育権説については、親権者にも学校選択などの点について教育権が認められ、教師も子どもとの直接の人格的接触を通じる立場にあることから、教育において重要な地位を占めるため、一定の教育の自由が保障されるとして批判をしています。

　そのうえで、中立的な立場として、①子どもが自由かつ独立の人格として成長することを妨げるものではなく、②必要かつ相当と認められる範囲においてのみ、国家が教育内容決定権を有するとしました。そのため論証にあたっては、これらの点を意識して理由づけをしてみましょう。

③　学習指導要領の合憲性について

　先ほどの①②要件に学習指導要領が反しないかを検討することになります。

　①について、教科書裁判第一次訴訟上告審（最判平成5年3月16日民集47巻5号3483頁〔判例シリーズ48事件〕）は、「例えば、誤った知識や一方的な観念を子どもに植え付けるような内容の教育を施すことを強制することは許されない」としているため、このような事情がないかを本問でも検討すべきです。

　②の必要性、相当性の判断についても、学習指導要領の目的を意識して検討していけば十分でしょう。

　本問は、検討すべき事情が少ないので、判例を意識しながら端的にまとめるよう意識してみてください。

【参考文献】
試験対策講座14章2節②【1】・③【2】。判例シリーズ48事件、68事件。条文シリーズ26条①、②1・2・3。

　わが国においては、世界各地に居住する在外国民に対して、国政選挙における選挙権の行使を認める制度が存在しなかった。そこで内閣は、「わが国の国際関係の緊密化に伴い、国外に居住する国民が増加しつつあることにかんがみ、これらの者について選挙権行使の機会を保障する必要がある」として、国政選挙全般についての在外選挙制度の創設を内容とする法律案を国会に提出したが、実質的な審議は行われないまま、廃案となった。その後も、在外国民の選挙権の行使を可能にするための立法措置はとられなかった。その結果、海外に居住する日本人であるXは、上記法律案が廃案となってから10年後に行われた衆議院議員の総選挙において投票をすることができなかった。

　この場合、Xの選挙権は立法の不作為によって侵害されたといえるか。もし侵害されたとすれば、その救済のためには、憲法上どのような方法があるか。

【解答へのヒント】

1　在外国民の選挙権の行使を可能にするための立法措置がとられないことにより、Xの選挙権の行使が制約されていることは明らかです。そのような制約は正当化されうるのか、憲法が選挙権を保障した趣旨から考えてみましょう。

2　Xの救済のために、国家賠償請求訴訟を提起することが考えられます。立法不作為が違憲とされても、ただちに国家賠償法上「違法」とはならないことに留意しましょう。

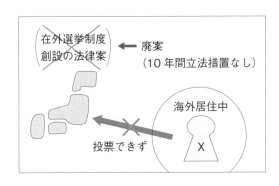

第1　本問前段について

1　在外国民の選挙権の行使を可能にするための立法措置が　　　　　■問題提起
とられていないことにより、Xは衆議院議員の総選挙（以　　　　　論 立法不作為による選挙権侵
下「本件選挙」という）において投票することができず、　　　　　　　害
憲法15条1項（以下法名省略）により保障されるXの選挙　5
権の行使が制限されている。そこで、この立法不作為はX
の選挙権を侵害し、違憲ではないか。

(1)　選挙権は、国民の国政への参加の機会を保障する基本　　　　　⇨ 在外選挙権制限違憲判決（百
的権利として、議会制民主主義の根幹をなす重要な権利　　　　　　 選Ⅱ147事件）
である。そして、憲法は、国民主権の原理に基づき、選　10
挙権を「国民固有の権利」として保障し、その趣旨を全
うするために国民に対して投票の機会を平等に保障して
いる。

　　このような趣旨にかんがみると、国民の選挙権または
その行使を制限することは原則として許されず、その制　15
限をするためには、そのような制限をすることがやむを
えないと認められる事由がなければならない。

　　具体的には、そのような制限をすることなしには選挙　　　　　■規範
の公正を確保しつつ選挙権の行使を認めることが事実上
不能または著しく困難であると認められる場合でないか　20
ぎり、やむをえない事由があるとはいえず、このような
事由なしに国民の選挙権の行使を制限することは、選挙
権を侵害するものとして違憲となると解する。

(2)　これを本問についてみると、在外国民が世界各地に居　　　　　■あてはめ
住しており、候補者に関する情報の適正な伝達等が困難　25
であることから、やむをえない事由があるとも思えるが、
通信手段に関する技術が地球規模で著しく発達した現在
においては、在外国民に選挙に関する情報を適正に伝達
することが著しく困難であるとはいえない。

　　また、選挙の執行について責任を負う内閣が、公正な　30
選挙の実施や情報の適正な伝達等に関する問題の解決が
可能であることを前提に、在外選挙制度の創設を内容と
する法律案を国会に提出している。

　　これらの事情を考慮すると、在外国民の選挙権の行使
を制限することなしには選挙の公正を確保しつつ選挙権　35
の行使を認めることが事実上不能または著しく困難であ
るとはいえず、やむをえない事由は認められない。

2　よって、国会による立法不作為は、Xの選挙権を侵害す　　　　　■結論
るものとして違憲である。

第2　本問後段について　　　　　　　　　　　　　　　　　　　40

1　まず、立法不作為は違憲審査（81条）の対象となるかが
問題となるが、個人の人権保護の必要性の観点から、立法
不作為も違憲審査の対象となると解する。

　　したがって、Xの選挙権を実際に侵害する本問における

立法不作為は、違憲審査の対象となる。45

2　では、具体的にはいかなる方法で立法不作為の違憲性を
　主張できるか。

(1)　まず、立法の義務付け訴訟という方法は、司法権を行
　　使する裁判所が立法権を行使する国会に立法を命じるこ
　　ととなり、国会単独立法の原則に反し、権力分立（41条、50
　　65条、76条1項）と抵触するので、とりえない。

(2)　次に、立法不作為の違憲確認訴訟という方法も、付随
　　的違憲審査制の建前と整合せず困難であると解する。

(3)　そこで、立法不作為を理由とする国家賠償請求訴訟を
　　提起するという方法をとることが考えられるが（17条、55
　　国家賠償法1条1項）、このような方法は認められるか。
　　立法不作為が「違法」といえるための要件が問題となる。

　ア　この点、国会議員の立法不作為が国家賠償法1条1
　　　項の適用上違法となるか否かは、国会議員の立法過程
　　　における行動が個別の国民に対して負う職務上の注意60
　　　義務に違背したかどうかの問題であって、当該立法不
　　　作為の違憲性の問題とは区別され、立法不作為が違憲
　　　であるからといって、国会議員の立法不作為がただち
　　　に違法の評価を受けるものではないと解する。

　　　　もっとも、①国民に憲法上保障されている権利行使65
　　　の機会の確保するために所要の立法措置をとることが
　　　必要不可欠であり、②それが明白であるにもかかわら
　　　ず、③国会が正当な理由なく長期にわたってこれを怠
　　　る場合には、当該立法不作為は国家賠償法上違法の評
　　　価を受けるものと解する。70

　イ　これを本問についてみると、在外国民であるXも選
　　　挙権としての国政選挙における投票の機会が保障され
　　　ており、権利行使の機会を確保するためには、在外選
　　　挙制度を設けるなどの立法措置をとることが必要不可
　　　欠であった（①）。75

　　　　また、国民主権と結びつく基本的人権たる選挙権の
　　　重要性にかんがみれば、そのことは明白であるといえ
　　　る（②）。

　　　　さらに、在外選挙制度の創設を内容とする法律案が
　　　廃案となった後、本件選挙の実施にいたるまで10年も80
　　　の期間、何らの立法措置もとられなかったのであるか
　　　ら、国会は正当な理由なく長期にわたって立法を怠っ
　　　たと認められる（③）。

3　よって、本問における立法不作為は「違法」であり、国
　家賠償請求訴訟の方法による救済が認められる。85

以上

⇨問題提起
論立法不作為の争い方

⇨在宅投票制度廃止事件上告
　審（判例シリーズ96事件）

⇨規範
⇨在外選挙権制限違憲判決（百
　選Ⅱ147事件）

⇨あてはめ

⇨結論

出題趣旨

　本問は、在外選挙権制限違憲判決（最大判平成17年９月14日民集59巻７号2087頁〔百選Ⅱ147事件〕）を題材にしたものである。選挙権の重要性を前提に、いかなる場合に立法不作為が選挙権を侵害するものと評価されるかを検討してもらうとともに、立法不作為による憲法上の権利侵害の救済方法について知識を深めていただくべく、出題した。

論点

1　立法不作為による選挙権侵害
2　立法不作為の争い方

答案作成上の注意点

① 選挙権

1　意義

　国民が主権者として直接または代表者を通じて、国の政治に参加する権利を、参政権といいます。そして、参政権のなかでもっとも一般的で重要なものが、選挙権です。

　選挙権とは、選挙人として選挙に参加することのできる資格または地位をいい、15条１項によって保障されます。選挙権の法的性格については学説上争いがありますが、通説は、選挙権には参政の権利とともに、公務の執行という二重の性格が認められるとしています（二元説）。

2　重要性

　選挙権は、国民主権の原理のもとにおいて、特に重要な権利です。在外選挙権制限違憲判決は、選挙権について、「国民の国政への参加の機会を保障する基本的権利として、議会制民主主義の根幹を成すもの」であると判示しています。

　そのうえで、同判決は、国民主権の原理を定めた前文および１条、国会の「両議院は、全国民を代表する選挙された議員でこれを組織する」と定めた43条１項、選挙権を「国民固有の権利」として保障した15条１項、普通選挙を定めた15条３項、および平等選挙を定めた44条ただし書をあげて、「憲法は、国民主権の原理に基づき、両議院の議員の選挙において投票をすることによって国の政治に参加することができる権利を国民に対して固有の権利として保障しており」、その趣旨を全うするため、「国民に対して投票をする機会を平等に保障しているものと解する」としました。

3　選挙権または選挙権の行使の制限

　本問では、在外国民の選挙権の行使を可能にするための立法措置がとられないことにより、海外に居住するXは衆議院議員の総選挙において投票することができておらず、選挙権の行使が制約されています。では、このような制約は正当化されるのでしょうか。選挙権の重要性をふまえて審査基準を定立する必要があります。

　この点について、在外選挙権制限違憲判決は、「国民の選挙権又はその行使を制限することは原則として許され」ないとしたうえで、選挙権またはその行使を制限するためには、「そのような制限をすることがやむを得ないと認められる事由がなければならない」と述べました。そして、やむをえないと認められる事由があるのは、「そのような制限をすることなしには選挙の公正を確保しつつ選挙権の行使を認めることが事実上不能ないし著しく困難であると認められる場合」にかぎられるとしたうえで、やむをえない事由なしに「国民の選挙権の行使を制限することは、15条１項及び３項、43条１項並びに44条ただし書に違反する」としました。選挙権または選挙権の行使の制限に対し、厳格な審査を行う立場の表れといえるでしょう。さらに、このことは、「国が国民の選挙権の行使を可能にするための所要の措置を執らないという不作為によって国民

が選挙権を行使することができない場合」であっても、同様であると述べ、立法不作為による制限であっても同じ厳格審査が妥当する旨を判示しています。

　答案例では、判例の立場に従い、やむをえない事由が認められるかを検討しています。在外国民が世界各地に散在しているという事情は、候補者に関する情報の適正な伝達等が困難であることなどから、やむをえない事由を肯定する方向にはたらく事情となりえます。もっとも、現在においては地球規模の通信手段が著しく発達していること、また、選挙の執行について責任を負う内閣が、公正な選挙の実施や情報の適正な伝達等に関する問題解決が可能であることを前提に、在外選挙制度の創設を内容とする法律案を国会に提出していることといった事情を考慮すると、やむをえない事由は認められないという評価が可能でしょう。

② 立法不作為

　本問後段では、国会の立法不作為による選挙権侵害の救済方法を検討することが求められています。この点について、実体法的に立法の不作為が違憲と評価されうるとしても、①立法の不作為は違憲審査の対象となるか、②いかなる争い方が認められるか、が問題となります。

1　立法不作為が違憲審査の対象となるか

　積極的な国家行為は、原則としてすべて違憲審査の対象となりますが、消極的な不作為についてはどう考えたらよいでしょうか。①81条は通常、立法行為の合憲性を事後的に審査するものであること、②立法不作為の問題は、性質上、政治過程の中で対処されていくべきものであって、裁判過程にはなじみにくいものであることから問題となります。

　この点について、たしかに、81条が主として問題としているのは、積極的になされた国家行為であることは否定できず、立法の不作為の問題は、その性質上、政治過程のなかで対処されるべきものであり、原則として裁判過程になじむものではないと考えられます。しかしながら、立法不作為または立法の不備による人権侵害に対して、いっさい司法審査が及ばないと解するのでは、個人の人権保護に欠け、81条の趣旨に反します。そこで、個人の重要な基本的人権が実際に侵害されていることが明確な場合には、立法不作為は違憲審査の対象となると解されます。

　本問では、国会の立法不作為によりXの選挙権という重要な人権が実際に侵害されていることは明確であり、違憲審査の対象となるといえるでしょう。

2　立法不作為の争い方

　立法不作為を争うためにどのような方法をとりうるでしょうか。

　まず、立法の義務づけは、権力分立（41条、65条、76条1項）の観点から裁判所の権能を超えているので認められません。

　それでは、直接的な立法不作為の違憲確認訴訟は認められるでしょうか。この点につき、付随的違憲審査制の建前と整合するかが疑問であり、また、裁判所には立法を命じる権限はないと解されるので、紛争解決の実効性がなく、訴えの利益が存在するかも疑問であるといった理由から、立法不作為の違憲確認訴訟は認められないと考えられます。

　そこで、立法不作為の違憲性を理由に、国家賠償を請求することができるかについて、検討することとなります。

3　立法不作為の国家賠償法上の違法性

　立法不作為を理由とする国家賠償請求が認められるためには、立法不作為が「違法」（国家賠償法1条1項）と評価されなければなりません。それでは、いかなる場合に立法不作為が「違法」となるのでしょうか。

　在宅投票制度廃止事件上告審（最判昭和60年11月21日民集39巻7号1512頁〔判例シリーズ96事件〕）においては、国家賠償法1条1項は、「公務員が個別の国民に対して負担する職務上の法的義務に違背して当該国民に損害を加えたときに、国又は公共団体が」賠償責任を負うことを規定するものであるから、国家賠償法上違法となるかどうかは、「国会議員の立法過程における行動が個別の国民に対して負う職務上の法的義務に違背したかどうかの問題」であり、立法の内容または立法不作為の違憲性の問題とは区別されるとしました。すなわち、立法不作為が違憲であるから

といって、国会議員の立法不作為がただちに違法の評価を受けるものではないということになります。

　そのうえで判例は、立法行為が国家賠償法上「違法」となる場合について、「立法の内容が憲法の一義的な文言に違反しているにもかかわらず国会があえて当該立法を行う」というような、「容易に想定し難いような例外的な場合」にかぎられると述べ、事実上立法不作為が「違法」となる道が封じられているようにもみえました。

　しかしながら、その後の在外選挙権制限違憲判決においては、「立法の内容又は立法不作為が国民に憲法上保障されている権利を違法に侵害するものであることが明白な場合や、国民に憲法上保障されている権利行使の機会を確保するために所要の立法措置を執ることが必要不可欠であり、それが明白であるにもかかわらず、国会が正当な理由なく長期にわたってこれを怠る場合などには、例外的に、国会議員の立法行為又は立法不作為は」、国家賠償法上、「違法」の評価を受けるとしました。

　もっとも、在外選挙権制限違憲判決は、在宅投票制度廃止事件上告審の判旨はこれと「異なる趣旨をいうものではない」としています。この点について、在外選挙権制限違憲判決は在宅投票制度廃止事件上告審を維持しつつも、その射程を実質的に限定し、国会の立法または立法不作為について国家賠償責任を肯定する余地を拡大したものであるという評価があるところです。

　本問について、答案例では、在外選挙権制限違憲判決における規範に従って検討しています。在外国民であるＸも国政選挙において投票をする機会を与えられることを憲法上保障されていたことからすれば、立法措置をとることは必要不可欠であり、また、選挙権の重要性にかんがみれば、そのことは明白であるといえるでしょう。さらに、在外選挙制度の創設を内容とする法律案が廃案となった後、本件選挙の実施にいたるまで10年もの期間、何らの立法措置もとられなかったことからすれば、国会は正当な理由なく長期にわたって立法を怠ったと評価することができ、立法不作為は「違法」であるといえるでしょう。

　また、ここでは紹介にとどめますが、判例（最大判平成27年12月16日民集69巻8号2427頁〔百選Ⅰ28事件〕）は、上記の2つの判決を受け、立法行為と立法不作為を区別しない一般論的な規範を示しているので、こちらに従って検討するのもよいでしょう。いずれにせよ、規範に対応したあてはめを行うように意識することが肝要です。

③　在外国民の国民審査権

　在外選挙権制限違憲判決を受けて、選挙区選出議員の選挙を在外選挙の対象とするという内容の公職選挙法の改正がされた一方で、最高裁判所の裁判官の任命に関する国民審査については改正の対象外で、在外国民による審査権の行使が認められない状況が続いていましたが、この点につき最高裁が憲法判断を行いました。近時の判例（最大判令和4年5月25日民集76巻4号711号）は、「審査権が国民主権の原理に基づき憲法に明記された主権者の権能の一内容である点において選挙権と同様の性質を有すること」、そして、「憲法が衆議院議員総選挙の際に国民審査を行うこととしていること」から、「憲法は、選挙権と同様に、国民に対して審査権を行使する機会を平等に保障しているものと解するのが相当である」としたうえで、審査権またはその行使の制限につき在外選挙権制限違憲判決と同様の審査基準を定立しました。そのうえで、在外国民による審査権の行使を可能とする立法措置がとられていないことにやむをえない事由があるとはいえず、「国民審査法が在外国民に審査権の行使を全く認めていないことは、憲法15条1項、79条2項、3項に違反する」と判示しました。また、国家賠償請求についても、在外国民による審査権の行使を可能とする立法措置がとられていないという「立法不作為は、平成29年国民審査の当時において、国家賠償法1条1項の適用上違法の評価を受ける」としています。本問と関連する判例として、注目しておくとよいでしょう。

【参考文献】
試験対策講座12章3節②【3】(2)、13章1節①【1】・②【1】、23章1節④【3】。判例シリーズ96事件。条文シリーズ15条③1(1)・2(1)、81条②5(3)。

第36問 B 独立行政委員会

小問1　独立行政委員会の存在は、憲法第65条に反しないか。

小問2　A委員会は独立行政委員会である。A委員会が行う行政処分について当事者が争う場合には、裁判手続ではなく、A委員会の審判手続によって審理される。このように、A委員会に審判手続を認めることは、憲法第76条第2項後段に反しないか。なお、審判手続に不服がある場合には、通常の裁判所に審判の取消しを求める訴えを提起することができることとする。

小問3　上記の審判取消しの訴えの際に、A委員会が認定した事実について、これを立証する実質的な証拠があれば、裁判所を拘束するとした場合、いかなる憲法上の問題が生じるか論ぜよ。なお、実質的な証拠の有無は、裁判所がこれを判断することになっている。

【解答へのヒント】

1　小問1について

65条は、行政権はすべて内閣の下で行使されることを規定しているのでしょうか。

2　小問2について

裁判所以外が司法権を行使することは可能なのでしょうか。

3　小問3について

事実認定につき裁判所を拘束することは司法権を侵害するでしょうか。

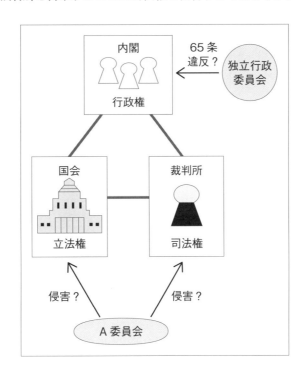

第1　小問1について

1　独立行政委員会とは、多かれ少なかれ内閣から独立して職務を遂行し、通常、準立法権および準司法権をも併有するという特徴を有する合議体の行政機関をいう。

それでは、このような内閣から独立した行政機関である独立行政委員会の存在が「行政権は、内閣に属する」とした憲法65条（以下法名省略）に反しないかが問題となる。 5

➡問題提起
論 独立行政委員会は65条に反するか

(1)　65条の趣旨は、①三権分立の確保および②民主的責任行政の確保の観点から、行政権を、内閣のコントロールを通じて、国会のコントロール下におくことである。そこで、①、②の趣旨に反しなければ65条に反しないと解する。 10

➡規範

(2)　これを本問についてみると、そもそも行政国家現象が進んだ現代では三権分立原理（41条、65条、76条1項）の目的は、行政に対しての抑制原理にあるので、内閣に立法権・司法権を独占させないことに意味がある。 15

➡あてはめ

そうだとすれば、独立行政委員会の目的は、専門的・技術的分野などを内閣から独立させて執行させることであるので、独立行政委員会に行政権の作用の一部をなす権限を与えても、①の趣旨には反しない。 20

また、②の趣旨にかんがみれば、原則として、独立行政委員会の存在は、内閣を通じての民主的コントロールの不十分な点が国会による民主的コントロールによって補われている場合にかぎり、65条に反しないと解する。

➡規範

また、準司法作用については、そもそも国会のコントロールに親しまないので、内閣のコントロールが及んでいなくても、②の趣旨に反しない。 25

しかも、このような解釈は、65条が76条1項と異なり、「すべて行政権は」と述べていないことに合致する。

2　よって、上記場合にかぎり、独立行政委員会の存在は65条に反しない。 30

➡結論

第2　小問2について

1　独立行政委員会は行政機関なので、A委員会に審判手続を認めることは、行政機関による終審裁判を禁止した76条2項後段に反しないかが問題となる。 35

➡問題提起
論 独立行政委員会による審判手続の可否

(1)　この点、行政の範囲が拡大し、その専門化・技術化が進んでいく現代国家においては、専門的・技術的な知識や経験を背景とする行政裁判の必要がある。また、76条2項後段は、行政機関による終審裁判を禁止しているが、これは、前審としてならば、行政機関による裁判も許されるといえる（反対解釈）。 40

そこで、独立行政委員会による準司法的権限は、前審としてならば、76条2項後段に反しないと解する。

➡規範

(2)　これを本問についてみると、審判に不服があれば、審

➡あてはめ

判に対する取消しの訴えは通常裁判所に提起できること　45
になっているから、本問でのA委員会の審判は前審とし
てなされるものといえる。
　2　よって、本問では、A委員会に審判手続を認めても76条　➡結論
　　2項後段に反せず、合憲である。
第3　小問3について　50
　1　A委員会が認定した事実は、実質的な証拠があるときに　➡問題提起
　　は、裁判所を拘束するとする（実質的証拠法則）ことは　論 独立行政委員会の事実認定
　　「すべて司法権は、最高裁判所及び法律の定めるところに　が裁判所を拘束することの
　　より設置する下級裁判所に属する」とする76条1項に反す　可否
　　るかが問題となる。　55
　　(1)　わが国の司法権の行使には、事実を認定し、その認定
　　　事実に対して法を適用する一連の作用が含まれるので、
　　　法律上の争訟を裁判する権限には、法令の適用の前提と
　　　しての具体的事件における事実の認定も含まれると解さ
　　　れている。そこで、実質的証拠法則は、裁判所を絶対的　60　➡規範
　　　に拘束するのであれば、76条1項に反する。
　　　　もっとも、福祉国家理念のもと（25条以下）、行政の
　　　範囲が拡大し、その専門家・技術化が進行し、また、迅
　　　速で公正な紛争処理が必要とされる現代国家においては、
　　　専門的な知識を有し、迅速な活動を行いうる行政機関に　65
　　　よる審判は、積極的な意義を有するといえ、裁判所の審
　　　判機能を補うものとして、一定の場合はその拘束力を認
　　　められるべきである。
　　　　そこで、①実質的証拠がある場合で、②その実質的証
　　　拠の有無を裁判所が判断するならば、実質的証拠の法則　70
　　　は、32条、76条2項に反せず許されると解する。
　　(2)　これを本問についてみると、A委員会が認定した事実　➡あてはめ
　　　は、これを立証する実質的な証拠があるときにかぎり、
　　　裁判所を拘束するとされており、また、実質的な証拠の
　　　有無は、裁判所がこれを判断することになっているので、75
　　　それがないと裁判所が判断した場合には、A委員会が認
　　　定した事実に拘束されず、裁判所が審判を取り消すこと
　　　ができる。
　　　　したがって、裁判所を絶対的に拘束するものとはいえ
　　　ない。　80
　2　よって、本件では76条1項に反せず合憲である。　➡結論
　　　　　　　　　　　　　　　　　　　　　　　　　　以上

85

近年の司法試験・司法試験予備試験は、統治について問われることが少なくなってきている。しかし、独立行政委員会は三権分立に関わりがあり、統治の基本を理解するうえで重要となるので出題した。

論点

1　独立行政委員会は65条に反するか
2　独立行政委員会による審判手続の可否
3　独立行政委員会の事実認定が裁判所を拘束することの可否

答案作成上の注意点

1　小問1について

65条は「行政権は、内閣に属する」と規定しています。しかし、独立行政委員会は内閣から独立して職務を行う合議体の行政機関です。このように内閣から独立した機関が行政権を行使してもよいのでしょうか。そこで、独立行政委員会の存在が65条に反しないかが問題となります。

1　一般的には独立行政委員会は65条に反せず、合憲とされています。ただ、合憲とするための説明の仕方が異なっています。大きく分けると、65条は例外を認めず、行政権はすべて内閣のコントロール下にあると解釈する立場と、例外を認めていると解釈する立場があります。

2　前者の説明の仕方としては、内閣からまったく独立した行政機関を設けてしまうと、たとえほかの方法によって民主的コントロールを及ぼしていたとしても、国会による内閣の民主的コントロールによって行政の民主政を確保しようとする憲法の趣旨に反してしまうので、65条は例外を認めず、行政権はすべて内閣のコントロール下にあると解釈しています。そのうえで、内閣は独立行政委員会に関して、委員の任命権と予算の編成権をもっているので、内閣のコントロール下にあり、65条に反しないとします。

3　しかし、この説明に対しては、任命権と予算権のみで、内閣のコントロール下にあるとするならば、裁判所も内閣のコントロール下にあるということになってしまうという批判がなされています。

そこで、65条は必ずしもすべての行政を内閣のコントロール下におくものではないと解釈する立場があります。その理由としては、65条の趣旨は、①民主的責任行政の確保から、行政権を内閣のコントロールを通じて、国会のコントロール下におくことと、②三権分立の確保にあります。したがって、両者に反しなければ65条に反しないと考えられます。まず、内閣のコントロールが不十分であったとしても、国会のコントロールが直接及んでいるのであれば問題にはなりません。また、独立行政委員会は審判手続など準司法権を行使する場合もあります。この場合はそもそも国会のコントロールに親しまないので、内閣の監督を受けなくても問題がありません。

さらに、三権分立の趣旨は、行政国家現象が顕著となった現代社会においては、行政に対しての抑制原理にあると考えるべきであり、内閣に立法権・司法権を行使させないことにあります。そして、独立行政委員会の目的は、専門的・技術的分野などを内閣から独立させて執行させることなので、三権分立の趣旨に反しません。以上から、内閣を通じての民主的コントロールの不十分な点が国会による民主的コントロールによって補われている場合や国会や内閣のコントロールに親しまない場合には、65条に反せず、独立行政委員会の存在は65条に反しないと解しています。

2　小問2について

独立行政委員会は行政機関なので、独立行政委員会Aに審判手続を認めることは、行政機関によ

る終審裁判を禁止した76条2項後段に反しないかが問題となります。

　この点、行政の範囲が拡大し、その専門化・技術化が進んでいく現代国家においては、専門的・技術的な知識や経験を背景とする行政裁判の必要性があります。

　また、76条2項後段は、行政機関による終審裁判を禁止していますが、これを反対解釈すると、前審としてならば、行政機関による裁判も許されると解されます。

　そこで、独立行政委員会による準司法的権限は、前審としてならば、76条2項後段に反しないと解することができます。

　これを本問についてみると、審判に不服があれば、審判に対する取消しの訴えを通常裁判所に提起できることになっているので、本問での独立行政委員会Aの審判は前審としてなされるといえます。

③　小問3について

　独立行政委員会Aが認定した事実は、実質的な証拠があるときには、裁判所を拘束すると規定しています。これを実質的証拠法則といいます。

　そこで、実質的証拠法則は、すべて司法権は裁判所に属するとする76条1項に反するかが問題となります。

　わが国の司法権の行使には、事実を認定し、その認定事実に対して法を適用する一連の作用が含まれるので、法律上の争訟を裁判する権限には、法令の適用の前提としての具体的事件における事実の認定も含まれると解されています。したがって、実質的証拠法則は、裁判所を絶対的に拘束するのであれば、76条1項に反することになります。もっとも、専門的・技術的な性質を有する事件については、専門的な知識を有する独立行政委員会の事実認定を尊重することが迅速かつ適切な事件の解決に資するといえます。そこで、裁判所を絶対的に拘束するものではないといえれば、76条1項に反しないと解することができます。

　これを本問についてみると、独立行政委員会Aが認定した事実は、これを立証する実質的な証拠があるときにかぎり、裁判所を拘束するとされており、また、実質的な証拠の有無は、裁判所がこれを判断することになっているので、それがないと裁判所が判断した場合は、裁判所が審判を取り消すことができます。したがって、裁判所を絶対的に拘束するものではないといえるでしょう。

④　準立法作用について

　本問では問われていませんが、法律により、独立行政員会には規則制定権が授権される場合があります。しかし、その際、相当包括的な授権となる場合が多いため、立法の委任が許容される限度を超えるのではないかということが問題となる場合もあります。

　一般的に立法の委任は委任の目的と受任者のよるべき基準を定めた個別・具体的委任ならば許されています。そこで、具体的な場合に立法の委任が許されるかを検討していくことになります。

【参考文献】
試験対策講座18章1節③【2】。条文シリーズ65条②2、76条②4(3)。

第37問 A　司法権の範囲・限界

1　AはB宗教の信者である。しかし教祖であるCの言動から、Aは次第にB宗教の教義に疑念を抱くようになった。そこでAは、B宗教の教義が正しいことの確認を求める訴えを提起した。裁判所はこの訴えについて判断できるか。

2　Dは、E市市議会議員である。令和2年12月20日、Dは議会において他の議員のことを収賄の疑いがあるとして非難したが、これが誤りであったことが明らかになり、謝罪文の読みあげを命じられた。しかし、自分が謝罪する理由はないとして断ったため23日間の出席停止処分に付された。これを不満に思ったDは、令和4年6月20日に、裁判所に対し市議会から科された23日間の出席停止の懲罰（以下「本件処分」という）が無効であることの確認を求めて訴えを提起した。裁判所はこの訴えについて判断できるか。

3　衆議院議員Fは、内閣不信任決議案が可決されたのではないのに衆議院を解散する「抜き打ち解散」が憲法に反し無効であるとして、本来の任期満了までの歳費請求訴訟を提起した。裁判所はこの訴えについて判断できるか。

【解答へのヒント】

1　小問1について

　Aが提起した訴訟は宗教的な問題の審査を裁判所に求めるものです。このような事件についても司法審査は及ぶのでしょうか。

2　小問2について

　地方議会はそれ自体自律して活動する団体としての性格を有していますが、このような団体の自律性から司法審査が及ばないこととなる場合もあるのでしょうか。

3　小問3について

　衆議院の解散は三権に属する国会、内閣における問題ですが、これについて司法権が判断することに問題はないでしょうか。

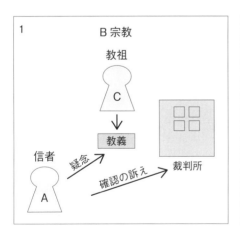

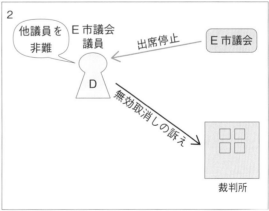

答案例

第1　小問1について
1　まず、司法権とは、「法律上の争訟」（裁判所法3条1項）について、法を適用し、宣言することによって、これを裁定する国家の作用をいう。そのため、司法権の範囲は、「法律上の争訟」の範囲と一致するのであり、当該訴訟が「法律上の争訟」にあたれば、裁判所はその訴訟について判断することができるといえる。

そこで、B宗教の教義が正しいことの確認を求める訴えが「法律上の争訟」にあたるかが問題となる。

➡️問題提起
🔲「法律上の争訟」該当性

(1)　「法律上の争訟」とは、①当事者間の具体的な権利義務または法律関係の存否に関する紛争であって、かつ、②それが法令を適用することにより終局的に解決することができるものをいう。

➡️規範

(2)　そして、B宗教の教義が正しいことの確認を求める訴えは、宗教上の教えの正しさの確認であり、具体的な権利義務、法律関係に関する争いとはいえない。また、法令を適用することにより宗教上の教義の正しさが定まる関係にもないため、法令の適用により終局的な解決を図れない。

➡️あてはめ

2　よって、法律上の争訟にあたらず、裁判所は判断することができない。

➡️結論

第2　小問2について
1　本件処分の無効確認は、地方議会とDの具体的な法律関係の存否に関する紛争であって、かつ法令を適用することにより終局的に解決することができるものといえるから、「法律上の争訟」にあたる。

2　もっとも、地方議会は地方自治の本旨（憲法92条。以下法名省略）において、団体自治の保障される自主的な団体である。そこで、このような自主的な団体の内部紛争に対して、司法審査が及ぶかが問題となる。

➡️問題提起
🔲部分社会の法理

(1)　この点について、自主的な団体は内部に自律的な法規範を有する特殊な部分社会である。そのため、司法審査は控えるべきとも思われるが、法律上の争訟にあたる以上国民には裁判を受ける権利（32条）が保障され、法律上の争訟について裁判を行うことは、76条1項により司法権に課せられた義務といえる。そうすると、裁判所の司法審査が排斥される場合は限定すべきと解する。

そこで、一般市民法秩序と直接関連しない純然たる内部紛争にかぎり、司法審査の対象とはならないものと解する。

➡️規範

(2)　本件処分は、地方議会議員の出席停止処分であるところ、議員の権利行使の一時的制限にすぎないため内部紛争にとどまるように思われる。しかし、地方議会議員は、住民の代表としての意見を地方公共団体に反映させる責

➡️あてはめ
⇨ 最大判令和2年11月25日（令3重判・憲法2事件）

務を住民自治の具体化として負うところ、出席停止処分　45
　は一定期間この責務を全うできなくなる性質の処分であ
　る。
　　そうであれば、この処分は個人の権利行使の一時的制
　限にとどまらず、住民全体の利害に関係する重大事項に
　関する処分といえるから、一般市民法秩序に直接関連す　50
　る紛争にあたる
　(3)　そうすると、本件処分の無効確認の訴えには、司法審
　　査が及ぶ。
3　よって、裁判所はこの訴えについて判断することができ　→結論
　る。　55
第3　小問3について
1　まず、本件はFの歳費請求権の存否を争うものであるか
　ら、当事者間の具体的な権利義務に関する紛争にあたり、
　また、法令の適用により終局的解決の可能なものといえ、
　「法律上の争訟」にあたり、司法権は及ぶ。　60
2　しかし、Fは歳費請求権の存在の前提として、「抜き打　⇨ 苫米地事件（判例シリーズ95
　ち解散」という衆議院の解散の効力が無効であるとの主張　　事件）
　をしている。そして、衆議院の解散は国会と内閣という政
　治部門に属する事柄であるから、三権分立の観点からして
　司法権を担う裁判所が審査すべきではないようにも思われ　65
　る。
　　そこで、司法権が及ぶにもかかわらず、事柄の性質上司　→問題提起
　法審査から除外するという統治行為論の採否が問題となる。　論 統治行為論
　(1)　裁判所は、国民によって直接選任されていない国家機　→規範
　　関である。そうであれば司法権に対する内在的制約とし　70
　　て、高度の政治性を帯びた行為の当否は民主的機関であ
　　る国会、内閣の判断に委ね、司法審査を及ぼすべきでは
　　ないと解する。
　　　もっとも、精神的自由や、選挙権の侵害については、
　　民主政の過程そのものの瑕疵であり、民主政による回復　75
　　が困難である以上、統治行為論を用いることは許されな
　　いと解する。
　(2)　そして衆議院の解散は、直接国家統治の基本に関する　→あてはめ
　　高度に政治性のある国家行為である。そしてこれは政治
　　部門の裁量行為、自律権で説明できるものにはあたらず、　80
　　民主政の過程そのものの瑕疵にもあたらない。
　(3)　そうすると、統治行為論により、裁判所は司法権を行
　　使しえない。
3　よって、裁判所は、Fの歳費請求訴訟について判断する　→結論
　ことができない。　85
　　　　　　　　　　　　　　　　　　　　　　　　以上

本問は、司法権の範囲・限界についての３つの論点の理解を問う趣旨である。特に、小問２の部分社会の法理については令和２年にでた、判例変更を示した重要判例（最大判令和２年11月25日民集74巻８号2229頁〔令３重判・憲法２事件〕）を題材としている。統治分野のなかでは比較的出題可能性の高い部分であるから、確認しておいてほしい。そのほか、法律上の争訟該当性や統治行為論も著名なテーマであるから、しっかり理解し、処理手順を学んでほしい。

論点

1　「法律上の争訟」該当性
2　部分社会の法理
3　統治行為論

答案作成上の注意点

1　小問１について

小問１は、法律上の争訟該当性を検討すべき問題です。宗教問題が主な争点となる場合に司法審査が及ばないことは「板まんだら」事件（最判昭和56年４月７日民集35巻３号443頁〔判例シリーズ93事件〕）などで把握していると思われますが、それを答案として論じるにはどのような原則論から展開していけばいいのかという点をこの問題でおさえておきましょう。

そもそも裁判所がある訴訟について判断するためには、当該訴訟に司法権が及んでいることが必要であり、その司法権とは「法律上の争訟」（裁判所法３条１項）について、法を適用し、宣言することによって、これを裁定する国家の作用をいいます。そのため、「法律上の争訟」に当該訴訟が該当すれば、裁判所の司法権が及び司法審査の対象となるのです。

そして「法律上の争訟」については、通説判例によれば、①当事者間の具体的な権利義務または法律関係の存否に関する争いであり、②法律の適用により終局的に解決できるものとされています（最判昭和29年２月11日民集８巻２号419頁、最判昭和41年２月８日民集20巻２号196頁）。そのため、この２要件に照らして、本問のB宗教の教義が正しいことの確認を求める訴えが法律上の争訟にあたるか否かを検討することが求められます。

2　小問２について

1　部分社会の法理の意義、性質について

小問２は前掲最大判令和２年11月25日を題材とした、部分社会の法理について論じるべき問題です。

まず、部分社会の法理とは、争いが純粋に内部的事項に関するものである場合には、事柄の性質上、それぞれの団体の自治を尊重して、一般市民社会のなかにあっても、その団体を別個に自律的な法規範を有する特別な部分社会であるとし、司法審査の対象から外すという法理です。

部分社会の法理により司法審査の対象から除外することの理論について、「法律上の争訟」に含まれないから審査の対象外になるという理解と、「法律上の争訟」に該当するものの、司法審査を控えるべきであるとして司法審査の対象から除外するという理解があります。この点については、題材判例（最大判令和２年11月25日）が、本件の訴えは「法令の規定に基づく処分の取消しを求めるものであって、その性質上、法令の適用によって終局的に解決し得るものというべきである」と判示し、法律上の争訟該当性の規範にあてはまることを示している点や、宇賀克也裁判官の補足意見で「法律上の争訟に当たることは明らかである」と示されている点からして、後者の理解を採用するのが妥当でしょう。

2　部分社会の法理の判断基準について

　　部分社会の法理を適用する際の判断基準については、前掲最大判令和2年11月25日が変更した判例である地方議会議員懲罰事件（最大判昭和35年10月19日民集14巻12号2633頁〔判例シリーズ90事件〕）において、重大事項にあたるかという点から判断がなされており、富山大学単位不認定事件（最判昭和52年3月15日民集31巻2号234頁〔判例シリーズ91事件〕）においては、問題となる行為が一般市民法秩序と直接の関係を有するか否かという点から判断がなされています。そのため答案例においても、一般市民法秩序に直接の関連を有するかという規範を掲げ、あてはめでは出席停止処分が重大事項に該当するため一般市民法秩序に直接の関連性が認められるとの処理方法をとっています。

　　もっとも、題材判例ではこのような「重大事項」「一般市民法秩序と直接の関連を有する」とのフレーズは使われておらず、団体の目的・性質・機能、その自律性を支える憲法上の根拠の相違（大学であれば23条、政党は21条、宗教団体は20条、地方議会は93条など）、紛争や争われている権利の性質等を考慮に入れて個別具体的に検討しています。この判断枠組みの変更については、「法律上の争訟については、憲法32条により国民に裁判を受ける権利が保障されており、また、法律上の争訟について裁判を行うことは、憲法76条1項により司法権に課せられた義務であるから、本来、司法権を行使しないことは許されないはずであり、司法権に対する外在的制約があるとして司法審査の対象外とするのは、かかる例外を正当化する憲法上の根拠がある場合に厳格に限定される必要」があるという宇賀克也裁判官の補足意見が参考になります。すなわち、司法権に対する外在的制約を課す場合を限定すべきとの観点から、従来の「一般市民法秩序と直接の関係」を基準とする一般的包括的な部分社会論から、有力説である個別具体的な検討を行う判断枠組みへ推移しているといえるのです。

　　そのため、このような判断要素を把握したうえで個別具体的な判断枠組みを採用しても何ら問題はないでしょう。

3　地方議会議員に対する出席停止処分に対する判断は部分社会の法理によって許されないか

　　出席停止処分の審査は部分社会の法理により許されないのでしょうか。

　　この点については、まず変更前の判例（地方議会議員懲罰事件）がいかなる理由で部分社会の法理の適用を肯定したのかを確認し、そのうえでこれを批判し、否定する流れで書くと説得力が増すでしょう。地方議会議員懲罰事件は、議員の除名処分との比較において、「議員の権利行使の一時的制限に過ぎないもの」である以上重大事項にあたらないとの判断をしています。

　　そこで、このような、他の懲罰との比較ではなく、地方議会議員の責務や、地方自治の性質という点から、評価を覆すことが考えられます。題材判例においては、「議員は、憲法上の住民自治の原則を具現化するため、議会が行う……各事項等について、……住民の代表としてその意思を当該普通地方公共団体の意思決定に反映させるべく活動する責務を負う」、「出席停止の懲罰……が科されると、当該議員はその期間、会議及び委員会への出席が停止され、……議員としての中核的な活動をすることができず、住民の負託を受けた議員としての責務を十分に果たすことができなくなる」。このような性質にかんがみれば、「その適否が専ら議会の自主的、自律的な解決に委ねられるべきであるということはできない」と判示しています。これは議員の職務と地方自治の本旨との関係性、それをふまえたうえでの出席停止処分の与える影響の重大性を判断し、そのうえで重大事項性を認定していると評価することができ、このようなあてはめを行うことが望ましいといえます。

　　上述の個別具体的に判断するという手法をとった場合も大きな違いはありません。それぞれの考慮要素のいずれにどの事実をあてはめるかを慎重に検討しながら論じれば問題はないでしょう。具体的にどのようなあてはめを行っているかは題材判例の全文にあたって確認してみてください。

③　小問3について

1　統治行為論の採否、根拠について

　　小問3は、小問2と同様「法律上の争訟」には該当しますが、衆議院の解散という高度に政治

性のある国家行為について裁判所の司法審査が及ぶかという問題です。このような直接国家統治の基本に関する高度に政治性のある国家行為について、「法律上の争訟」として裁判所による法律的な判断が理論上可能であるとしても司法審査が及ばないとする理論を、統治行為論といいます。この統治行為論については、その肯否について争いがあります。

この点については、日本国憲法が徹底した法の支配を原則とし、裁判所に違憲審査制（81条）を認めていることから、国家の行為について法の支配の及ばない領域を生みだす統治行為論は採用できないとする否定説も存在します。

もっとも、多数説、判例（最大判昭和35年6月8日民集14巻7号1206頁〔判例シリーズ95事件〕、苫米地事件）は統治行為論を肯定しています。そして、肯定説のなかには、内在的制約説と自制説の対立が存在します。内在的制約説とは、裁判所は国民によって直接選挙されておらず、政治的責任を負わない国家機関であるから、高度の政治性を帯びた行為の当否の判断は民主的機関である国会、内閣の判断に委ねられるべきであり、その審査は裁判所の審査範囲外であるとする説です。一方自制説は高度の政治性を有する国家行為に対する司法審査は混乱を招きうることから裁判所は自制すべきとするものです。もっとも、これらは両立するため、肯定するための理由づけとして双方を記載しても問題ありません。

2　統治行為論の適用範囲について

統治行為論は明文がなく、かつ「高度に政治性」など、内容が不明確な概念です。そのため、範囲も限定的に解すべきといえます。

また、政治部門の裁量行為、自律権で説明できるものはそもそも統治行為とは異なる理由で司法審査の対象から外れることとなるため、統治行為論の適用対象からは除外すべきです。

さらに、統治行為論の根拠が民主政を尊重する点にある以上、民主政の過程そのものの瑕疵である精神的自由や、選挙権の侵害については、民主制の過程により治癒することができないといえ、統治行為論を適用する基礎を欠くことになります。そのため適用は否定されます。

3　衆議院の解散について統治行為論を適用すべきか

最後に、衆議院の解散が統治行為にあたるかを検討することになります。この点については、解散事由の問題を政治部門の裁量行為、閣議決定の瑕疵については自律権の問題として論じるべきとする否定説もあります。もっとも、苫米地事件は特に理由を示すこともなくこれを認定していますので、この点を大々的に論じる必要性は少ないでしょう。そのため、端的に高度に政治的な国家行為であるとして、政治部門の裁量行為、自律権で説明できるものではなく、精神的自由、選挙権侵害の問題にあたらないとすれば足りるでしょう。

4　その他重要判例について

本問の題材となった苫米地事件のほかにも、統治行為論が問題となった判例として砂川事件（最大判昭和34年12月16日刑集13巻13号3225頁〔判例シリーズ80事件〕）があります。この判例は安全保障条約の9条、98条2項、前文適合性についての問題であったところ、砂川事件は安全保障条約が「わが国の存立の基礎に極めて重大な関係をもつ高度の政治性を有するものというべき」としています。加えて「違憲なりや否やの法的判断は、純司法的機能をその使命とする司法裁判所の審査には、原則としてなじまない性質のもの」と判示し、統治行為論を採用するのかとも思われますが、「一見極めて明白に違憲無効であると認められない限りは、裁判所の司法審査権の範囲外のもの」として、司法審査の可能性を示しました。

これは純粋な統治行為論とは異なるものであり、苫米地事件とは区別して把握しておくべき判例といえます。短答式試験にも頻出の判例であるため注意しておきましょう。

【参考文献】

試験対策講座19章1節①、②【2】、③【3】(3)・(4)。判例シリーズ80事件、90事件、91事件、93事件、95事件。条文シリーズ76条② 2(2)・3(3)(c)。

第38問 B 財政民主主義

　　国民皆保険制度においては、保険者は原則として市町村であり、その区域の住民は一定の場合を除いて強制加入とされ、市町村は強制的に保険料を徴収することができる。
　　これを受けてA市は保険料徴収のため条例を定めている。上記条例によれば、当該年度に国民健康保険事業に要する費用の見込額から収入の見込額を控除した額を基準として賦課総額を算定し、これをもとに保険料率が定められる。ただ、賦課総額の上限も下限も画するわけではなく、各見込額の算定方法についての規定もなく、だれがいかなる基準・手続で賦課総額を確定するかの規定もない。この条例のもと、A市が保険料を賦課することが、租税法律主義（憲法第84条）に反しないか。

【解答へのヒント】

　本問は、条例に基づく保険料の徴収が84条に違反しないかを問う問題ですが、84条の租税法律主義の内容として課税要件法定主義と課税要件明確主義があることを示しましょう。そして、本件条例のどの部分が課税要件法定主義・課税要件明確主義と抵触するかについてもしっかりと触れましょう。

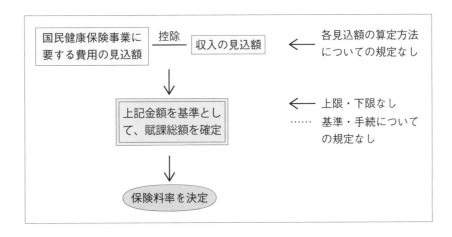

1　本間において、A市は、保険料徴収のための条例を定めて
　　いるところ、保険料が「租税」（憲法84条。以下法名省略）
　　にあたれば、租税法律主義が適用されることになる。 ➡問題提起

⑴　そこでまず、保険料が「租税」にあたるか、「租税」（84
　　条）の意義が問題となる。 5 論「租税」（84条）の意義

　ア　この点、84条の「租税」とは、国または地方公共団体 ➡規範
　　　が、課税権に基づき、その経費にあてるための資金を調 ⇨ サラリーマン税金訴訟（百選
　　　達する目的をもって、特別の給付に対する反対給付とし Ⅰ31事件）
　　　てではなく、一定の要件に該当するすべての者に対して
　　　課する金銭給付をいうと解する。 10

　イ　これを本間についてみると、国民健康保険の保険料は、 ➡あてはめ
　　　被保険者が保険給付を受けうることに対する反対給付と
　　　して徴収されるものである。また、国民健康保険が強制
　　　加入とされ、保険料が強制徴収されるのは、社会保険と
　　　しての国民健康保険の目的および性質に由来するもので 15
　　　ある。

　　　　したがって、保険料は「租税」にあたらず、84条は直 ➡結論
　　　接には適用されない。

⑵　そうだとしても、国民健康保険の保険料に、憲法の趣旨 ➡問題提起
　　はいっさい及ばないのか。 20

　ア　84条の趣旨は、課税権に対して国会による民主的統制
　　　を及ぼし、恣意的な課税から国民の財産権を保護するこ
　　　とにある。そして、租税以外の公課であっても、この趣
　　　旨は妥当するから、賦課徴収の強制の度合い等の点にお ➡規範
　　　いて租税に類似する性質を有するものについては、84条 25
　　　の趣旨が及ぶと解する。

　イ　これを本間についてみると、国民健康保険は原則とし ➡あてはめ
　　　て強制加入とされ、市町村は強制的に保険料を徴収する
　　　ことができるとされているので、賦課徴収の強制の度合
　　　いにおいて租税に類似する性質を有する。 30

　　　　したがって、本間の保険料には84条の趣旨が及ぶ。 ➡結論

2　では、保険料を条例で定めていることが、租税法律主義の ➡問題提起
　　趣旨に反しないか。「法律」（84条）に条例が含まれるかどう 論条例への委任と租税法律主
　　かが問題となる。 義

⑴　租税法律主義の趣旨は、前述のように、民主的統制によ 35
　　り恣意的な課税を防止することである。そして、条例は、
　　民主的な手続によって制定されるものであるから、条例に
　　よってもこの趣旨をみたすことができる。

　　　したがって、「法律」には条例が含まれると解する。

⑵　したがって、保険料を条例で定めていることは、租税法 40 ➡結論
　　律主義の趣旨に反しない。

3　そうだとしても、A市の条例は、賦課総額の上限も下限も
　　画するわけではなく、だれがいかなる基準で賦課総額を決定
　　するかの規定もない。

そこで、A市の条例が、租税法律主義の内容である課税要件法定主義、および課税要件明確主義に反しないかが問題となる。

(1)　課税要件法定主義について

ア　まず、課税の作用は国民の財産権への制約であるから、課税要件をあらかじめ法定しなければ、財産権の保護を全うできない。

　　そこで、租税法律主義は、課税要件および租税の賦課徴収の手続を法律で定めなければならないという課税要件法定主義を内容とするものと解する。

イ　これを本問についてみると、たしかに、A市の条例は費用の見込額から収入の見込額を控除した額を基準として賦課総額を算定し、これをもとに保険料率を定めるとしており、課税要件はいちおう法定されている。

　　しかし、だれがいかなる基準・手続で賦課総額を確定するかの規定を欠いており、租税の賦課徴収の手続が法定されているとはいえない。

　　したがって、A市の条例は課税要件法定主義に反する。

(2)　課税要件明確主義について

ア　次に、課税要件について不明確な定めをなすと、行政庁に恣意的な判断を許すことになる。そこで、租税法律主義は、租税法規の内容ができるだけ明確かつ一義的でなければならないという課税要件明確主義を内容とする。

　　もっとも、租税法律主義の趣旨が妥当する場合であっても、租税以外の公課はその性質が多種多様であるから、どの程度明確に定められるべきかなどその規律のあり方については、当該公課の性質等を総合考慮して判断すべきである。

イ　これを本問についてみると、A市の条例は賦課総額の上限も下限も画することなく、各見込額の算定の方法にも規定がないというのであるから、保険料率算定の専門性を考慮しても、行政庁の恣意的な判断を許す不明確なものである。

　　したがって、同条例は課税要件明確主義に反する。

4　よって、A市が保険料を賦課することは、租税法律主義（84条）に反する。

以上

45

➡問題提起
論課税要件法定主義と課税要件明確主義

50

➡規範

55

➡あてはめ

60

➡結論

65

➡規範

70

➡あてはめ

75

➡結論

80

85

■ 論点 ■

1　「租税」（84条）の意義
2　条例への委任と租税法律主義
3　課税要件法定主義と課税要件明確主義

■■ 答案作成上の注意点 ■

1　はじめに

　本問は、条例において国民健康保険の保険料徴収について定めた場合に、市町村が保険料を徴収することが租税法律主義に反しないかということについて検討する問題です。本問のモデルとなった旭川市国民健康保険条例事件はこのような場合における租税法律主義の検討のプロセスを示しています。基本的にはこのプロセスに従って検討すればよく、詳しくは後述しますが、おおまかには次のような流れです。

　租税にあたるかor租税法律主義の趣旨が及ぶか──→「法律」の範囲内か──→課税要件法定主義・明確主義に反しないか

　このプロセスをしっかりと理解してください。

2　租税法律主義とは

1　租税法律主義の意義

　84条は、「あらたに租税を課し、又は現行の租税を変更するには、法律又は法律の定める条件によることを必要とする」と規定しています。これによれば、租税の賦課・徴収は必ず法律によらなければならないということになります。この原則のことを租税法律主義といいます。また、30条は「国民は、法律の定めるところにより、納税の義務を負ふ」と規定しており、この原則は国民の義務の側からも規定されています。この原則の目的は、行政権による恣意的な課税を防止することにあります。

2　租税法律主義の内容

　租税法律主義には、課税要件法定主義、課税要件明確主義、合法性原則、および手続的保障原則の4つの内容が含まれているとされており、ここでは憲法科目において重要な課税要件法定主義、課税要件明確主義について説明します。

　課税要件法定主義とは、納税義務者、課税物件、課税標準、税率などの課税要件、および租税の賦課・徴収の手続が法律で定められなければならないことをいいます。刑法における罪刑法定主義になぞらえてつくられた原則で、これにより法的安定性や予測可能性が確保されます。もっとも、租税に関する事項の細目にわたるすべてを法律で定めることは実際的ではありません。そのため、命令への委任も許されています。ただし、命令への委任は明示的・具体的・個別的であることを要し、法律自体から委任の目的・内容・程度などが明らかにされていることが必要です。

　課税要件明確主義とは、課税要件および賦課・徴収を定める手続は、だれでもその内容を理解できるように、明確に定められなければならないことをいいます。

　したがって、租税法律主義に関する問題が出題された場合、「あらたに租税を課し、又は現行

の租税を変更する」場合であるかを検討し、該当したときは「法律又は法律の定める条件」によって、課税要件法定主義および課税要件明確主義に反しないかを検討していくことになります。

③ 保険料と「租税」

1　「租税」の意義

　　租税法律主義が問題となるには、行政による金銭の徴収が「租税」(84条)にあたる必要があります。では、「租税」とは一体何をさすのでしょうか。そもそも、固有の意味の租税とは、国・公共団体が、特別の役務に対する反対給付としてではなく、その経費にあてるための財力取得の目的で、その課税権に基づいて、一般国民に対して一方的・強制的に賦課し、徴収する金銭給付のことをいいます。そして、判例は「租税」について「国家が、その課税権に基づき、特別の給付に対する反対給付としてでなく、その経費に充てるための資金を調達する目的をもって、一定の要件に該当するすべての者に課する金銭給付である」としており、「租税」と固有の意味の租税がほぼ同義であることを判示しました(最大判昭和60年3月27日民集39巻2号247頁〔百選Ⅰ31事件〕、サラリーマン税金訴訟事件)。

2　租税法律主義の趣旨が及ぶ場合

　　「租税」にあたるかで問題になったものとして、国民健康保険の保険料があります。旭川市国民健康保険条例事件は、国民健康保険の保険料の賦課処分を受けた者がその処分の取消しを求めた事案で、国民健康保険の保険料が「租税」にあたるかが問題となりました。判例は、「租税」について前述と同様の定義を示した後、国民健康保険の保険料は被保険者において保険給付を受けることに対する反対給付として徴収されるものであるから、対価性を有する点において、特別の給付に対する反対給付としての性質をもたない固有の意味の租税と大きく異なるとして「租税」にあたらないとしています。したがって、国民健康保険の保険料に84条が直接に適用されることはありません。

　　もっとも、判旨では、租税以外の公課であっても、賦課徴収の強制の度合い等の点において租税に類似する性質を有するものについては、84条の趣旨が及ぶとしています。そして、国民健康保険について、「保険料を徴収する方式のものであっても、強制加入とされ、保険料が強制徴収され、賦課徴収の強制の度合いにおいては租税に類似する性質を有する」として84条の趣旨が及ぶとしています。したがって、国民健康保険の保険料についても「租税」と類似の規制を受けることとなります。

　　ただし、このような場合にどのような規制の程度となるかについては、「当該公課の性質、賦課徴収の目的、その強制の度合い等を総合考慮して判断すべき」としています。

④ 租税法律主義における「法律」

　　84条は、「租税」について「法律」により定めなければいけないとしていますが、この「法律」には条例も含まれるのでしょうか。旭川市国民健康保険条例事件の第一審は、「地方自治に関する憲法92条に照らせば、地方自治の本旨に基づいて行われるべき地方公共団体による地方税の賦課徴収については、住民の代表たる議会の制定した条例に基づかずに租税を賦課徴収することはできないという租税(地方税)条例主義が要請されるというべきであって、この意味で、憲法84条にいう『法律』には地方税についての条例を含むものと解すべきであり、地方税法3条1項が『地方団体は、その地方税の税目、課税客体、課税標準、税率その他賦課徴収について定をするには、当該地方団体の条例によらなければならない。』と定めているのは、右憲法上の要請を確認的に明らかにしたもの」としました。前述の事件の判決は、条例も「法律」に含まれるとしており、上告審もこれを認めています。したがって、84条の「法律」には条例も含まれるでしょう。

⑤ 答案例について

1　総説

　　以上の点をふまえて本問の答案例について説明します。まず、84条違反を検討するうえで、84

条の適用対象にあたるかを検討しなければならないので、「租税」にあたるか、あたらないとしても84条の趣旨が及ばないかを検討する必要があります。次に、適用対象であるなら、保険料の根拠である、条例が「法律」に含まれるのかを検討し、「法律」であるなら、その記載・内容について課税要件法定主義、課税要件明確主義に反しないかを検討する必要があります。以下、各項目における注意点等について触れていきます。

⑴　84条の適用対象かについて

　　まず、「租税」の定義を示した後、国民健康保険の保険料が「租税」にあたるかのあてはめをしてください。一般的な「租税」の定義を用いると対価性の点で「租税」に該当しないことになるでしょう。その次に、84条の趣旨が及ぶかを検討してください。「租税」へのあてはめをせずに、84条の趣旨が及ぶのかについて検討しないようにしてください。また、84条の趣旨が及ぶかという点については、保険料が強制的に徴収されるという点を落とさないようにしましょう。

⑵　「法律」に含まれるかについて

　　この部分については、触れるべきではありますが、あまり重要な論点ではありません。「法律」に条例が含まれることを端的に示し、長く論じることがないようにしましょう。この論点において重要なのは、条例によっても課税に民主的統制は及ぼすことができるということです。

⑶　課税要件法定主義、課税要件明確主義に反するかについて

　　まず、課税要件法定主義についてですが、課税要件法定主義は課税の際の要件・手続について法定されていなければならないというものです。したがって、本件条例にだれがいかなる基準・手続で賦課総額を決定するかの規定がないため、手続が法定されているかについて検討する必要があります。この点は重要な手続ですから、これを欠く本件条例は課税要件法定主義に反するとするのが好ましいです。

　　次に、課税要件明確主義についてですが、課税額の上限・下限や見込額の算定方法について規定がありません。この点から、課税要件が明確でないのではないかということを検討する必要があります。課税額についてこのような曖昧な規定になってしまうと行政庁の恣意により課税額が決められてしまうおそれがあるでしょう。したがって、これらの点から課税要件が不明確であるとする判断にするのが好ましいです。

2　結論

　　以上から、A市が保険料を賦課することは、租税法律主義に反することになります。

【参考文献】
試験対策講座20章1節②。判例シリーズ98事件。条文シリーズ84条。

XはY市内でラブホテル（以下「本件ホテル」という）の建設を計画している建設業者である。Y市内でホテル等を建設するためには、Y市ホテル等建築の適正化に関する条例（以下「本件条例」という）により、Y市の許可が必要であった。XはY市に建築許可を申請したところ、許可基準をみたしていないことを理由に不許可処分を受けた（以下「本件処分」という）。これに対し、Xは本件処分の取消しおよび許可処分の義務付けを求める訴訟を提起した。訴訟のなかでXは、本件条例が風俗営業等の規制及び業務の適正化等に関する法律（以下「風営法」という）に抵触するとの主張（以下「本件主張1」という）および旅館業法に抵触するとの主張（以下「本件主張2」という）をした。

本件主張1に対し、Y市は、風俗営業の実態は全国さまざまであり、風営法は各自治体による個別の対応を予定しているとの反論をした。また、本件主張2に対し、旅館業法は、風営法が目的として掲げる、善良な風俗の保護を目的としていないとの反論をした。これについては、旅館法は、善良な風俗が害されないための必要な規制を定める部分を改正により削除したという経緯がある。

本件主張1および本件主張2の正当性について論ぜよ。

なお、風営法は、公安委員会への届出によって営業することを認める一方、営業禁止区域等や禁止行為などを定め、これを遵守しない場合には、罰則や営業停止等の制裁を加えるという方法により風俗営業等を規制している。また、本件条例は旅館業法で要求される構造上の規制よりも厳しい規制を課している。

【参照条文】
○Y市ホテル等建築の適正化に関する条例（抜粋）
第1条　この条例は、ホテル等の建築の適正化に関し必要な事項を定めることにより、市民の快適で良好な生活環境を保持し、併せて青少年の健全な育成を図ることを目的とする。
第2条　この条例において、次の各号に掲げる用語の意義は、それぞれ当該各号に定めるところによる。
　（1）ホテル等　旅館業法（……）第2条第2項に規定するホテル営業又は同条第3項に規定する旅館営業の用に供することを目的とする施設をいう。
（以下略）
第5条　建築主は、あらかじめ市長に申請し、その同意を得なければならない。
第6条　市長は、前条に規定する申請に係るホテル等が第4条に規定する構造等の基準に適合していないと認めるときは、当該ホテル等の建築について同意することができない。
第7条　市長は、次の各号のいずれかに該当する者に対し、当該ホテル等の建築の中止その他必要な措置を命ずることができる。
　（1）第5条の規定に違反してホテル等を建築し、又は建築しようとする者
第8条　第7条の規定による市長の命令に違反した者は、6月以下の懲役又は10万円以下の罰金に処する。

○風俗営業等の規制及び業務の適正化等に関する法律（昭和23年法律第122号）（抜粋）
第1条　この法律は、善良の風俗と清浄な風俗環境を保持し、及び少年の健全な育成に障害を及ぼす行為を防止するため、風俗営業……について、営業時間、営業区域等を制限し、及び年少者をこれらの営業所に立ち入らせること等を規制するとともに、風俗営業の健全化に資するため、その業務の適正化を促進する等の措置を講ずることを目的とする。

○旅館業法（昭和23年法律第138号）（抜粋）
第1条　この法律は、旅館業の業務の適正な運営を確保すること等により、旅館業の健全な
　　　発達を図るとともに、旅館業の分野における利用者の需要の高度化及び多様化に対応した
　　　サービスの提供を促進し、もつて公衆衛生及び国民生活の向上に寄与することを目的とする。

【解答へのヒント】

　本問は、ホテルの建設を規制する条例が風営法および旅館業法に抵触しないかについて検討する
問題です。法令と条例の抵触について、判例の考え方を思い出しましょう。そのうえで、反論と判
例の考え方を結びつけてください。

Xの主張	Y市の反論
（本件主張1） 本件条例は、風営法に抵触する	（本件主張1への反論） 風俗営業の実態は全国さまざまであり、風営法は各自治体による個別の対応を予定している
（本件主張2） 本件条例は、旅館業法に抵触する	（本件主張2への反論） 旅館業法は、風営法が目的として掲げる、善良な風俗の保護を目的としていない

答案構成用紙

答案例

第1　本件主張1について

1　本件条例はホテル等の建築に際し、事前の同意を要求し
（5条）、市長は、同意を得ないでなされた建築について
中止命令を発し、従わない場合には罰則を課すことができ
る（7条1項、8条）。これに対し、風営法は風俗営業に
ついて届出制を課し、営業禁止区域等や禁止行為などを定　　　5
め、これを遵守しない場合には、罰則や営業停止等の制裁
を加えるという事後規制を中心としたものになっている。
そうすると、本件条例は、風営法よりも厳しい規制を行う、
いわゆる上乗せ条例である。　　　　　　　　　　　　　　10

　ところが、憲法94条（以下法名省略）は「法律の範囲 ［論］条例制定権の限界
内」においてのみ地方公共団体に条例制定権を認めている
ため、本件条例が「法律の範囲内」といえない場合には、
94条に反して無効となる。

(1)　そこで、本件条例が「法律の範囲内」といえるか。　15　➡問題提起
「法律の範囲内」か否かの判断基準が問題となる。　　　　　［論］上乗せ条例の合憲性

　　ア　この点、条例制定権が認められた趣旨は、住民自治
　　　および団体自治という「地方自治の本旨」（92条）を
　　　実現する点にある。

　　　　そうだとすれば、国の政策を妨げない範囲において、　20
　　　自治事務を地方の実情に応じて処理することが、条例
　　　制定権の趣旨に沿うといえる。

　　　　そこで、「法律の範囲内」にあるか否かは、両者の　　　➡規範
　　　対象事項と規定文言を対比するのみではなく、それぞ　　⇨徳島市公安条例事件（判例シ
　　　れの趣旨・目的・内容および効果を比較し、両者の間　25　リーズ45事件）
　　　に矛盾抵触があるかどうかによって、判断するべきと
　　　解する。具体的には、法律と条例の目的が同一である
　　　場合には、法律が全国一律の規制を課す趣旨でないと
　　　きに矛盾抵触せず、反対に、法律と条例の目的が同一
　　　でない場合には、条例の適用によって法律の目的およ　30
　　　び効果を阻害しない場合に、矛盾抵触しないと解する。

　　イ　これを本問についてみると、本件条例の目的は良好　　　➡あてはめ
　　　な生活環境の保持および青少年の健全な育成の確保で
　　　ある（本件条例1条）。他方、風営法の目的は、善良
　　　の風俗と清浄な風俗環境の保持および青少年の健全な　35
　　　育成の確保である（風営法1条）。

　　　　したがって、本件条例と風営法は、静穏な生活環境
　　　を良好に保持する点および青少年の健全な育成の確保
　　　という目的を有する点で目的が同一である。

(2)　次に、風営法は風俗営業等に関して規制を行っている　40
　　ところ、風俗営業の実態は各自治体により異なっている。
　　また、住民の静穏な生活環境というものは、地方ごとに、
　　その態様、程度が異なる。このような実態と上記目的と
　　をかんがみると、風営法の規制は、全国で最低限課すべ

き規制を設けたうえで、それを超えて自治体ごとに必要 45
とされる規制については条例で別に定めることを許容す
る趣旨であると解される。
　したがって、風営法は全国一律の規制を課す趣旨では
ない。
　２　よって、本件条例と風営法は矛盾抵触せず、本件条例は 50　→結論
「法律の範囲内」といえ、本件主張１は正当でない。
第２　本件主張２について
　１　本件条例はホテル等の建築に際し、構造上の一定の基準
を設けて規制しているところ、旅館業法は本件条例の規制
よりもゆるい規制を設けている。 55
　そこで、本件条例と旅館業法は規制の程度が異なってい　　　　→問題提起
るところ、本件条例は「法律の範囲内」といえないのでは　　　　論上乗せ条例の合憲性
ないか。前述の基準により判断する。　　　　　　　　　　　　　→規範
　⑴　本件条例の目的は、前述のとおり、良好な生活環境の　　　→あてはめ
保持および青少年の健全な育成の確保である。これに対 60
し、旅館業法１条は旅館業法の目的について「公衆衛生
及び国民生活の向上」への「寄与」を掲げている。また、
旅館業法は、改正前は善良な風俗が害されないように必
要な規制を加えることをあげていたが、改正によりこの
部分が削除されており、意図的にそのような目的を排除 65
していることがわかる。
　　したがって、旅館業法の目的は公衆衛生および国民生
活の確保であり、良好な生活環境の維持、青少年の健全
な育成の確保といった内容は含まないものであるから、
本件条例と旅館業法の目的は異なる。 70
　⑵　次に、本件条例は旅館業法の建物の構造に関する規制
よりも厳しい規制を課している。そして、旅館業法の規
制より厳しい規制を課しても、公衆衛生の確保、国民生
活の向上といった目的やその効果を妨げることにはなら
ないといえる。 75
　　したがって、本件条例の規制の内容は、旅館業法の目
的および効果を妨げるものではない。
　２　よって、本件条例と旅館業法は矛盾抵触せず、本件条例　　　→結論
は「法律の範囲内」といえ、本件主張２は正当でない。
以上 80

85

　本問は、名古屋地判平成17年5月26日判タ1275号144頁を題材にしたものである。条例制定権の限界というテーマは2007（平成19）年の司法試験で出題されている。予備試験ではいまだ出題されていないものの、地方自治の分野における重要なテーマのひとつであり、今後の出題の可能性もある。この機会にしっかりとおさえてほしい。

■ 論点 ■

1　条例制定権の限界
2　上乗せ条例の合憲性

■ 答案作成上の注意点 ■

① はじめに

　本問は、条例が法律の内容と矛盾しているかのように見受けられる場合に、94条に違反しないかを検討させる問題です。94条は、「地方公共団体は、……法律の範囲内で条例を制定することができる」と規定しています。したがって、このような問題では、条例が「法律の範囲内」（94条）といえるかを検討する必要があります。判例は、条例が国の法令に違反しないか否かの判断基準について「両者の対象事項と規定文言を対比するのみでなく、それぞれの趣旨、目的、内容及び効果を比較し、両者の間に矛盾抵触があるかどうかによってこれを決」するとしています（最大判昭和50年9月10日刑集29巻8号489頁〔判例シリーズ45事件〕、徳島市公安条例事件）。したがって、この文言を参考にしながら、規範を定立し、主張1および主張2のそれぞれについて、その当否を検討しましょう。

② 「法律の範囲内」といえるか否かの判断枠組み

1　総説

　前述のとおり、条例が法律に反しないかについて、判例は、趣旨、目的等をふまえながら矛盾抵触があるかどうか判断していくとしています。もっとも、この基準だけでは抽象的であり、個別の事案における判断は難しくなるでしょう。判例は3つの具体例をあげているので、これについて紹介していきます。

(1)　具体例①

　「ある事項について国の法令中にこれを規律する明文の規定がない場合でも、当該法令全体からみて、右規定の欠如が特に当該事項についていかなる規制をも施すことなく放置すべきものとする趣旨であると解されるときは、これについて規律を設ける条例の規定は国の法令に違反することとなりうる」（以下「具体例①」という）。

(2)　具体例②

　「特定事項についてこれを規律する国の法令と条例とが併存する場合でも、後者が前者とは別の目的に基づく規律を意図するものであり、その適用によって前者の規定の意図する目的と効果をなんら阻害することがないとき」は国の法令と条例は矛盾抵触しない（以下「具体例②」という）。

(3)　具体例③

　「両者が同一の目的に出たものであっても、国の法令が必ずしもその規定によって全国的に一律に同一内容の規制を施す趣旨ではなく、それぞれの普通地方公共団体において、その地方の実情に応じて、別段の規制を施すことを容認する趣旨であると解されるとき」は、国の法令と条例は矛盾抵触しない（以下「具体例③」という）。

2 条例が法律に反しないかについての基本的な考え方

　以上をふまえると、法令と条例の抵触は次のように考えられます。まず、問題となっている事項について、法令に明文があるかを確認します。明文がない場合、法令が当該事項を放置する趣旨であれば、条例で当該事項について定めている時点で法令に抵触するので、条例は違法となります。逆に、放置する趣旨でなければ、条例で定めを設けることは自由であるため、条例は合法となります。

　明文がある場合には、法令と条例が同一目的であるかを判断します。同一目的である場合、その法令が全国一律に規制する趣旨かを検討し、全国一律に規制する趣旨である場合には違法となり、そうでない場合には合法となります。法令と条例が異なる目的である場合、条例が法令の目的・効果を阻害しないかを検討し、阻害する場合には違法となり、阻害しない場合には合法となります。この流れについては以下に整理しましたので、参考にしてください。

【法律と条例の比較の視点】

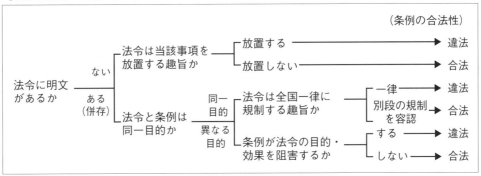

③　答案例について

1　本件主張1
（1）　本件主張1および反論の内容

　本件主張1は、本件条例が風営法に抵触するとの主張です。これに対して、Y市は、風俗営業の実態は全国さまざまであり、風営法は各自治体による個別の対応を予定していると反論しています。この反論の意味するところは、法令と条例が同一目的であることを前提として、全国一律に規制する趣旨ではないから合法であるということだと思われます。以下では、この考えをもとに、論証とあてはめをどのように論述すればよいかを解説します。

（2）　論証部分

　まず、答案例の論証では、条例制定権の趣旨が「地方自治の本旨」（92条）であることを示しました。そのうえで、上位規範として、判例の「それぞれの趣旨、目的、内容および効果を比較し、両者の間に矛盾抵触があるかどうかによって決する」という規範を示しました（徳島市公安条例事件）。そして、下位規範として、②にあげた具体例①、具体例②および具体例③から導かれる検討の流れのうち、法令の明文の有無の段階を除いた部分を示しました。この下位規範については必ずしも示す必要はありませんが、分量に余裕がある場合には、示すことが望ましいでしょう。

（3）　あてはめ

　あてはめでは、まず本件条例と風営法の目的を比較します。本件条例の目的は、良好な生活環境の保持および青少年の健全な育成の確保です（本件条例1条）。他方、風営法の目的は、善良の風俗と清浄な風俗環境の保持および青少年の健全な育成の確保です（風営法1条）。以上から、本件条例と風営法の目的は同一であるといえます。

　次に、本件条例と風営法の目的が同一であることから、風営法が全国一律に規制する趣旨であるかを検討します。風俗営業の実態は全国さまざまであり、風営法は各自治体による個別の

対応を予定しているといえるでしょう。このことから、風営法は全国一律に規制するものではなく、あくまで全国で最低限規制すべき基準を定めたうえで、それを超える規制については各自治体に委ねる趣旨であるといえます。したがって、全国一律に規制する趣旨ではない以上、本件条例は風営法に抵触しないといえます。

2　本件主張2
(1)　本件主張2および反論の内容
　　　本件主張2は、本件条例が旅館業法に抵触するとの主張です。これに対して、Y市は、旅館業法は、風営法が目的として掲げる、善良な風俗の保護を目的としていないと反論しています。この反論の意味するところは、法令と条例が異なる目的であり、条例が法令の目的・効果を阻害しないため合法であるということだと思われます。論証部分は本件主張1と同じものを使っているので、以下では、この考えをもとに、あてはめをどのように論述すればよいかを解説します。
(2)　あてはめ
　　　本件主張2についても、あてはめでは、本件条例と旅館業法の目的を比較します。本件条例の目的は、前述のとおり、良好な生活環境の保持および青少年の健全な育成の確保です（本件条例1条）。他方、旅館業法の目的は、公衆衛生および国民生活の向上に寄与することです（旅館業法1条）。文言上、この2つの目的は違うように思われます。また、問題文中、Y市は、「風営法が目的として掲げる、善良な風俗の保護を目的としていない」と反論しています。このことから、両者の目的は異なるといえます。
　　　そこで、次に本件条例が旅館業法の目的、効果を阻害するかについて検討します。本件条例はホテル等の建築に際し、構造上の一定の基準を設けて規制していますが、旅館業法は本件条例の規制よりもゆるい規制を設けています。旅館業法上の規制より厳しい規制を課すことで、公衆衛生および国民生活の向上に寄与することは害されないでしょう。したがって、旅館業法の目的、効果を阻害しないといえ、本件条例は旅館業法に抵触しないといえます。

【参考文献】
試験対策講座21章2節③【2】。判例シリーズ45事件。条文シリーズ94条②2。

第40問 B 違憲主張適格

　A市が、不動産に関する虚偽誇大広告による被害から住民の生活を守ることを目的として、A市内で不動産に関する広告をなすにあたって事前にA市長に対して届け出る義務を課し、明らかに虚偽または著しく誇大であると認められる場合には、その広告を禁止しまたは是正を求めることができる旨定め、これらの違反に対して罰則を設ける条例（以下「本件条例」という）を制定したとする。

　本件条例による届出義務違反で訴追された不動産業者Bは、本件条例は住民の「知る権利」を侵害するものであると論じて、本件条例の違憲性を主張した。裁判所としてはどのような判断をなすべきかについて論ぜよ。

　Bの営利的表現の自由の侵害にあたるか、検閲にあたるか、条例と法律の関係についての3点は、検討しなくてよいものとする。

【解答へのヒント】

　具体的な事情が示されているものの、あくまで条例の違憲性を問う問題なので、法令違憲の問題であることを忘れずに取り組みましょう。

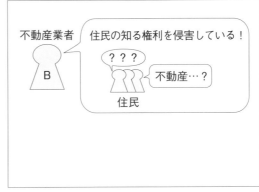

答案例

1　本件条例は、住民の不動産情報を摂取する権利を侵害し、違憲ではないか。　　　　　　　　　　　　　　　➡️問題提起

(1)　まず、上記権利は情報を摂取する権利であるから知る権　　🔲知る権利
利としての性格を有するところ、知る権利が憲法上保障さ
れるかが問題となる。　　　　　　　　　　　　　　　　5

> ア　この点につき、マスメディアの台頭により情報の受け
> 手と送り手が分離し、固定化された現代においては、表
> 現の自由を受け手の側から再構成する必要がある。
> 　そこで、情報の受け手が情報を受領する権利である知
> る権利も、憲法21条1項（以下法名省略）により保障さ　10
> れると解する。

イ　したがって、上記権利も21条1項により保障される。

(2)　そして、本件条例は、罰則を設けたうえで事前届出制に
より虚偽誇大広告を規制するものであり、不動産業者の広
告内容について萎縮効果を与えうる。そうであれば、住民　15
の摂取する情報量を減少させることにもつながるから、本
件条例は、上記権利を制約している。

(3)　もっとも、上記権利も無制約ではなく、「公共の福祉」
（12条後段、13条後段）による制約を受ける。では、上記
制約は正当化されるか、違憲審査基準が問題となる。　　20

ア　まず、上記権利は、消費者の商品選択における自律的
判断に資するといえ、重要である。一方で、上記権利は
不動産情報を摂取する権利であるから、政治的言論が含
まれているわけではない。そのため、自己統治の価値は
希薄であるといえる。　　　　　　　　　　　　　　25

　また、被告からは、本件条例の規制対象は虚偽誇大な
内容のみであり、表現としての価値が低いため、それを
摂取する上記権利の価値は低いとの主張も考えられる。

　しかし、本件条例は直接の規制対象が虚偽誇大広告で
あるにすぎず、不動産業者に萎縮効果を与える結果、住　30
民はその他の正当な広告内容を摂取する機会まで奪われ
るおそれがある。そのため、上記権利は低価値表現を摂
取する権利のみを内容とするものではないといえ、被告
らの上記主張は認められない。

　制約態様について、本件条例の規制は、広告の内容が　35
虚偽誇大であるか否かという内容に着目したものである
ことから、内容規制にあたるといえる。

　もっとも、本件条例の規制は不動産業者を対象とした
ものであり、住民の上記権利への制約は間接的制約にす
ぎない。　　　　　　　　　　　　　　　　　　　40

イ　そうであれば、目的が重要で、手段が効果的かつ過度　　➡️規範
でない場合に正当化されると解する。

(ア)　まず、本件条例の目的は、不動産に関する虚偽誇大　　➡️あてはめ
広告による被害から住民の生活を守ることにあるとこ

ろ、これは国民を財産権侵害から保護することにつな　45
　　がるため重要といえる。

　　(イ)　次に、本件条例により虚偽誇大広告を排除すれば、
　　　住民が財産的損害を被る危険は減少するため、手段と
　　　して効果的である。

　　(ウ)　もっとも、そもそも不動産取引は通常高額な取引と　50
　　　なる以上、住民も慎重に内容を吟味することとなる。
　　　そうであれば、事前規制の方法でなければ目的を達す
　　　ることができないとはいえず、事後的な規制でも足り
　　　ると考えられる。また、罰則を設けている点について
　　　も、行政指導など抑制的な方法で対応しうることにか　55
　　　んがみれば、過度な手段であるといえる。

　ウ　そうであれば、上記制約の目的が重要で、手段は効果　　➡結論
　　的だが過度であるといえる。そのため、上記制約は正当
　　化されない。

(4)　もっとも、上記権利は住民の権利であって、Bの権利で　60　➡問題提起
　　はない。そこで違憲主張適格が認められるか。違憲主張適　　🔖違憲主張適格
　　格の判断基準が問題となる。　　　　　　　　　　　　　　　⇨第三者所有物没収事件（判例
　　　　　　　　　　　　　　　　　　　　　　　　　　　　　　シリーズ59事件）

　ア　この点につき、付随的違憲審査制のもとでは、自己の
　　権利が侵害された場合に司法的救済を求めうるのが原則
　　であるが、憲法保障的見地からは、第三者の憲法上の権　65
　　利の援用を認めるべき場合もある。

　　　そこで、当事者の利害関係の程度、援用される権利の　　　➡規範
　　性質、第三者による権利侵害の主張の可能性を考慮し、
　　その者に違憲主張を認めることが適切といえる場合にか
　　ぎり、違憲主張適格が認められると解する。　　　　　　70

　イ　まず、不動産業者の広告の自由と、住民の知る権利は　　　➡あてはめ
　　表裏一体の関係にあるから、両者の関係は密接といえる。
　　また、上述のとおり住民の上記権利は住民の商品選択に
　　おける自律的判断に資する重要な権利であるから、主張
　　の機会を与えるべきである。さらに、本件条例は不動産　75
　　業者に対する規制であるから、住民がみずからの権利の
　　侵害を主張することは考えがたい。

　ウ　したがって、Bに違憲主張適格を肯定すべきである。
2　よって、本件条例は違憲である。　　　　　　　　　　　　　➡結論

　　　　　　　　　　　　　　　　　　　　　　　　　以上　80

　　　　　　　　　　　　　　　　　　　　　　　　　　　　　85

本問は、旧司法試験1982（昭和57）年度第１問を簡略化し、違憲主張適格に焦点をあてた問題である。知る権利について、第19問で得た知識をしっかり使うことができるかを確認しつつ、新たな論点である違憲主張適格の処理もしっかりおさえておこう。

論点

1　知る権利
2　違憲主張適格

答案作成上の注意点

① 知る権利

1　保障について

知る権利の保障の有無、権利の性格については第19問の答案作成上の注意点①で解説したとおりです。本問で想定される権利は、虚偽誇大広告が規制されている以上、これを含む不動産情報を知る権利です。

そのため、主張すべき権利としては住民の不動産に関する情報を知る権利とします。

2　制約について

本件の条例による規制は、事前届出による規制であり、罰則も予定されています。そして事前届出制による規制の場合には、これから広告を行おうとする不動産会社一般に萎縮効果が生じるといえます。そのため、削除される対象である虚偽誇大広告を知る権利が侵害されるのみならず、不動産に関する情報を知る権利まで制約されることに注意が必要です。

3　審査基準について

まず、不動産情報を知る権利は、消費者の商品選択における自律的判断に資するといえ、重要です。もっとも、この権利は、不動産情報を摂取する権利である以上政治的言論が含まれているわけではないといえます。また、虚偽誇大広告を規制対象としている本件条例の性質に着目して、権利の重要性を論じることも考えられます。

制約態様については、不動産広告についてその内容が虚偽誇大な内容である場合に事前に発表を禁止、または是正させるとするものとなっています。そうであれば、内容に着目しているとして、表現の自由市場をゆがめるおそれのある内容規制であるといえます。もっとも、規制は不動産業者に対して行われるので、住民の知る権利に対する制約はあくまで間接的なものにとどまります。

これらを総合すれば、中間審査基準で審査するべきといえるでしょう。

4　あてはめについて

まず、目的は、問題文どおり、不動産に関する虚偽誇大広告から国民を守る点にあるところ、これは国民を財産権侵害から保護することにつながるため重要です。

次に、適合性について検討します。この点について、不動産情報に触れる機会を減少させることとなる本件の制度は、住民の必要な情報まで奪うこととなるため国民の保護につながらないとの主張も考えられます。一方で、虚偽誇大広告により財産的損害を被る危険はたしかに排除されると考えれば、適合性は否定されないとの主張もありえるでしょう。

その次に、必要性についてみていきます。

不動産取引はその性質上、高額な取引となりやすいです。そして、高額な取引である以上、住民も特に注意するのが通常ですから、あらかじめ広告の内容を審査せずとも、問題のあるものを事後的に規制すれば十分国民の保護を図ることはできるとの主張が考えられます。また、刑罰を

背景に事前の届出義務を課すのは過剰な規制であるとの主張も考えられるでしょう。

② 違憲主張適格

1 　訴訟においては、攻撃防御方法のひとつとして、適用される法律の違憲性を主張することが考えられます。そして、この憲法上の主張をする際には、訴訟要件としての当事者適格とは別個に、違憲主張適格が要求されます。この違憲主張適格が問題になる場面は大きく分けて２種類存在します。１つが、同じ法令中にあるほかの規定について違憲であることを主張する場合。もう１つが、第三者の憲法上の権利利益の侵害を主張する場合です。

2 　本問は第三者である住民の「知る権利」の侵害について主張する事案ですので、第三者の憲法上の権利利益の侵害を主張する場合にあたります。この場合について、どのように処理すべきかを解説していきます。

　まず、日本国憲法は、憲法訴訟について、具体的な事件、争訟があってはじめて訴えを提起できるとする、付随的違憲審査制を採用しています。そのため、違憲性の主張についても、みずからの権利利益が侵害された場合にかぎり主張できるとするのが原則であると解すべきなので、第三者の権利侵害については、違憲主張適格は基本的には消極的に考えるべきでしょう。一方、憲法秩序の維持を図る憲法保障の観点からは、違憲状態の是正を行うため第三者にも違憲主張適格を認めるべきです。

　次に、第三者の憲法上の権利利益の侵害を主張できるかという点が争点となった判例についてみていきます。

　判例は当初、上述の原則論にのっとって、「他人の権利に容喙干渉」することは許されないとし、違憲主張適格を否定していました（最大判昭和35年10月19日刑集14巻12号1611頁）。しかし、第三者所有物没収事件（最大判昭和37年11月28日刑集16巻11号1593頁〔判例シリーズ59事件〕）においては、この判例を変更し、「たとえ第三者の所有物に関する場合であっても、被告人に対する附加刑である以上、没収の裁判の違憲を理由として上告をなし得ることは当然である」として違憲主張適格を肯定しています。この判例では、権利を侵害される第三者に事前の防御の機会が与えられていない点、被告人は没収の結果第三者から損害賠償請求をなされるという利害関係を有する点が、違憲主張適格が肯定される実質的理由となっていると考えられています。

　宗教法人オウム真理教解散命令事件（最決平成８年１月30日民集50巻１号199頁〔判例シリーズ21事件〕）の抗告審決定（東京高決平成７年12月19日判時1548号26頁）においては、①第三者の憲法上の権利の性質、②当事者と第三者との関係、③第三者にみずからの権利を擁護する独立の機会があるか、④当事者に主張適格を認めないと第三者の権利の実効性が失われるか、といった事情を考慮するべきであるとされています。

　なお、学説には、表現の自由の行使の規制に関しては規制を受けた当事者自身が許容していたとしても、規制する法律が不明確または広範に失する場合や、事前抑制の方法をとっている場合には、萎縮的効果除去のため不特定の第三者にも違憲主張適格を認めるべきとの説もあります。

　そうであれば、第三者所有物没収事件とオウム真理教解散命令抗告審決定の考慮要素の重複部分である、当事者と第三者の関係、第三者にみずからの権利を擁護する独立の機会があるかという点のみならず、少なくとも権利の性質も考慮要素に加えるべきです。答案例は①当事者の利害関係の程度、②援用される権利の性質、③第三者による権利侵害の主張の可能性を考慮し、その者による違憲主張が適切といえるかという観点から判断しています。

　①について、宗教法人オウム真理教解散命令抗告審決定は、「自然人である個人の信仰が他者との連帯又は共同行為を通じて形成、維持されるものであって、他者との連帯又は共同して行われる儀式行事その他の宗教上の行為が個人の信教にとって必要不可欠なものであること等に鑑みると、宗教法人ないしは宗教団体とこれに属する信者との間には、信仰に関しては、特別な関係があるといえる」としています。加えて、「個々の信者の信教の自由が害されるときは、その信者の所属する宗教法人の弱体化を招来しその存立にも影響を及ぼすおそれがあるなど、信者個人の信教の自由と宗教法人の存在との間にも密接な関係がある」としており、権利に着目しながら

権利者と第三者の関係性について述べていることがわかります。

　③については、「宗教法人に対する解散命令の手続において、当該宗教法人の信者は当事者となりえないから、信者が自らの憲法20条の規定に基づく信教の自由権を擁護する機会がな」いと判示しています。

　②に関しては、判例はあてはめをしていないものの、審査基準設定にあたって権利の性質を考慮する場合と同様に論じていけば足りるでしょう。

　これらの判示事項（特に①に該当する事情）を参考にして自分なりにあてはめを考えてみましょう。

【参考文献】
試験対策講座 9 章 1 節 ②、23章 2 節 ② 【2】(1)・(3)。判例シリーズ21事件、59事件。条文シリーズ21条 ③ 1 (2)。

♠**伊藤 真**（いとう まこと）

　1958年東京で生まれる。1981年，大学在学中に1年半の受験勉強で司法試験に短期合格。同時に，司法試験受験指導を開始する。1982年，東京大学法学部卒業，司法研修所入所。1984年に弁護士登録。弁護士としての活動とともに，受験指導を続け，法律の体系や全体構造を重視した学習方法を構築する。短期合格者の輩出数，全国ナンバー1の実績を不動のものとする。

　1995年，憲法の理念をできるだけ多くの人々に伝えたいとの思いのもとに，15年間培った受験指導のキャリアを生かし，伊藤メソッドの司法試験塾をスタートする。現在は，予備試験を含む司法試験や法科大学院入試のみならず，法律科目のある資格試験や公務員試験をめざす人たちの受験指導のため，毎日白熱した講義を行いつつ，「一人一票実現国民会議」および「安保法制違憲訴訟の会」の発起人となり，社会的な問題にも積極的に取り組んでいる。

　「伊藤真試験対策講座〔全15巻〕」（弘文堂刊）は，伊藤メソッドを駆使した本格的テキストとして受験生のみならず多くの読者に愛用されている。他に，「伊藤真ファーストトラックシリーズ〔全7巻〕」「伊藤真の判例シリーズ〔全7巻〕」「伊藤真新ステップアップシリーズ〔全6巻〕」「伊藤真実務法律基礎講座」など読者のニーズにあわせたシリーズを刊行中である。

（一人一票実現国民会議 URL：https://www2.ippyo.org/）

伊藤塾
〒150-0031　東京都渋谷区桜丘町17-5　03(3780)1717
https://www.itojuku.co.jp

憲法【新・伊藤塾試験対策問題集：論文⑥】

2023（令和5）年2月15日　初版1刷発行

監修者　伊藤　真
発行者　鯉渕友南
発行所　株式会社　弘文堂　101-0062　東京都千代田区神田駿河台1の7
　　　　　　　　　　　　　TEL 03(3294)4801　　振替 00120-6-53909
　　　　　　　　　　　　　https://www.koubundou.co.jp

装　丁　笠井亞子
印　刷　三美印刷
製　本　井上製本所

ISBN978-4-335-30433-0

伊藤塾試験対策問題集

●予備試験論文

伊藤塾が満を持して予備試験受験生に贈る予備試験対策問題集！
過去問と伊藤塾オリジナル問題を使って、合格への最短コースを示します。
合格者の「思考過程」、答案作成のノウハウ、復習用の「答案構成」や「論証」など工夫満載。出題必須論点を網羅し、この1冊で論文対策は完成。

●論文

司法試験対策に最適のあてはめ練習ができる好評の定番問題集！
どんな試験においても、合格に要求される能力に変わりはありません。問題を把握し、条文を出発点として、趣旨から規範を導き、具体的事実に基づいてあてはめをし、問題の解決を図ること。伊藤塾オリジナル問題で合格に必要な能力を丁寧に養います。

●短答

短答式試験合格に必須の基本的知識がこの1冊で体系的に修得できる！
伊藤塾オリジナル問題から厳選した正答率の高い良問を繰り返し解き、完璧にマスターすれば、全範囲の正確で確実な知識が身につく短答問題集です。

新 伊藤塾試験対策問題集

●論文

合格答案作成ビギナーにもわかりやすい記述試験対策問題集！
テキストや基本書で得た知識を、どのように答案に表現すればよいかを伝授します。
法的三段論法のテクニックが自然に身につく、最新の法改正に完全対応の新シリーズ。
「伊藤塾試験対策講座」の実践篇として、効率よく底力をつけるための論文問題集です。

弘 文 堂

＊価格（税別）は2023年2月現在